Aus dem Programm Huber: Psychologie Forschung

Hans W. Bierhoff
und Ina Grau

# Romantische Beziehungen

## Bindung, Liebe, Partnerschaft

Verlag Hans Huber
Bern · Göttingen · Toronto · Seattle

*Adresse des Erstautors:*
Prof. Dr. Hans W. Bierhoff
Ruhr-Universität Bochum
Fakultät für Psychologie
D-44780 Bochum

Die Deutsche Bibliothek – CIP-Einheitsaufnahme

**Bierhoff, Hans Werner:**
Romantische Beziehungen : Bindung, Liebe, Partnerschaft / Hans W. Bierhoff und Ina Grau – 1. Aufl. – Bern ; Göttingen ; Toronto ; Seattle : Huber, 1999
(Aus dem Programm Huber: Psychologie-Forschung)
ISBN 3-456-82990-6

1. Auflage 1999

Druck: AZ Druck und Datentechnik GmbH, Kempten
Printed in Germany

# Inhaltsverzeichnis

# Vorwort

Aus eigener Erfahrung wissen wir über romantische Beziehungen Bescheid, z.B. durch die Erinnerung an die erste Liebe. Während in oberflächlichen Beziehungen - z.B. zwischen Arbeitskollegen - der gegenseitige Bezug auf bestimmte Themen beschränkt ist, zeichnen sich romantische Beziehungen durch mehr „Tiefe“ (im Sinne von Einfluß und Intimität) und „Breite“ (im Sinne der Vielfältigkeit der Gemeinsamkeiten) aus.

Es wurde gezeigt, daß *Liebe auf den ersten Blick* eher die Ausnahme ist (Averill, 1985). Nur ein kleiner Anteil von Befragten berichtet darüber, sich „Hals über Kopf“ verliebt zu haben. Die meisten Befragten, die in Partnerschaften leben, haben die Erfahrung der Liebe auf den ersten Blick nie gemacht. Was hat die Partner dann zusammengeführt? Durch welche Einflüsse wird die Partnerschaft zusammengehalten? Welche Einflüsse machen eine Trennung der Partner eher wahrscheinlich?

Romantische Beziehungen sind ein Beispiel für enge Beziehungen und lassen sich aus diesem Zusammenhang zumindest teilweise erklären. Denn enge Beziehungen sind schon für das Baby vorhanden, dessen wichtigste Bezugspersonen Mutter und Vater sind. Eine Basiserkenntnis der Psychologie lautet, daß die frühkindlichen Erfahrungen für das weitere Leben besonders wichtig sind. Das ist im Zusammenhang mit romantischen Beziehungen nicht anders. Gerade in den letzten Jahren bemüht sich die psychologische Forschung um ein besseres Verständnis dieser Zusammenhänge. Wie lassen sich die kindlichen Beziehungsmuster in der Familie klassifizieren? Gibt es eine Kontinuität zwischen den Beziehungsmustern des kleinen Kindes zu seinen Bezugspersonen und denen der Erwachsenen untereinander? Diese Fragen verweisen auf die Bindungstheorie, die im zweiten Kapitel ausführlicher dargestellt wird. Zuvor wenden wir uns folgenden Fragen zu:

- Was sind die wichtigsten Inhalte romantischer Beziehungen?
- Welche Phasen durchläuft eine Beziehung vom Kennenlernen bis zur Trennung?
- Wie interpretieren die Partner Ereignisse in ihrer Partnerschaft, und welche Folgen hat es, wenn ein bestimmtes Erklärungsschema, z.B. für auftretende Probleme, verwendet wird?
- Welche psychologischen Belohnungen und Kosten werden in der Beziehung ausgetauscht? Wie hängt der Austausch von Belohnungen und Kosten mit Zufriedenheit, Stabilität und Fairneß in der Beziehung zusammen?

Die Beantwortung dieser Fragen ermöglicht ein allgemeines Verständnis für das, was in romantischen Beziehungen abläuft. Vor dem Hintergrund dieses Beziehungswissens werden in den folgenden Kapiteln verschiedene Aspekte ausführlicher besprochen, wie Bindungs- und Liebesstile und ihre Einordnung in grundlegende Beziehungsdimensionen, mit denen sich romantische Beziehungen beschreiben und erfassen lassen. Weiterhin geht es um Themen, die für romantische Beziehungen von Bedeutung sind, wie

- Eifersucht und Kontrollstreben,
- Ähnlichkeit der Partner,
- Fairneß in Partnerschaften,
- Individuelles Wohlbefinden und Depression,
- Faktoren, die zu Trennungen führen.

Die Auswahl der Themen, die wir berücksichtigt haben, ist notwendigerweise subjektiv. Wir haben uns an einflußreichen Theorien orientiert, die die aktuelle Forschung über Liebe und Partnerschaften bestimmen, wie die Bindungstheorie und die austauschtheoretischen Ansätze. Daneben waren uns Aspekte wichtig, die sich auf verschiedene Phasen von Partnerschaften beziehen: der Beginn von Beziehungen, die Prozesse in bestehenden Beziehungen und die Faktoren, die Trennungen beeinflussen. Dem Begriff Liebe versuchen wir anhand des Klassifikationssystems der Liebesstile näherzukommen. Wir stellen einen Fragebogen vor, der fünf grundlegende Dimensionen der Liebe (z.B. Konflikt, Altruismus und Sicherheit) mißt. Des weiteren beschäftigen wir uns mit der Frage, wie Störungen und Probleme in der Partnerschaft mit Störungen der Befindlichkeit, vor allem Depression, zusammenhängen. Am Schluß geben wir einige Hinweise darauf, wie die Befunde praktisch angewendet werden können, insbesondere in der Beratung bei Paarkonflikten.

# A. Theorieüberblick

## 1. Romantische Beziehungen als Thema der Psychologie: Sozialpsychologische Theorien und Forschungsansätze zu engen Beziehungen

### *1.1 Inhalte romantischer Beziehungen*

Wodurch sind romantische Beziehungen gekennzeichnet? Ist es die besondere emotionale Nähe der Beteiligten? Kommt es auf die Dauer des täglichen Beisammenseins an? Oder auf die Vielfältigkeit der Aktivitäten, die gemeinsam geplant werden? Oder wird eine enge Beziehung daran deutlich, daß sich die Partner vermissen, wenn sie voneinander getrennt sind und ihre Gedanken nicht von der Person abwenden können, die nun nicht mehr greifbar ist? Im folgenden wird ein Überblick über die wichtigsten Merkmale einer romantischen Beziehung gegeben. Diese Zusammenstellung soll einer ersten Orientierung dienen, die es ermöglicht, die inhaltliche Bedeutung von Theorien über romantische Beziehungen besser abzuschätzen.

Die inhaltlichen Bereiche Intimität, Gemeinsamkeiten, emotionale Abhängigkeit, Macht, Gegenseitigkeit und sozialer Austausch, Fairneß und Gerechtigkeit sowie das Vorhandensein einer längerfristigen zeitlichen Perspektive charakterisieren die Freuden und Leiden in jeder romantischen Beziehung (s. Box 1.1). Beziehungen unterscheiden sich allerdings darin, wie stark der eine oder andere Inhalt im Vordergrund steht. Bei manchen geht es primär um Abhängigkeit und Macht, bei anderen stehen sozialer Austausch und Streben nach Fairneß im Mittelpunkt, und wieder andere betonen Intimität und Gemeinsamkeiten. Wo auch immer der Schwerpunkt liegt, die Partner können entweder eine gute Abstimmung untereinander erzielen, so daß wenige Konflikte auftreten, oder es kommt häufig zu Meinungsverschiedenheiten, die Konflikte und Auseinandersetzungen hervorrufen.

*Box 1.1:* Was läuft in romantischen Beziehungen ab?

Die psychologischen Themen, die mit der Untersuchung von romantischen Beziehungen verbunden sind, beziehen sich auf Vertrauen, Selbstöffnung, Gemeinsamkeiten und Abhängigkeiten zwischen den Partnern. Aber auch Macht und das Problem der verletzten Fairneß spielen eine große Rolle. Schließlich ist auch daran zu denken, daß romantische Beziehungen mit einer Langzeitperspektive verbunden sind.

- *Intimität*: Selbstöffnung der Partner führt zu der Entwicklung eines tieferen Verständnisses der Persönlichkeit der jeweils anderen Person. Einerseits bemühen sich die Partner um Verläßlichkeit (z.B. ein Versprechen halten), andererseits wollen sie auch vertrauenswürdig sein, indem sie z.B. Geheimnisse bewahren. Selbstöffnung und Vertrauen sind zwei Seiten derselben Medaille. Je mehr der anderen Person vertraut wird, desto eher besteht die Bereitschaft, ganz persönliche Dinge über sich selbst mitzuteilen. Je weiter die Selbstöffnung geht, desto mehr wächst das Vertrauen in den Partner. Darüber hinaus entwickeln sich Vertrauen und Selbstöffnung wechselseitig, so daß diese Merkmale zwischen Partnern positiv korrelieren.
- *Gemeinsamkeiten*: Durch gemeinsame Interessen und Aktivitäten ergibt sich ein mehr oder weniger großes Spektrum von Situationen, in denen die Partner zusammen sind, ihre Zeit miteinander verbringen und zusammen etwas unternehmen. Die Beziehungsnähe ist um so größer, je länger die Partner nur zu zweit sind, je mehr gemeinsame Aktivitäten sie unternehmen und je intensiver sie sich in ihren Plänen und Gewohnheiten beeinflussen (Berscheid, Snyder & Omoto, 1989). Wenn z. B. die Partner viele Aktivitäten zusammen unternehmen (z.B. Kinobesuch, Einkäufe tätigen, Wandern), kann das als Ausdruck von vielen Gemeinsamkeiten aufgefaßt werden.
- *Emotionale Abhängigkeit*: Nähe und Intimität sind in romantischen Beziehungen mit Liebe verbunden. Liebe ist eine interpersonelle Einstellung, die mehrere Facetten aufweisen kann, wie z.B. Leidenschaft, Freundschaft und Fixierung (bzw. Sucht). Emotionale Bindung zeigt sich auch insbesondere darin, daß man die andere Person braucht und, wenn eine Trennung eintritt, mit dem Gefühl von Leere und Einsamkeit reagiert. Während in funktionierenden Beziehungen die vorhandene Abhängigkeit leicht übersehen wird, weil sie nur latent vorhanden ist, tritt die emotionale Abhängigkeit deutlicher ins Bewußtsein der Partner, wenn die Beziehung aufgelöst wird (Berscheid, 1983).
- *Macht*: Romantische Beziehungen implizieren die Möglichkeit, daß sowohl wünschenswerte Ereignisse als auch negative Erfahrungen auftreten. Die Beteiligten üben insofern Macht aufeinander aus, als sie einen Einfluß darauf haben, wie sich der Partner oder die Partnerin fühlt, ob er oder sie glücklich oder unglücklich ist. Je größer die mögliche Bandbreite der positiven und negativen Konsequenzen ist, die die eine Person für die andere herstellen kann, desto größer sind die Macht einerseits und die Abhängigkeit andererseits (vgl. Thibaut & Kelley, 1959). Macht beinhaltet Einfluß, da sie benutzt werden kann, um den Partner oder die Partnerin in erwünschter Weise zu verändern.
- *Gegenseitigkeit und sozialer Austausch*: Romantische Beziehungen sind dadurch gekennzeichnet, daß ein Austausch zustande kommt, der beide Personen von der Beziehung profitieren läßt. Die Grundlage dieses Austauschs ist die Norm der Reziprozität (vgl. Gouldner, 1960). Das soll nicht die Möglichkeit ausschließen, daß Personen die Austauschbeziehung z.B. in eine altruistische Beziehung transformieren. Vermutlich sind aber Austauschbeziehungen die

Regel und altruistische Haltungen eher die Ausnahme. Hilfsbereitschaft entwickelt sich im allgemeinen vor dem Hintergrund der Erwartung, daß auch der Partner oder die Partnerin hilfsbereit ist. Opferbereitschaft geht über diese Gegenseitigkeit hinaus als Ausdruck der Bereitschaft, Nachteile in Kauf zu nehmen, ohne daß eine „Rückzahlung" zu erwarten ist. Diese Opferbereitschaft kennzeichnet vielfach die Eltern-Kind-Beziehung, einerseits in dem Sinne, daß sich die Eltern für ihre Kinder selbstlos einsetzen, andererseits auch in dem Sinne, daß sich die erwachsenen Kinder für die Eltern einsetzen (Braun & Niehaus, 1991; Montada, Schmitt & Dalbert, 1991).

- *Fairneß und Gerechtigkeit*: Bei Konflikten kommt das Gefühl des Ärgers unter den Partnern auf. Die Ursache dafür liegt häufig in der Einschätzung, daß sich der Partner oder die Partnerin nicht an bestimmte Abmachungen und Verfahrensweisen hält, über die scheinbar Konsens bestanden hat. Neben dieser prozeduralen Fairneß wird Fairneß auch angesprochen, wenn eine Partei besser abschneidet als die andere. Einiges spricht z.B. dafür, daß Männer in einer romantischen Beziehung im Durchschnitt mehr profitieren als Frauen. Diese Betrachtung verweist auf die Beurteilung der distributiven Gerechtigkeit, die einerseits als ausgeglichen, andererseits aber auch aufgrund der Bevorzugung eines Partners als unausgeglichen eingeschätzt werden kann (Hatfield, Utne & Traupmann, 1979).
- *Zeitliche Perspektive*: Eine romantische Beziehung ist auf mehrere Begegnungen angelegt. Sie hat eine Vergangenheit und meist auch eine Zukunft. In der Gegenwart wird die weitere Entwicklung der Beziehung antizipiert, z.B. ob sie fortgesetzt wird oder eine Auflösung (z.B. Ehescheidung) bevorsteht. Das stabilisierende Moment in einer Beziehung läßt sich mit dem Begriff der Bindung umschreiben.

Die Übersicht über Inhalte romantischer Beziehungen, die in Box 1.1 gegeben wird, ließe sich noch erweitern. So ist daran zu denken, daß romantische Beziehungen Teil eines sozialen Systems sind, in dem sie wichtige Funktionen übernehmen (vgl. Luhmann, 1982). Dabei ist z.B. an die Verwandtschaft oder an das *soziale Netzwerk* der Freunde zu denken.

Weiterhin ist anzunehmen, daß romantische Beziehungen als Ausschnitt aus dem Lebensbereich einer Person zu verstehen sind, der die räumliche und die soziale Umwelt umfaßt (vgl. Alsop, 1996). Beispielsweise ist die Mutter-Kind Interaktion abhängig von den räumlichen Bedingungen, wie sie durch die Größe und Ausstattung der Wohnung vorgegeben wird. Modifizierend wirkt sich auf dieses *Ökosystem* z.B. aus, welche Spielflächen außerhalb des Hauses zur Verfügung stehen und welche Spielpartner und Betreuungsmöglichkeiten in der näheren Umgebung vorhanden sind.

Für romantische Beziehungen gilt genauso, daß sie teilweise durch ökologische Faktoren bestimmt werden. Ein beeindruckendes Beispiel wird in dem Musical West Side Story dargestellt, in dem das komplexe Wechselspiel zwischen romantischer

Beziehung, sozialem Netzwerk und den Lebensbedingungen in Ghettos verdeutlicht wird.

Der Begriff des sozialen Netzwerks verweist auf eine weitere Thematik, die für romantische Beziehungen wichtig ist: *soziale Unterstützung* in Belastungssituationen, die es den Partnern erleichtert, Streß zu bewältigen. Nach Schicksalsschlägen, wie etwa dem Verlust des Arbeitsplatzes, kann die negative Rückwirkung auf die betroffene Person gemildert werden, wenn der romantische Partner die Gelegenheit schafft, sich vertrauensvoll auszusprechen und gemeinsame Zukunftsplanung zu betreiben. In einem globaleren Rahmen gilt das auch für die Bewältigung von historischen Umwälzungen wie der Wiedervereinigung, die für viele Ostdeutsche schwere Belastungssituationen aufgrund der radikalen Veränderung hervorgerufen hat. Es spricht viel dafür, daß solche Belastungen zumindest teilweise in engen Beziehungen und insbesondere in romantischen Beziehungen aufgefangen werden.

### *1.2 Die Dreieckstheorie der Liebe*

Sternberg (1986) nennt als die drei zentralen Komponenten enger Beziehungen:

- Leidenschaft,
- Vertrautheit/Intimität,
- Entscheidung/Bindung.

Leidenschaft stellt die motivationale, Intimität die emotionale und Bindung die kognitive Komponente der Liebe dar. Eine ähnliche Unterscheidung findet sich in der Philosophie, wenn zwischen Körper, Seele und Geist unterschieden wird. Ein Kerngedanke dieser Theorie ist, daß Liebe eine oder mehrere dieser Komponenten enthalten kann (s. Tabelle 1.1). Der Unterschied zwischen kameradschaftlicher Liebe und romantischer Liebe läßt sich dann z.B. darauf zurückführen, welche weitere Komponente mit Intimität kombiniert wird (Bindung oder Leidenschaft). Sternberg spricht von erfüllter Liebe, wenn Leidenschaft, Intimität und Bindung gleichermaßen hoch ausgeprägt sind. Eine Beziehung, die nur auf Bindung beruht, nennt er leere Liebe, Intimität und Bindung ohne Leidenschaft kameradschaftliche Liebe.

Sternberg schlägt vor, diese drei Komponenten als Scheitelpunkte eines Dreiecks darzustellen. Daraus resultiert die Bezeichnung „Dreieckstheorie der Liebe", die ein allgemeines Bezugssystem für die Beziehungsforschung im allgemeinen und die Liebesforschung im besonderen darstellt (s. Abbildung 1.1). Eine große Fläche des Dreiecks verdeutlicht ein höheres Ausmaß an Liebe als eine kleine.

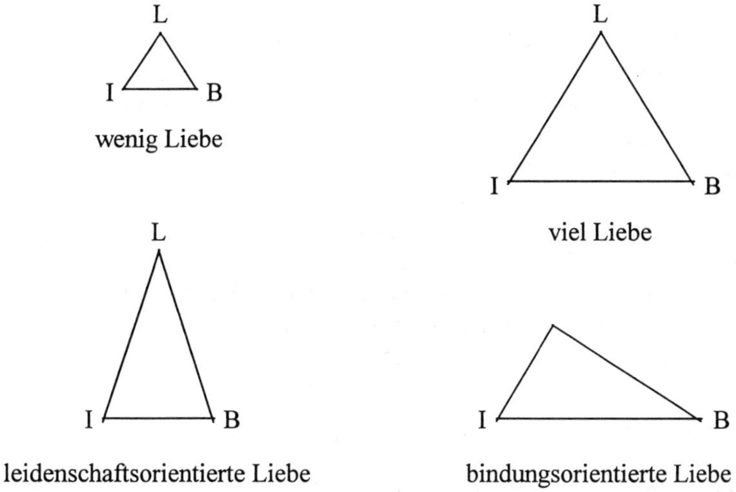


L = Leidenschaft, I = Intimität, B = Bindung

*Abbildung 1.1:* Dreieckstheorie der Liebe (nach Sternberg, 1986)

*Sexuelle Leidenschaft ist ein Kernelement der romantischen Liebe*

*Leidenschaft* steht mit physischer Attraktivität, sexueller Anziehung und physiologischer Erregung in Zusammenhang. In vielen Musiktexten wird dieses Gefühl thematisiert. In Paula Abduls „You" heißt es z.B. ganz einfach: „*You you all I want is you; you give me a fever of 110*" (natürlich Fahrenheit).

Hatfield & Sprecher (1986) unterscheiden eine kognitive, eine emotionale und eine Verhaltensseite von leidenschaftlicher Liebe. Dem kognitiven Bereich ist in diesem Zusammenhang u.a. das *Idealisieren* des Partners oder der Partnerin zuzurechnen, dem emotionalen Bereich das sexuelle Verlangen, und dem Verhaltensbereich sind altruistische Handlungen zuzuordnen, die dem Partner oder der Partnerin zugute kommen.

Leidenschaft kann nicht mit romantischer Liebe gleichgesetzt werden. Während die Bedeutung der Liebe zwischen den Kulturen variiert, stellt die sexuelle Leidenschaft eine Konstante in unterschiedlichen Kulturen dar, die nur verschiedenartig je nach den gesellschaftlichen Rahmenbedingungen in das Zusammenleben von Mann und Frau einbezogen wird.

*Intimität verweist auf Kommunikation und Selbstöffnung*

*Vertrautheit/Intimität* schließt Kommunikation, Zuverlässigkeit und Selbstöffnung ein. Außerdem bezieht sich diese Komponente auf Nähe im Sinne von zeitlicher Dauer des Beisammenseins, Vielfalt der gemeinsam unternommenen Aktivitäten und gegenseitigen Einfluß.

Verliebte tauschen sich über persönliche Gefühle und Gedanken aus. Das Streben nach Intimität ist auch als Versuch zu verstehen, der persönlichen Isolation und Einsamkeit zu entkommen. Insofern ist Intimität nicht spezifisch für Liebesbeziehungen. Sie stellt eine wichtige Ergänzung zu sexueller Leidenschaft dar, da sie erst eine umfassende Zuwendung zur anderen Person ermöglicht. Sternberg versteht unter Leidenschaft ohne Intimität Vernarrtheit, Intimität ohne Leidenschaft Sympathie, während Leidenschaft und Intimität romantische Liebe ausmachen.

*Bindung ist ein Grundthema intimer Beziehungen*

*Entscheidung/Bindung* bezieht sich in kurzfristiger Perspektive auf die Entscheidung für einen Partner oder eine Partnerin, während in langfristiger Perspektive eine kognitive, gefühlsmäßige und verhaltensmäßige Bindung an die geliebte Person gemeint ist. Diese Komponente ist theoretisch von Intimität und Leidenschaft unabhängig, wenn sich auch andeutet, daß sie mit Intimität zusammenhängt, da mehr Intimität im allgemeinen mit mehr Bindung zusammenfällt. Eine anfängliche Verliebtheit geht häufig über in romantische Liebe, diese wiederum tendiert zu langfristiger Bindung. Die Verläufe der drei Komponenten der Liebe werden in Box 1.2 dargestellt.

Der Begriff Bindung bei Sternberg ist von dem der Bindungstheorie zu unterscheiden (s. Kapitel 2). Ersterer wird im Englischen als „commitment" (Dreieckstheorie der Liebe), letzterer als „attachment" (Bindungstheorie) bezeichnet. Im Deutschen ergibt sich keine analoge Unterscheidungsmöglichkeit.

Zu den Voraussetzungen einer Bindung (im Sinne von commitment) scheint zu zählen, daß die Partner eine Übereinstimmung in ihren Wert- und Rollenvorstellungen entwickeln oder von vornherein mitbringen. Wenn sie sich über wesentliche Dinge nicht einig sind und unüberbrückbare Differenzen bis hin zu den Vorstellungen über die angemessenen Geschlechtsrollen auftauchen, sind Partnerkonflikte vorprogrammiert, die eine Weiterentwicklung der Liebesbeziehung, insbesondere in Richtung auf größere Intimität, erschweren.

Eine langfristige Form der Bindung stellt die Ehe dar. Zwar leben viele Paare auch ohne Trauschein zusammen, aber die Ehe ist nach wie vor die wichtigste Organisationsform, in die eine heterosexuelle Liebesbeziehung gefaßt wird. Nach dem heutigen Selbstverständnis der Menschen ist Liebe eine zentrale Voraussetzung für den Entschluß zum Heiraten. Liebe als Voraussetzung für Sexualität und Ehe ist eine Norm, die erst in den westlichen Industrienationen entwickelt worden ist. In früheren Jahrhunderten war die Bedeutung der Liebe dagegen geringer, und die Ehe wurde meist aus anderen Gründen geschlossen, z.B. wegen einer Erbschaft oder um Kinder zu haben.

Die Entstehung eines 'gefühlsmäßigen Individualismus', in dem Liebesgefühle zur normativen Grundlage einer Ehe werden, geht einher mit der Bildung von Kernfamilien, in denen Eltern und Kinder zusammenleben. Erst im 20. Jahrhundert setzte sich die Idee durch, daß die Familie der Ort privater Erfüllung von Lebenszielen ist, wobei Intimität zwischen den Ehepartnern als zentral erscheint (Giddens, 1989).

Während in der Vergangenheit vielfach Ehen aufgrund von familiären Vorschriften geschlossen wurden und erst nach erfolgter Eheschließung (im günstigen Fall) eine Liebesbeziehung entstand, geht heute die Liebesbeziehung einer langfristigen Bindung der Partner voraus. Natürlich bietet dieser Ablauf auch keine Garantie für eine glückliche lebenslange Partnerschaft, wie die steigende Zahl von Scheidungen deutlich macht.

*Tabelle 1.1:* Liebe als Kombination hoher (+) und niedriger (-) Ausprägung von Leidenschaft, Intimität und Bindung (nach Sternberg, 1986)

| | Leidenschaft | Intimität | Bindung |
|---|---|---|---|
| keine Liebe | - | - | - |
| Sympathie | - | + | - |
| Vernarrtheit | + | - | - |
| leere Liebe | - | - | + |
| romantische Liebe | + | + | - |
| kameradschaftliche Liebe | - | + | + |
| verblendete Liebe | + | - | + |
| vollendete Liebe | + | + | + |

## *1.3 Phasen romantischer Beziehungen*

Der Zustand einer romantischen Beziehung verändert sich über die Zeit. Der Verlauf einer romantischen Beziehung entspricht keinem vorgegebenen Schema. So kann die eine Liebesbeziehung z.B. dadurch gekennzeichnet sein, daß die Bindung kontinuierlich wächst, während eine andere Liebesbeziehung durch ein dauerndes Auf und Ab bestimmt ist. Genauso lassen sich unterschiedliche Verläufe bei der Beendigung einer Beziehung vorstellen, z.B. ein abrupter Schluß oder ein langsames Auseinanderleben.

Dennoch lassen sich typische Phasen einer romantischen Beziehung kennzeichnen (Levinger, 1980):

- Kennenlernen,
- Aufbau einer Beziehung,
- Fortführung und Konsolidierung,
- Verschlechterung der Beziehung,

- willentliches oder unbeabsichtigtes Ende.

Während die erste Phase für die Entstehung einer Beziehung notwendig ist, stellen die folgenden Phasen Möglichkeiten ihrer Entwicklung dar.

*Phase 1:* Das *Kennenlernen* wird von Faktoren wie Nähe und Ähnlichkeit in Einstellungen, Interessen und sozioökonomischen Bedingungen gesteuert. Viele Menschen unterschätzen das Ausmaß, in dem Nähe und Gelegenheit zur Interaktion die Entstehung romantischer Beziehungen begünstigen. Tatsächlich ist die Wahrscheinlichkeit, daß Menschen aus dem Ruhrgebiet Partner finden, die ebenfalls aus dem Ruhrgebiet kommen, sehr hoch (vgl. Klein, 1991). Umgekehrt ist es sehr unwahrscheinlich, daß eine New Yorkerin sich in einen Essener verliebt.
Darüber hinaus spielt das Aussehen eine wesentliche Rolle, was schon für die Popularität von Kindern Gültigkeit besitzt (Bull & Ramsey, 1988). Romantische Zuneigung wird durch die *physische Attraktivität* beeinflußt, und zwar gegenüber Frauen noch ausgeprägter als gegenüber Männern (Grammer, 1995). In diesem Zusammenhang kann man von Signalen der Liebe sprechen, die häufig bei der Anbahnung von Partnerschaften eine Rolle spielen. Andererseits wird die Bevorzugung von Männern durch Frauen in etwa gleich stark durch physische Attraktivität und *materiellen Status* bestimmt (Singh, 1995).

*Phase 2:* Der *Aufbau einer Beziehung* ist von mehreren Faktoren bestimmt:

- Vorerfahrung der Partner in früheren Beziehungen.
- Untersuchungen zeigen z.B., daß Erwachsene dazu tendieren, den Bindungsstil ihrer Eltern zu verwirklichen.
- Bindungsstil der Partner.

Suchen oder vermeiden die Partner Nähe? Gleichen sich beide Partner im Bindungsstil, oder weichen sie voneinander ab? Diese Fragen werden in Kapitel 2 behandelt.

- Berufliche Einflüsse: Leidet einer der Partner unter Berufsstreß, oder lebt er/sie wie ein Workaholic? Wieviel gemeinsame Freizeit steht zur Verfügung?

- Familiäre Einflüsse: Studien zeigen, daß sich der Widerstand der Eltern auf die Beziehungsentwicklung auswirken kann, teilweise allerdings anders, als die Eltern wünschen: Widerstand kann die romantische Beziehung intensivieren (Driscoll, Davis & Lipetz, 1972), was als *Romeo-und-Julia-Effekt* bezeichnet wird.

Außerdem sind konkurrierende Beziehungen zu berücksichtigen. Dazu zählen insbesondere Beziehungen mit Personen des anderen Geschlechts. Aber auch Freunde des gleichen Geschlechts können u.U. mit Eifersucht reagieren, wenn ihnen aufgrund einer neuen romantischen Beziehung gemeinsame Zeit mit dem Freund oder der Freundin genommen wird.

*Phase 3:* Die *Fortführung und Konsolidierung* einer romantischen Beziehung ist u.a. durch größere *Exklusivität*, mehr *Vertrauen* und Bereitschaft zur *Selbstöffnung*, mehr „*Investition*" in die Beziehung (z.B. durch Einrichtung eines gemeinsamen Haushalts), häufige Interaktion und Kommunikation und insgesamt größere Bindung der Partner gekennzeichnet. In dieser Phase der Entwicklung steht der Aufbau des Vertrauens der Partner im Mittelpunkt, das eng mit der gegenseitigen Selbstöffnung zusammenhängt. Kommt es zu einer gegenseitigen Erhöhung der Selbstöffnung, folgt die Steigerung des Vertrauens und umgekehrt.

Diese Entwicklung muß nicht notwendigerweise mit einer Verringerung von Konflikten zusammenfallen. Vielmehr scheinen Konflikte mit der Enge der Beziehung eher zuzunehmen (Braiker & Kelley, 1979). Jedenfalls ist ihr Auftreten nicht abhängig davon, daß sich stabilisierende Faktoren wie Vertrauen und Kommunikation positiv entwickeln.

*Phase 4*: Was die *Verschlechterung romantischer Beziehungen* angeht, so ist ein wichtiger Faktor das Erlebnis nachlassender Liebe über die Zeit. Dieses Phänomen wurde schon frühzeitig in der Attraktionsforschung beobachtet und läßt sich vor allem auf der Grundlage der Annahme erklären, daß romantische Liebesgefühle etwas mit einem bestimmten Erklärungsmuster zu tun haben, das sich im Laufe der Zeit verändert (s. unten). Häufig sind es außergewöhnliche Umstände, die bei den Partnern das Gefühl verstärken, verliebt zu sein. So mag etwa ein emotionaler Spielfilm dazu beitragen, daß starke Gefühle erlebt werden, die dann auf den Partner übertragen werden. Nach einigen Jahren funktionieren diese Muster der Gefühlsassoziationen nicht mehr so gut wie am Anfang.

Außerdem werden Beziehungen über die Zeit durch neue Herausforderungen, wie sie berufliche Erfordernisse (z.B. Ortswechsel) oder die Geburt eines Kindes darstellen, auf die Probe gestellt. Solche Belastungen können Ärger erzeugen, der negativ mit dem wahrgenommenen Glück in der Beziehung zusammenhängt. Forschungen zu den Auswirkungen der Geburt des ersten Kindes zeigen übereinstimmend, daß die Beziehungsqualität nach der Geburt des Kindes beeinträchtigt wird, und zwar vor allem bei den Müttern (Reichle, 1994). Auf diese Weise kann ironischerweise die Geburt von Kindern die Beziehung zwischen Mutter und Vater schwer erschüttern, insbesondere dann, wenn die Mutter ihre Situation als unfair einschätzt.

*Phase 5: Trennung* ist ein Thema, mit dem sich sowohl qualitative als auch quantitative Studien befaßt haben. So liegen Ergebnisse aus einer Studie vor, in der Interviews mit Personen nach ihrer Trennung durchgeführt wurden (Vaughan, 1986). Die Trennung geht meist von einem der Partner aus, der vielfach verdeckt operiert und erst relativ spät - oft erst dann, wenn es gelungen ist, eine alternative Beziehung aufzubauen - seine Absicht zu erkennen gibt.

Der Trennung geht im allgemeinen ein längerer Ablösungsprozeß voraus, der vor allem dann nicht umkehrbar ist, wenn dem Partner oder der Partnerin immer mehr die Schuld an bestehenden Problemen zugeschrieben wird. Damit werden *Attributi-*

*onsmuster* angesprochen, die für das Erleben in romantischen Beziehungen von großer Bedeutung sind und die deshalb weiter unten ausführlicher dargestellt werden.

Das Ende einer Beziehung kann auch durch den Tod eines Partners bedingt sein. Als Folge davon treten Trauer und Gefühle der Hilflosigkeit auf, die in vielen Fällen zu einer schweren Beeinträchtigung des überlebenden Partners führen (Lehman, Wortman & Williams, 1987), die über Jahre anhält. Daran zeigt sich, wie groß die gegenseitige Abhängigkeit in romantischen Beziehungen ist und wie sehr diese Abhängigkeit häufig unterschätzt wird. Männer scheinen insgesamt unter dem Tod der Partnerin mehr zu leiden als Frauen unter dem Tod des Partners, vermutlich aufgrund des größeren sozialen Netzes der Frauen.

*Box 1.2:* Verlaufskurven von Vertrautheit/Intimität, Leidenschaft und Entscheidung/Bindung (Sternberg, 1986)

Der Verlauf der *Leidenschaft* über die Zeit ist aus dem Zusammenspiel von zwei gegensätzlichen Prozessen zu verstehen. Diese beiden Prozesse, die auf physiologischen Prinzipien beruhen, sind miteinander verbunden und wurden ursprünglich für die Erklärung der Entstehung von Sucht beschrieben:

Die Intensität des *positiven Prozesses* steigt schnell an und fällt auch schnell wieder ab, wenn die geliebte Person sich entfernt. Er entspricht dem Gefühl der Beschwingtheit und des Glücks, wenn der Partner oder die Partnerin anwesend ist.

Der *negative Prozeß* weist in die entgegengesetzte Richtung, verläuft langsam und hält noch an, wenn der positive Prozeß schon verklungen ist. Er ist durch Empfindungen wie *Trauer* und *Enttäuschung* gekennzeichnet. In der Folge treten negative Gefühle wie *Depression* und *Einsamkeit* auf, die auf fortlaufende negative Erregung zurückgehen.

Beide Prozesse weisen eine *Gewöhnungskomponente* auf, die entscheidend für den zeitlichen Verlauf ist. Über die Zeit flacht der positive Prozeß immer mehr ab, während sich der negative Prozeß stabilisiert. Das Resultat sind die typischen Entzugserscheinungen, die als Suchtsymptome bekannt sind.

Im Hinblick auf romantische Beziehungen bedeutet das Zusammenspiel des positiven und des negativen Prozesses, daß das Glück selten ungetrübt ist. Auf positive Emotionen folgen immer negative Empfindungen. Außerdem ist die Dynamik des Gewöhnungsprozesses zu beachten. Die positiven Gefühle flachen mit der Zeit ab.

Bei der *Vertrautheit* unterscheidet Sternberg (1986) zwischen der Verlaufskurve für manifeste und latente Vertrautheit. *Manifeste Vertrautheit* ist Ausdruck der täglichen Kommunikation und der Selbstöffnung. *Latente Vertrautheit* bezeichnet das Ausmaß der Abstimmung von Gefühlen und Handlungsplänen zwischen Partnern.

Für erfolgreiche Beziehungen wird angenommen, daß die manifeste Vertrautheit in den ersten Phasen wächst, um dann - wenn gewissermaßen alles gesagt ist - deutlich zu sinken, nahezu auf das niedrige Niveau der Anfangsphase. Die latente Intimität stabilisiert sich auf einem hohen Niveau, ohne daß sie den Partnern notwendigerweise bewußt wird, so daß sie häufig erst bei einer Trennung erkannt wird. Sternberg (1986) merkt in diesem Zusammenhang an, daß eine perfekte Beziehung aufgrund eines Mangels an Wissen über die Natur der Intimitäts-Beteiligung in engen Beziehungen zerstört werden kann.

Für die *Bindung* ist über den Verlauf der erfolgreichen Beziehung generell ein Anwachsen bis auf ein relativ hohes Niveau zu erwarten. Die Orientierung am Partner wird größer.

Erfolglose Beziehungen zeichnen sich dadurch aus, daß die Bindung über die Zeit abnimmt, bis die Trennung erfolgt. Aber auch bei erfolgreichen Beziehungen sind häufig Höhen und Tiefen in der Bindung zu verzeichnen, die jedoch nicht zu einem folgenschweren Einbruch in der Entscheidung für den Partner oder die Partnerin führen müssen.

### *1.4 Attributionen in Beziehungen*

Meinungsverschiedenheiten und Konflikte können einen relativ trivialen Inhalt haben (z.B. die angemessene Kleidung betreffend), aber auch durch weitreichende Konsequenzen gekennzeichnet sein (z.B. wenn ein Kinderwunsch nicht von dem Partner oder der Partnerin geteilt wird). Das Auftreten von Konflikten sagt noch nicht viel über den Erfolg einer Beziehung aus. Die entscheidende Frage ist, wie die Konflikte durch die Partner interpretiert werden bzw. welche Ursachen dafür wahrgenommen werden. Die Ursachenzuschreibung (Attribution) kann eher *wohlwollend* und schmeichelhaft ausfallen (etwa wenn eine Verspätung auf überfüllte Straßen zurückgeführt wird) oder weniger schmeichelhaft und *abwertend* sein (wenn z.B. die Verspätung als ein Beispiel für Schlamperei aufgefaßt wird).

Es ist naheliegend anzunehmen, daß die Ursachenzuschreibung für Meinungsverschiedenheiten die weitere Entwicklung der romantischen Beziehung beeinflußt. Allerdings ist dabei zu berücksichtigen, daß die Einflüsse in beide Richtungen wirken: von der Ursachenzuschreibung auf die Beziehungsqualität und von der Beziehungsqualität auf die Attribution. Es ist damit zu rechnen, daß in unglücklichen Beziehungen eher abwertende Ursachenzuschreibungen bei Problemen bevorzugt werden, während in glücklichen Beziehungen eher auf wohlwollende Erklärungen zurückgegriffen wird. Die Ursachenzuschreibung kann also entweder als *Ursache* oder als *Symptom* verstanden werden (Fiedler & Ströhm, 1991).

Zwei kausale Abläufe sind besonders naheliegend. Bestimmte Meinungsverschiedenheiten führen zu Ursachenzuschreibungen, die sich dann auf die Zufriedenheit auswirken. In diesem Modell kommt den Attributionen eine wichtige vermittelnde Funktion zu. Ebenso können Meinungsverschiedenheiten Unzufriedenheit erzeugen, die sich ihrerseits wiederum auf die Ursachenzuschreibungen auswirkt. In diesem Fall ist die Attribution ein Indikator für die Zufriedenheit der Partner.

Für den Verlauf der Kommunikation in Partnerschaften ist zu berücksichtigen, daß sich dynamische Entwicklungen ergeben: Die abwertende Attribution für eine Verspätung kann z.B. die Ursache für weitere Konflikte darstellen, die in der Folge die Unzufriedenheit weiter erhöhen. In diesem Ablauf ist die Attribution die Ursache für den Konflikt, was der Alltagserfahrung entspricht: Über die Erklärung für ein unerwünschtes Verhalten läßt sich trefflich streiten.

Gespräche und Attributionen hängen aufs engste miteinander zusammen. Ein Verständnis von Attributionen läßt sich daher am ehesten gewinnen, wenn sie aus der sprachlichen Verwendung bzw. aus ihrer *Funktion für die Gesprächsführung* verstanden werden. Im Gespräch besteht die Regel, daß der eigene Standpunkt angemessen zu begründen ist. Gespräche unter Partnern sind nun dadurch gekennzeichnet, daß nicht nur das eigene Verhalten erklärt wird, sondern auch das des Partners bzw. der Partnerin. Bei Abweichungen in den Attributionen ergeben sich auf diese Weise besonders problematische Konstellationen, da sich die Unterschiede der Erklärung auf das Verhalten der Partner selbst beziehen.

Wie lassen sich die Attributionen in engen Beziehungen klassifizieren? Eine Möglichkeit besteht darin, zwischen der Internalität, der Stabilität und der Globalität der Attribution zu unterscheiden (Buchanan & Seligman, 1995):

- Internalität bezieht sich auf die Frage, ob ein Fehlverhalten mit der Person erklärt wird (z.B. mit der schlechten Stimmung der anderen Person) oder external (z.B. mit einer Überforderung).
- Stabilität bezieht sich auf die Dauerhaftigkeit der Ursache. Bei hoher Stabilität handelt es sich um eine lang andauernde Ursache (z.B. wenn ein Fehlverhalten mit Verbohrtheit erklärt wird), bei geringer Stabilität handelt es sich um eine kurzfristige Einwirkung (z.B. die schlechte Stimmung).
- Schließlich bezieht sich Globalität darauf, wie umfassend die Ursachenerklärung für unterschiedliche Bereiche ist. Globale Erklärungen (z.B. Dummheit) treffen auf viele Bereiche zu, spezifische Erklärungen sind in ihrer Anwendung eng begrenzt (z.B. Unfähigkeit, das Auto in einer engen Lücke zu parken).

Es liegt nahe, Attributionen in romantischen Beziehungen in Abhängigkeit von der Qualität der Ereignisse (positiv oder negativ) zu erfassen. Ein typisches Vorgehen in Untersuchungen (vgl. Fincham, 1985) besteht darin, daß mehrere positive und negative partnerschaftliche Ereignisse daraufhin eingeschätzt werden, wie sich das Verhalten des Partners oder der Partnerin im Hinblick auf Internalität, Stabilität und Globalität erklären läßt. Durch Zusammenfassung der Antworten zu den einzelnen Dimensionen über die positiven bzw. negativen Ereignisse ergeben sich Skalenwerte für positive Internalität, negative Internalität, positive Stabilität usw. Üblicherweise sind diese Urteile voneinander abhängig, so daß z.B. Personen, die positive Ereignisse internal erklären, auch dazu tendieren, sie eher global und eher stabil zu interpretieren. Ähnliche Zusammenhänge ergeben sich auch im Fall von negativen Ereignissen, so daß es sinnvoll ist, von einem Attributionsstil sowohl im Hinblick auf positive als auch auf negative Ereignisse zu sprechen.

Eine *internale, stabile und globale* Ursachenzuschreibung bei *negativen* Ereignissen führt zu eher pessimistischen Sichtweisen, während eine *externale, instabile und spezifische* Ursachenzuschreibung eine optimistische Sichtweise fördern sollte. Beispiel: Der Partner redet beim Frühstück nicht viel und schweigt in sich hinein. Eine wohlwollende Erklärung wäre, daß er überarbeitet ist und nur selten so abwesend wirkt. Eine abwertende Erklärung wäre, daß er eine verschlossene Persönlichkeit hat und nicht bereit ist, über sich zu sprechen.

Untersuchungsergebnisse zeigen, daß Partner, die eine Paarberatung aufsuchen, dazu neigen, das eigene Verhalten wohlwollender zu erklären als das des Partners bzw. der Partnerin. Bei Paaren, die glücklich zusammenleben, findet sich eine umgekehrte Tendenz, da die Partner hier gegenseitig positivere Erklärungsmuster einsetzen als für sich selbst (Fincham, 1985). In diesem Zusammenhang ist es auch bemerkenswert, daß die Dimensionen der Globalität, Stabilität und Internalität die Zufriedenheit der Frauen in der Beziehung vorhersagen. Wenn partnerschaftliche Schwierigkeiten und negatives Partnerverhalten mit der Person des Partners erklärt wurden, wenn diese Erklärung als viele Bereiche der Partnerschaft betreffend eingestuft und die Ursache als zukünftig relevant beurteilt wurde, lag die Zufriedenheit der Partnerinnen ein Jahr später besonders niedrig. Hingegen sind die Ergebnisse für Männer weniger eindeutig (Fincham & Bradbury, 1987).

Damit wird wieder die Frage aufgeworfen, ob Attributionen Ursache oder Folge der Unzufriedenheit sind. In der genannten Untersuchung erwies sich die Zufriedenheit zum ersten Meßzeitpunkt als irrelevant im Hinblick auf das Attributionsmuster zum zweiten Meßzeitpunkt, was dafür spricht, daß in diesem Fall der Einfluß der Attributionen auf die Zufriedenheit überwogen hat. Vermutlich geht die kausale Verknüpfung aber in beide Richtungen, also von der Unzufriedenheit zu abwertenden Attributionen und von abwertenden Attributionen zu mehr Unzufriedenheit (Fincham & Bradbury, 1988).

Der Umstand, daß die Attributionen nur für Frauen ein bedeutsamer Faktor für zukünftige Zufriedenheit waren, läßt vermuten, daß Frauen ein besseres „Barometer“ für die Beziehungsentwicklung zur Verfügung haben als Männer, was damit zusammenhängen könnte, daß Frauen die Bedeutung der Intimität in einer romantischen Beziehung höher bewerten als Männer und Beziehungsprobleme früher zur Kenntnis nehmen. Während die Attributionen der Männer mehr ein Indikator für ihre aktuelle Beziehungszufriedenheit war, stellten die Attributionen der Frauen auch wichtige Faktoren ihrer zukünftigen partnerschaftlichen Zufriedenheit dar (Fincham & Bradbury, 1987).

Auf romantische Beziehungen angewandt, ist die einfache Unterteilung zwischen externalen und internalen Ursachenzuschreibungen nicht ausreichend. Denn eine dispositionale Attribution (internal, global, stabil) auf ein Persönlichkeitsmerkmal des Partners oder der Partnerin (z.B. seine oder ihre Aggressivität) ist von der zuschreibenden Person aus betrachtet durchaus external, insofern der Partner bzw. die Partnerin einen (wichtigen) Teil der sozialen Umwelt darstellt.

Aus dieser Überlegung heraus bietet es sich an, Attributionen in romantischen Beziehungen in dreierlei Hinsicht zu unterscheiden, nämlich das Selbst, den Partner bzw. die Partnerin oder das Paar betreffend. Außerdem kann zwischen personalen Faktoren und externalen Faktoren unterschieden werden (Fiedler & Ströhm, 1991). Dementsprechend lassen sich die folgenden sechs Attributionsstile unterscheiden:

- Personal-Selbst (z.B. meine Ängstlichkeit führt dazu, daß wir nichts Interessantes mehr erleben),
- Personal-Partner (z.B. seine/ihre Verschlossenheit hat zur Folge, daß unsere Probleme nicht ausdiskutiert werden),
- Personal-Paar (z.B. unser niedriges Alter bewirkt, daß wir noch zu unerfahren in der Abstimmung unserer Interessen sind),
- External-Selbst (z.B. mein Sportverein stiehlt mir viel Zeit, so daß ich zu wenig zu Hause bin),
- External-Partner (z.B. sein/ihr soziales Umfeld erhebt dauernd übertriebene Ansprüche auf seine/ihre Zeit),
- External-Paar (z.B. unser gemeinsames Haus hält uns zusammen).

Ein typisches Attributionsmuster in unzufriedenen Partnerschaften besteht nun darin, daß für negative Ereignisse häufiger personale Attributionen auf den Partner durchgeführt werden (als bei zufriedenen Partnerschaften). Bei positiven Ereignissen verwenden Unzufriedene mehr externale Attributionen, indem sie Begründungen außerhalb der eigenen Person suchen. Außerdem verweisen Zufriedene bei solchen Ereignissen eher auf das Paar, wobei sie sowohl externale als auch personale Attributionen verwenden (Alsop, 1996). Es besteht also bei Unzufriedenen eine besondere Tendenz zu dispositionalen Zuschreibungen auf die Persönlichkeit des Partners oder der Partnerin im negativen Kontext. Hingegen geben sie im positiven Kontext eher Begründungen außerhalb der eigenen Person an und verweisen seltener auf die Belange des Paares (im Vergleich zu Zufriedenen).

Die obige Klassifikation führt noch zu weiterführenden Überlegungen. Was bedeutet es z.B., wenn der Partner oder die Partnerin geltend macht, durch den Beruf so in Anspruch genommen zu sein, daß fast die ganze Woche über - und leider auch vielfach am Wochenende - kaum Zeit für gemeinsame Unternehmungen zur Verfügung steht? Diese partnerbezogenen externalen Attributionen sollten in ihrer Bedeutung wesentlich davon abhängen, wie stabil sie erscheinen und welche Zukunftsprognose sie implizieren. Wenn alles darauf hindeutet, daß der Ist-Zustand nur der Anfang einer kräftezehrenden Berufskarriere ist, ergeben sich negativere Rückschlüsse, als wenn der Ist-Zustand auf momentane Gegebenheiten (z.B. sich zu qualifizieren) zurückgeführt wird.

Außerdem zeigt dieses Beispiel, daß externale Partnerattributionen nicht notwendigerweise den Partner oder die Partnerin von jeder Schuld freisprechen. Denn eine naheliegende Überlegung besagt, daß sich der Partner bzw. die Partnerin seine oder ihre Situation wenigstens z.T. selbst aussuchen kann. Konformitätsdruck - um ein typisches Beispiel für externale Partnerzuschreibungen zu erwähnen - muß sich nicht durchsetzen, da die Person im allgemeinen darüber entscheiden kann, ob sie sich einem Druck aussetzt und wie weit sie diesem nachgibt. Daher können auch externale Attributionen - vermittelt über den Gedanken der selbstgesteuerten Situationsauswahl - zu Schuldzuweisungen führen, was im übrigen auch für externale Selbstzuschreibungen gelten kann. Generell kann aber die Annahme Gültigkeit beanspruchen, daß externale Attributionen weniger Schuldzuweisungen implizieren als personale Attributionen.

Externale Attributionen sind in ihrer Beziehung zu Schuld- und Verantwortungszuweisungen auch davon abhängig, als wie zwingend die Umstände eingeschätzt werden. Am Beispiel des Konformitätsdrucks läßt sich das veranschaulichen. Offensichtlich kann man sich den Wünschen des Sportvereins im allgemeinen eher entziehen als beruflichen Erfordernissen. Ob jemand jede Veranstaltung des Sportvereins mitmacht oder jede Veranstaltung, die sich im beruflichen Umfeld ergibt, macht einen wesentlichen Unterschied.

Wichtig ist demnach neben der *Attributionsrichtung* auch die erschlossene *Intentionalität* und *Verantwortung* des Partners oder der Partnerin, die sich in Schuldzuweisungen niederschlagen können. Wenn die beobachtende Person glaubt, daß der Partner oder die Partnerin ihre Abwesenheit intendiert hat - sei sie nun external oder personal verursacht -, sollte eher eine Schuldzuweisung erfolgen, als wenn diese Intention nicht erschlossen wird. Das Ausmaß von Verantwortungszuschreibungen auf den Partner oder die Partnerin für negative Ereignisse korreliert ebenfalls bedeutsam mit der später erhobenen partnerschaftlichen Zufriedenheit.

Aus Schuldzuschreibungen ergibt sich leicht eine Eskalation abwertender Attributionen, die in negativen *Meta-Erklärungen* gipfeln können (Kelley, 1979). Ein negatives Ereignis, für das sich der Partner oder die Partnerin durch die Nennung externaler Ursachen entschuldigt, kann die Attribution hervorrufen, daß er oder sie uneinsichtig ist.

Eine Eskalation negativer Zuschreibungen hängt davon ab, wie die Stimmung und die Zufriedenheit der Partner sind. Damit kommen wir auf den Gedanken zurück, daß sich zwischen Attributionsmustern und Zufriedenheit ein *wechselseitiges Einflußverhältnis* annehmen läßt. So liegt es nahe, daß unzufriedene Partner auf negatives Partnerverhalten mit einer Eskalation von Schuldzuschreibungen reagieren, während zufriedene Partner die Attributionen eher als Blitzableiter benutzen, um negative Evidenz zu entschärfen. In ähnlicher Weise läßt sich vermuten, daß Personen bei *guter Stimmung* eher wohlwollende Attributionen für das Partner-Verhalten auswählen, während sie in *schlechter Stimmung* eher abwertende Attributionen bevorzugen könnten. Das ist bei chronischer Stimmungsbeeinträchtigung, wie sie bei *Depressionen* typisch ist, ein besonderes Problem (vgl. Kapitel 8). Aus dem persönlichen Stimmungsproblem wird schnell ein Beziehungsproblem. Die Depression überschattet die Partnerschaft und zieht auch den Partner oder die Partnerin in Mitleidenschaft (Bierhoff, 1995).

### *1.5 Austausch in Beziehungen*

Wir alle leben mit der oft nur impliziten Erwartung, daß Wohltaten, die wir einer anderen Person leisten, erwidert werden. Dabei läßt sich zwischen Kosten und Belohnungen unterscheiden, die ausgetauscht werden. Das Verhalten einer anderen Person kann mich fördern oder mich behindern und umgekehrt. Beispielsweise kann ein Partner genau in der Nacht ein Streitgespräch beginnen, in der der andere Partner ausschlafen sollte, weil er am nächsten Tag einen wichtigen Termin hat, der seine volle Aufmerksamkeit verlangt. Umgekehrt könnte ein Partner seine Vorwürfe zurückstellen, wenn er oder sie weiß, daß der andere auf einen wichtigen Termin hinarbeitet.

Solche Handlungen finden in einem Bezugssystem statt, das sowohl frühere vergleichbare Erfahrungen berücksichtigt als auch potentielle Erfahrungen in alternativen Beziehungen (Thibaut & Kelley, 1959). So kann ich z.B. feststellen, ob mir eine Person mehr oder weniger hilft als andere Personen und ob sie mir früher mehr oder weniger geholfen hat als heute.

Diese Analyse enger Beziehungen läßt sich der *Austauschtheorie* zuordnen, in der Kosten und Belohnungen sowie Erwartungen, die sich aufgrund von Erfahrungen und Vergleichen mit anderen Beziehungen gebildet haben, thematisiert werden. Die Austauschtheorie kann auch auf romantische Beziehungen angewandt werden. Denn auch und gerade in engen Beziehungen findet ein reger Austausch von positiven und negativen Eigenschaften und Verhaltensweisen statt. Diese Tatsache war den Begründern der Austauschtheorie (Thibaut & Kelley, 1959) auch bewußt. Später hat Kelley (1979) eine längere Abhandlung dem Thema des Austauschs in romantischen Beziehungen gewidmet.

Gegenwärtig sind vier austauschtheoretische Ansätze zur Erklärung enger Beziehungen in der Diskussion:

- Investmenttheorie,
- Theorie der sozial motivierten Beziehungen,
- Theorie der Unabhängigkeit des Austauschs von Kosten und Belohnungen,
- Equity-Theorie der Ausgeglichenheit.

Jede dieser Theorien hat ihren eigenen Geltungsbereich und trägt zum Verständnis der Prozesse in engen Beziehungen bei. Die *Investmenttheorie* wurde von Rusbult (1983) formuliert, die die Austauschtheorie für die Analyse romantischer Beziehungen weiterentwickelte. Sie hatte dabei zwei Ziele:

- Vorhersage der Zufriedenheit der Partner,
- Vorhersage der Stabilität der Beziehung.

Damit befaßt sich die Theorie mit den beiden wichtigsten Indikatoren der Beziehungsqualität. Warum ist es sinnvoll, zwischen Zufriedenheit und Stabilität zu unterscheiden? Die Investmenttheorie enthält die Annahme, daß Zufriedenheit und Beständigkeit auf *teilweise unterschiedlichen Einflüssen* beruhen. Die Investmenttheorie leitet ihre Bezeichnung daraus ab, daß in ihr den Investitionen der Partner in die Beziehung eine besondere Bedeutung zugemessen wird. Im einzelnen ist die Theorie wie folgt aufgebaut:

- *Zufriedenheit* ist das Resultat hoher Belohnungen und niedriger Kosten. Unzufriedenheit wird umgekehrt auf niedrige Belohnungen und hohe Kosten zurückgeführt. Darüber hinaus spielt eine Rolle, ob die Summe der Kosten und Belohnungen oberhalb oder unterhalb der Erwartung liegt, die eine Person hat. Wer viel erwartet, ist nicht so leicht zufriedenzustellen wie eine Person, deren Erwartungshaltung eher bescheiden ist.
- *Bindung*, die die Beständigkeit der Beziehung bestimmt, ist durch drei Einflußfaktoren determiniert: die partnerschaftliche Zufriedenheit, die Qualität von alternativen Beziehungen und die Investitionen. Mit der *Zufriedenheit* haben wir uns schon befaßt. Die *Qualität von alternativen Beziehungen* richtet sich danach, welche realistischen Wahlmöglichkeiten eine Person hat und wie sie die Alternativen, die zur Verfügung stehen, bewertet (einschließlich die Alternative des Alleinlebens). Was die Bedeutung von Alternativen angeht, so wurde gezeigt, daß Personen, die in der Beziehung bleiben, alternative Partner zunehmend abwerten, während Aussteiger, die die Beziehung verlassen, vorher zunehmend positiv über alternative Partner denken (Johnson & Rusbult, 1989). *Investitionen* umfassen sowohl materielle (z.B. gemeinsamer Besitz) als auch symbolische Beiträge (z.B. Selbstöffnung). Je länger eine Beziehung dauert, desto größer wird das Investment.

Das Bleiben bzw. Verlassen hängt vom Ausmaß der Bindung ab. Das Investmentmodell sagt also bei niedriger Bindung ein Verlassen der Beziehung voraus. Niedrige Bindung wird durch eine Kombination von niedriger Zufriedenheit, hoher Qualität von Alternativen und niedrigen Investitionen verursacht. Das zeigt, daß Zufriedenheit allein für die Beständigkeit einer Beziehung nicht ausschlaggebend ist. Bei niedriger Zufriedenheit kann eine Beziehung deshalb beständig sein,

- weil keine guten Alternativen vorhanden sind,
- weil hoch investiert worden ist, so daß mit der Trennung ein großer Verlust verbunden wäre.

In Längsschnittuntersuchungen über 3 Jahre bzw. 7 Monate wurde der Einfluß der Bindung auf das Bleiben in einer Beziehung bestätigt (Kirkpatrick & Davis, 1994; Rusbult, 1983). Höhere Bindung zum ersten Meßzeitpunkt bedeutet eine höhere Wahrscheinlichkeit, daß die Beziehung zum zweiten Meßzeitpunkt noch intakt ist.

Ein weiterer Ansatz, der auf der Austauschtheorie beruht, ist die *Theorie der sozial motivierten Beziehung* von Clark und Mills (1993), die von der Unterscheidung zwischen Austauschbeziehungen und sozial motivierten Beziehungen ausgehen. Ein Beispiel für eine *Austauschbeziehung* ist die Beziehung zwischen Geschäftspartnern. Es dominiert ein Streben nach Belohnungen. Die Partner verfolgen eine egoistische Perspektive.

Eine *sozial motivierte Beziehung* besteht z.B. zwischen Freunden. Die Partner haben ein Interesse am Wohlergehen der anderen Person (also eine altruistische Orientierung). Daher bezieht sich eine sozial motivierte Orientierung auf die Frage von Hilfsbereitschaft und Hilfeerhalt.

Dieser theoretische Ansatz eröffnet eine interessante Perspektive: Entweder sind Beziehungen durch die Austauschtheorie erklärbar oder nicht. Romantische Beziehungen, die unter die sozial motivierten Beziehungen fallen, sollten danach nicht in den Bereich der Austauschtheorien eingeordnet werden, es sei denn, daß die Partner eine Austauschorientierung haben. Untersuchungen zeigen, daß sich romantische Beziehungen darin unterscheiden, ob die Partner eine Austauschorientierung haben oder nicht (VanYperen & Buunk, 1994). Einige Hinweise deuten darauf hin, daß eine Austauschorientierung mit weniger Glück in der Beziehung verbunden ist.

Eine dritte Theorie, die von austauschtheoretischen Überlegungen ausgeht, besagt, daß die positiven Konsequenzen einer Beziehung von den negativen Konsequenzen einer Beziehung relativ unabhängig ausgetauscht werden (Kelley, 1979). Daher liegt es nahe, neben dem Austausch von Kommunikation und positiven Verhaltensweisen auch die Häufigkeit von Konflikten und negativen Verhaltensweisen in Beziehungen zu erfassen. Untersuchungsergebnisse zeigen, daß über die Zeit in vielen Beziehungen sowohl der Austausch von Belohnungen als auch der von Kosten zunimmt.

Diese Unterscheidung ist u.a. auch deshalb sinnvoll, weil sie vor einer vereinfachenden Sichtweise schützt. Der Austausch von Kosten und von Belohnungen ist nicht notwendigerweise voneinander abhängig. Wenn ein Partner z.B. viele positive Eigenschaften und Verhaltensweisen zeigt, muß das nicht zwangsläufig bedeuten, daß er wenige negative Eigenschaften und Verhaltensweisen zeigt. Vielmehr kann eine Beziehung auf beiden Austauschdimensionen gleichzeitig hoch liegen (was umgangssprachlich vielleicht mit dem Ausdruck „es geht hoch her“ umschrieben werden kann) oder gleichzeitig niedrig liegen (wenn sich die Partner gegenseitig vermeiden).

Schließlich ist zu erwähnen, daß die *Equity-Theorie* (was sich als Theorie der Ausgeglichenheit übersetzen läßt) die Fairneß des Austauschs behandelt. Wir werden auf die Frage von Fairneß und Gerechtigkeit in Kapitel 7 ausführlicher eingehen. An dieser Stelle reicht es aus, darauf hinzuweisen, daß die Beurteilung der Fairneß in der Beziehung auf *sozialen Vergleichen* beruht. Diese können zwei Richtungen haben (VanYperen & Buunk, 1994):

- Vergleiche zwischen beiden Partnern in einer romantischen Beziehung: Die Frau kann z.B. einschätzen, ob sie in der Beziehung genauso gut abschneidet wie der

Mann. Das Ergebnis eines solchen Vergleichs kann darin bestehen, daß die Frau zu dem Schluß kommt, daß sie schlechter abschneidet. Dadurch wird das Gefühl der Unfairneß ausgelöst, das die Beziehung belastet.

- Vergleiche der eigenen Beziehung mit Beziehungen anderer: Die Frau kann z.B. ihre Beziehung mit denen ihrer Freundinnen vergleichen. Wenn sie denkt, daß ihre Freundinnen in ihren Beziehungen glücklicher sind als sie selbst, kann sie sich ebenfalls unfair behandelt fühlen. Diesmal beruht die Unfairneß aber darauf, daß vergleichbare Personen, die sich in der gleichen Rolle befinden, besser abschneiden.

Soziale Vergleiche, die dazu führen, daß eine Person sich benachteiligt fühlt, rufen Spannungen hervor. Die benachteiligte Person strebt an, ihre Benachteiligung zu überwinden und ihre Lage zu verbessern. Wenn eine Person sich im Vorteil sieht, ergeben sich unterschiedliche Konsequenzen je nach Art des Vergleichs:

- Bei einem Vergleich mit dem Partner sollte ein unangenehmes Gefühl entstehen und der Wunsch, die Ungleichheit zu beseitigen.
- Bei einem Vergleich mit Beziehungen anderer wird ein positives Gefühl ausgelöst, weil die Überlegenheit den Wert der eigenen Partnerschaft anzeigt.

*Zusammenfassung*

Leidenschaft, Intimität und Bindung sind wichtige Inhalte romantischer Beziehungen, wobei mit Leidenschaft die „heiße" körperliche Komponente, mit Intimität die „warme" emotionale Komponente und mit Bindung die „kalte" kognitive bzw. Entscheidungskomponente gemeint ist (Sternberg, 1986). Im nächsten Kapitel werden wir uns mit einem Ansatz befassen, in dem unter Bindung etwas anderes verstanden wird, nämlich das Produkt einer Anzahl von Verhaltenssequenzen von Annäherungs- und Fürsorgeverhalten mit einer biologischen Funktion.

Romantische Beziehungen lassen sich in Phasen unterteilen (u.a. Aufbau, Aufrechterhaltung und Beendigung). In allen Phasen der Beziehung kommen positive und negative Eigenschaften und Verhaltensweisen der Partner zum Tragen, die für den jeweils anderen Partner positive oder negative Konsequenzen haben. Mit längerer Dauer der Beziehung steigt sowohl die Anzahl von Belohnungen als auch von Kosten, die zwischen Partnern ausgetauscht werden. Belohnungen und Kosten sind relativ unabhängig voneinander, so daß Partner, die viele positive Verhaltensweisen zeigen, nicht notwendigerweise wenige negative Verhaltensweisen zeigen. Andere austauschtheoretische Ansätze beschäftigen sich damit, wie Paare auf Ungerechtigkeiten in Beziehungen reagieren und wie sie diese beurteilen. Darauf kommen wir in Kapitel 7 zurück. Eine weitere Theorie grenzt Austauschbeziehungen von sozial motivierten Beziehungen ab, während in der Investmenttheorie die unterschiedlichen Determinanten der Zufriedenheit und Beständigkeit von Beziehungen thematisiert werden. Diese Theorie kann erklären, warum manche Paare trotz großer Unzufriedenheit zusammen bleiben.

Entscheidend für den Fortbestand einer Beziehung ist nicht, ob Konflikte und Meinungsverschiedenheiten auftreten, sondern wie die Partner damit umgehen. Ein wichtiger Aspekt ist dabei, wie Personen unerwünschtes Verhalten des Partners oder der Partnerin erklären. Es wurde gezeigt, daß die Attribuierung negativer Verhaltensweisen als internal, stabil und global eine ungünstige Prognose der Beziehungsbeständigkeit beinhaltet, günstiger wirken sich externale, instabile und spezifische Erklärungen aus. Bei erwünschten bzw. positiven Verhaltensweisen verhält es sich umgekehrt.

## 2. Der Einfluß der frühen Kindheit: Bindungstheorie

Die Bindungstheorie von Bowlby (1975, 1976, 1983) befaßte sich zunächst mit der Bindung zwischen Kleinkindern und deren primärer Bezugsperson (in den meisten Fällen die Mutter). Diese Theorie entstammt der psychoanalytischen Tradition, d.h. sie betont die Bedeutung von Erfahrungen in der frühen Kindheit für das spätere Verhalten und Erleben in Beziehungen Erwachsener, so daß diese Theorie inzwischen auch auf Paarbeziehungen angewendet wird.

Ein zentraler Begriff der Bindungstheorie ist das *Bindungsverhalten.* Kinder zeigen in Situationen, in denen sie Angst, Streß oder Trauer empfinden, ein Verhalten (z.B. Weinen, Nachlaufen), durch das sie die Nähe der Mutter sicherstellen wollen. Üblicherweise reagiert die Mutter in komplementärer Weise mit Fürsorgeverhalten, wodurch das Kind beruhigt wird und wieder anderen Beschäftigungen nachgehen kann. Dieses Verhalten beider Beteiligten hat eine *biologische Funktion*, indem das Kind dadurch vor Gefahren geschützt wird.

Durch die Berücksichtigung der soziobiologischen Überlegungen entfernt sich Bowlby von der traditionellen Psychoanalyse. Die wechselseitige Interaktion von Bindungsverhalten und Fürsorgeverhalten führt zur Herausbildung gefühlsmäßiger Bindungen zwischen Kind und Elternteil. Durch diese Bindung sichert sich die Art einen Überlebensvorteil. Das Verhalten, das zu dieser Bindung führt, wird instinktiv ausgelöst und hat sich im Laufe der Evolution entwickelt. Mutter-Kind-Bindungen treten in allen Kulturen auf. Sie werden auch bei Säugetieren und einer Reihe von Vogelarten beobachtet.

Eine vorhandene Bindung läßt sich besonders dann beobachten, wenn ein Kind von der Mutter getrennt wird. Je intensiver die Bindung ist, desto mehr protestiert und leidet ein Kind bei der Trennung von der Mutter, beispielsweise während eines Krankenhausaufenthalts. Nach einiger Zeit wird die Protestreaktion, die aus Schreien und Suchen nach der Mutter besteht, von einer Verzweiflungsreaktion abgelöst, in der die Kinder stiller, passiver und hoffnungsloser werden. In einer dritten Phase ist eine Loslösung von der Mutter zu beobachten, in der das Kind die Hoffnung auf eine Rückkehr der Mutter aufgegeben zu haben scheint. Werden Kind und Mutter wieder vereint, leidet das Kind noch eine Zeitlang unter Unsicherheit und läuft der Mutter ständig hinterher, um sich ihrer Anwesenheit zu versichern, bis die Bindung sich wieder normalisiert.

Wenn ein Kind auf Dauer von seiner Hauptbezugsperson getrennt wird, lassen sich zwar die Folgen durch eine Ersatzbezugsperson auffangen, jedoch nur, wenn das Kind die Möglichkeit hat, zu ihr eine dauerhafte Bindung aufzubauen, nicht jedoch, wenn die Betreuungspersonen ständig wechseln. Eine solche Situation, in der das Kind in der Phase der „Loslösung", also der Bindungslosigkeit verharrt, kennen wir unter dem Begriff Hospitalisierung (Spitz, 1945). Diese Beobachtungen in Kliniken veranlaßten Bowlby zu der Annahme, daß das Vorhandensein einer Bindung genauso wie Essen, Trinken, Wärme und Schlaf zu den grundlegenden menschlichen Bedürfnissen gehört.

Nicht nur durch die Einbeziehung der biologischen Funktion der Bindung entfernt sich Bowlby von der traditionellen Psychoanalyse, sondern auch dadurch, daß er von der Annahme abrückt, daß in den ersten Lebensjahren die psychische Entwicklung des Kindes nahezu abgeschlossen wird. Zwar geht er davon aus, daß sich Erfahrungen der ersten Lebensjahre festsetzen und nur schwer verändert werden können, jedoch können sich neue Einflüsse im Jugend- und Erwachsenenalter, die sich aus dem Wechsel der Hauptbezugsperson ergeben, modifizierend auswirken. Darauf kommen wir später zurück. Festgehalten werden soll an dieser Stelle, daß Bowlby (1995) die Bindung stets als eine Funktion der aktuellen Beziehung mit einer Bindungsperson betrachtet, die im Normalfall während der Kindheit ein Elternteil ist, später auch Lehrer, Jugendgruppenleiter, sogar berühmte Vorbilder sowie der Partner oder die Partnerin in einer Paarbeziehung sein können.

Eine weitere Abweichung von der Psychoanalyse ergibt sich daraus, daß letztere das Bindungsverhalten nur kleinen Kindern zugesteht und es bei Jugendlichen und Erwachsenen als regressiv betrachtet. Bowlby hingegen betont, daß auch Erwachsene in Streßsituationen Bindungsverhalten zeigen, d.h. sie suchen beispielsweise beim Partner Schutz und Trost. Der Unterschied zur Mutter-Kind-Bindung besteht lediglich darin, daß erwachsene Partner die Rollen wechseln können: einmal zeigt der eine Bindungsverhalten und der andere antwortet mit Fürsorge, ein anderes Mal ist es umgekehrt. Durch diese Verhaltenssequenzen entwickelt sich nach und nach eine Bindung zwischen Partnern, die ähnliche Erscheinungsformen aufweist wie die zwischen Kind und Mutter. Man denke z.B. an die starke Angst bei drohendem Verlust des Partners, die Trauer beim eingetretenen Verlust und das Gefühl der Sicherheit, wenn der Partner oder die Partnerin einen in einer schwierigen Situation unterstützt.

Auch die Bindung zwischen romantischen Partnern hat eine biologische Funktion: Dadurch, daß ein Mann und eine Frau zusammen bleiben, haben sie die Möglichkeit, ihre Nachkommen gemeinsam aufzuziehen. Weil Kinder der Spezies Mensch so lange von ihren Eltern abhängig sind und sehr viele Investitionen erfordern, stellt die gemeinsame Kinderbetreuung biologisch gesehen einen Vorteil dar.

Shaver, Hazan & Bradshaw (1988) charakterisieren die Paarbeziehung als Integration von drei Verhaltenssystemen:

- Bindungsverhalten,
- Fürsorgeverhalten und
- Sexualität.

Die Funktion der spontanen Anziehung (Sexualität) liegt eher im Aufbau der Partnerschaft, die Funktion von Bindung und Fürsorge in der Aufrechterhaltung der Partnerschaft.

### *2.1 Bindungsstile*

Die vorangegangenen Ausführungen beziehen sich auf allgemeine Aspekte, die allen Menschen gemeinsam sind. Im folgenden gehen wir auf differentielle Aspekte ein, d.h. auf die Prozesse, die Menschen voneinander unterscheiden.

Kinder machen unterschiedliche Erfahrungen damit, wie ihre Mütter (oder andere Bezugspersonen) auf ihr Bindungsverhalten reagieren. Das Ziel, Zustände von Angst und Streß zu beenden, wird unterschiedlich erfolgreich realisiert. Ainsworth, Blehar, Waters & Wall (1978) untersuchten die Unterschiede im Verhalten der Kinder in Abhängigkeit vom Verhalten der Mütter. Wie oben bereits erwähnt, stellt die vorübergehende Trennung von Mutter und Kind im Experiment eine Methode dar, die Qualität der Bindung zwischen beiden zu untersuchen.

Ainsworth und ihre Mitarbeiter entwickelten die sog. Fremde Situation. Diese Testsituation stellt eine Abfolge von je dreiminütigen Episoden dar, die neben dem Kind noch die Mutter und einen Fremden einbeziehen (s. Tabelle 2.1). In den Episoden 3 und 5 wird das Kind von der Mutter getrennt. In den Episoden 3 und 6 ist es mit dem Fremden allein. In den Episoden 4 und 7 kommt es zu einer Wiedervereinigung von Mutter und Kind.

*Tabelle 2.1:* Abfolge der Ereignisse in der Fremden Situation (nach Ainsworth et al., 1978)

| Episode | Ereignisfolge | Anwesende Personen |
|---|---|---|
| 1 | Mutter und Kind betreten Raum | Kind, Mutter |
| 2 | Fremder betritt Raum | Kind, Mutter, Fremder |
| 3 | Mutter verläßt Raum | Kind, Fremder |
| 4 | Mutter kehrt zurück, Fremder geht | Kind, Mutter |
| 5 | Mutter verläßt Raum | Kind |
| 6 | Fremder kehrt zurück | Kind, Fremder |
| 7 | Mutter kehrt zurück, Fremder geht | Kind, Mutter |

Man kann sich vorstellen, daß die Abfolge von Episoden für Kinder im ersten Lebensjahr durchaus anspruchsvoll ist. Die Fremde Situation enthält ein Element von Streß, dem das Kind ausgesetzt wird. Das Verhalten des Kindes wird in den sieben Episoden der Fremden Situation mit Hilfe eines strukturierten Beobachtungsverfah-

K I E N R E I C H   J O S   A

Bücher und Zeitschriften

8010 Graz, Sackstrasse 6

Tel.: 0316 / 82 64 41 - 0

------------------------------------

| | |
|---|---|
| Sieger T: Die fliegenden Sch | 108. |
| Bierhoff H: Romantische Bezi | 364. |
| | ---------- |
| ZWISCHENSUMME | 472. |
| | ---------- |
| SUMME ATS | 472. |
| SUMME EUR | 34. |
| | ========= |
| GEGEBEN BAR | 1000. |
| RESTGELD öS | 528. |
| 10 % MWST VON 429.09 = | 42. |

------------------------------------

Herzlichen Dank für Ihren Besuch!

------------------------------------

Bon:8238 KASSE 13 09.11.1999 09:24

rens erfaßt. Besonders aufschlußreich im Hinblick auf das Bindungsverhalten sind die Situationen, in denen die Mutter nach ihrer Abwesenheit zurückkehrt.

Die Beobachtungsdaten der Kinder wurden nach Ähnlichkeit und Unterschieden gruppiert. Es zeigte sich, daß sich die Kinder aufgrund ähnlicher Verhaltensmuster im Bindungsverhalten in drei Gruppen einteilen ließen:

- Die meisten Kinder zeigten zwar bei der Trennung Streßreaktionen, ließen sich aber durch die Mutter schnell wieder beruhigen und suchten Kontakt zu ihr (sichere Kinder, 66%).
- Einige Kinder zeigten ebenfalls Trauer bei der Trennung, verhielten sich bei der Rückkehr der Mutter ihr gegenüber jedoch ambivalent: Sie suchten Nähe und zeigten gleichzeitig Ärger (unsicher-ambivalent, 12%).
- Andere Kinder zeigten keine offene Streßreaktion bei der Trennung und vermieden Nähe und Interaktion mit der Mutter nach deren Rückkehr (unsicher-vermeidend, 22%). Daß diese Kinder dennoch Streß erlebten, zeigte sich an einer anhaltend beschleunigten Herzrate, die nicht durch lebhafte motorische Bewegungen erklärbar war (Sroufe & Waters, 1977). Das Verhalten der letzteren Gruppe erinnert an die Loslösungsphase in der oben erwähnten Situation der dauerhaften Trennung von der Mutter. Bemerkenswert war auch, daß diese Kinder sich gegenüber der fremden Person kaum anders verhielten als gegenüber der Mutter.

Sicher, unsicher-ambivalent und unsicher-vermeidend sind die drei *Bindungsstile*, die von Ainsworth et al. (1978) identifiziert wurden. Die Kinder wurden sowohl in der Testsituation als auch zu Hause beobachtet. Die Beobachtungen im Haushalt führten zu Hinweisen auf Faktoren, die mit den unterschiedlichen Bindungsstilen zusammenhängen.

Der Bindungsstil der Kinder hing mit der *Feinfühligkeit* der Mütter zusammen. Mütter sicherer Kinder interpretierten die Signale des Kindes richtig und gingen prompt auf sie ein. Mütter ängstlicher Kinder waren zwar ebenfalls reaktionsbereit, beachteten dabei allerdings nicht genügend die Signale und Bedürfnisse der Kinder, sondern näherten sich dem Kind aus eigenem Antrieb und nicht, wenn das Kind es verlangte, während sich Mütter von vermeidenden Kindern vergleichsweise kühl und zurückweisend verhielten.

In der Zwischenzeit geht man davon aus, daß die drei Bindungsstile, die ursprünglich von Ainsworth und ihren Mitarbeitern beobachtet wurden, durch einen vierten ergänzt werden müssen (s. Box 2.1)

*Box 2.1:* Der desorganisierte Bindungsstil

In neueren Studien, in denen Kinder anhand der Fremden Situation in die Bindungsstile eingeordnet wurden (Main et al., 1985; Fremmer-Bombik, 1987), konnten einige Kinder nicht in eine der drei Gruppen eingeordnet werden. Diese

Kinder sind unsicher gebunden und zeigen einzelne Verhaltensweisen der vermeidenden und der ängstlich-ambivalenten Gruppen. Die Kinder werden als *unsicher-desorganisiert* oder *desorientiert* bezeichnet. Sie zeigen teilweise bizarre Verhaltensweisen, im Ansatz abgebrochene Bewegungen, intensive Vermeidung direkt nach intensiver Kontaktaufnahme, ungerichteten Ausdruck von Affekten und widersprüchliche Handlungen, wie zum Beispiel Annäherung mit abgewendetem Kopf. Bei ihren Eltern finden sich gehäuft Erinnerungen an schmerzliche Verluste von Bezugspersonen oder Mißhandlungen in der Kindheit. Desorganisierte Kinder haben Eltern, die selbst in hohem Maße verunsichert sind und ihre Unsicherheit an die Kinder weitergeben.

### *2.2 Innere Arbeitsmodelle*

Ein weiterer zentraler Begriff der Bindungstheorie bezieht sich auf *innere Arbeitsmodelle*. Die Erfahrungen, die das Kind mit der Mutter gemacht hat, beeinflussen das Verhalten und Denken in späteren Beziehungen, auch im Erwachsenenalter. Das Kind lernt, wie man die Bindungsfiguren erreichen kann und wie sie wahrscheinlich reagieren. Aus der Reaktion der Bindungsfiguren dem Kind gegenüber lernt es ebenfalls, wie akzeptabel, liebenswert oder kompetent es selbst ist (Bowlby, 1976).

Anders gesagt entwickelt das Kind in der Interaktion mit der Bindungsfigur ein positives oder negatives Selbstbild und ein positives oder negatives Fremdbild, die über die Zeit stabil sein sollen. In der Theorie wird angenommen, daß das Wissen über die Reaktionsbereitschaft anderer dazu führt, daß man in späteren Beziehungen das Ausmaß dieser Reaktionsbereitschaft bereits zu kennen glaubt und sich entsprechend verhält:

- Ein Kind, das bei der Betreuungsperson (meist die Mutter) Fürsorglichkeit und Unterstützung erfahren hat, wird auch später vertrauensvoll Unterstützung suchen.
- Ein Kind, dessen Mutter sich inkonsistent verhalten hat, wird später ängstlich die Reaktionsbereitschaft anderer beobachten und sich nicht sicher fühlen.
- Ein Kind, das kaum Unterstützung erfahren hat, geht davon aus, daß man sich auf andere nicht verlassen kann. Es wird den Versuch, Hilfe zu erhalten, gar nicht mehr unternehmen. Damit hat es auch nicht mehr die Möglichkeit, gegenteilige Erfahrungen zu machen.

Die Zugehörigkeit zu den Bindungsstilen ist relativ stabil (s. Abschnitt 2.2.1). Dadurch ergibt sich, daß Personen ihren Mitmenschen mit bestimmten Erwartungen begegnen, die ihren inneren Arbeitsmodellen entsprechen.

Man kann das Herangehen an neue Beziehungen, das von den alten Erfahrungen geprägt ist, als vorurteilshaft bezeichnen, indem der Akteur für andersartige Erfahrungen nicht mehr offen ist. Andererseits muß auch berücksichtigt werden, daß die Festsetzung von Erfahrungen im Gedächtnis als Lerneffekt mit einer Anpassungsfunktion verbunden ist. Wenn ein Kind weiß, unter welchen Bedingungen die Mutter unterstützend reagieren wird, erhält es damit eine Hilfe, Pläne für zukünftiges Verhalten zu machen. Selbst wenn es weiß, daß die Mutter überhaupt nicht helfen wird, stellt der Rückzug eine Anpassungsreaktion dar, mit der man sich neue Frustrationen erspart. Die Ausbildung eines unsicheren Bindungsstils ist also auch stets als Versuch zu sehen, sich an die Situation anzupassen, als Versuch, mit einem bereits bestehenden Problem umzugehen.

Problematisch wird die Stabilität des Bindungsstils dann, wenn durch einen Wechsel der Bezugsperson eine neue Situation entsteht. Besonders die vermeidenden Kinder, die gar nicht mehr versuchen, eine Bindung einzugehen, erschweren sich damit die Möglichkeit andersartiger Erfahrungen. Der Einfluß neuer Erfahrungen muß laut Bindungstheorie sehr intensiv sein, um die inneren Arbeitsmodelle zu modifizieren. Prinzipiell ist niemand dazu verurteilt, ein Leben lang unsicher zu sein, die Bindungsunsicherheit ist heilbar wie andere Störungen auch (Hazan & Shaver, 1987; Shaver, Hazan & Bradshaw, 1988), ebenso kann ein eigentlich sicherer Mensch in jedem Lebensalter durch die Beziehung mit einem extrem verunsichernden Partner seine Sicherheit verlieren. Die Bindungstheorie geht jedoch davon aus, daß der Bindungsstil über die Zeit eine beträchtliche Stabilität aufweist, und diese These ist sowohl bei Kindern als auch bei Erwachsenen untersucht worden.

*Stabilität des Bindungsstils bei Kindern*

In zwei Studien von Ainsworth et al. (1978) nach dem oben geschilderten Versuchsablauf, der nach 6 Monaten wiederholt wurde, betrug die Übereinstimmung der Zuordnung in die Bindungsstile im ersten und zweiten Test 81% bzw. 96%. Will man die Stabilität über längere Zeiträume untersuchen, müssen andere Tests entwickelt werden, weil die kurzzeitige Trennung von der Mutter bei älteren Kindern keine Angst und damit auch kein Bindungsverhalten mehr auslöst. Je älter die Kinder bzw. Jugendlichen sind, desto weniger wird in den Untersuchungen das Bindungsverhalten direkt beobachtet, sondern eher der Inhalt der inneren Arbeitsmodelle abgefragt („An wen wendest Du Dich bei Problemen?"). Bei Erwachsenen werden üblicherweise Fragebögen vorgelegt, die die Sicherheit oder Unsicherheit in Beziehungen direkt erfragen, hier mißt man also Bindungsrepräsentationen.

Zur Überprüfung der Stabilität der Bindungsqualität über längere Zeiträume wurden Versuchssituationen entwickelt, die älteren Kindern angemessen sind. Main et al. (1985) trennten 50 6jährige Kinder eine Stunde lang von ihren Eltern, führten verschiedene vor allem sprachorientierte Tests durch und verglichen diese Ergebnisse mit denen aus der 5 Jahre zuvor durchgeführten Fremden Situation. Im einzelnen wurden durchgeführt:

- ein Trennungsangst-Interview,
- eine Diskussion über Fotos, auf denen Trennungssituationen dargestellt waren,
- die Reaktion auf ein Foto der Familie der Versuchsperson
- und die Qualität der Eltern-Kind-Kommunikation nach Ende der Trennung.

Die Kinder in dieser Studie, die im Alter von einem Jahr als sicher eingestuft worden waren, gingen auch mit 6 Jahren offen auf die Eltern zu, initiierten ein Gespräch oder eine Interaktion. Sichere Kinder reagierten positiv auf das Familienfoto, während vermeidende es ignorierten oder wegwarfen. Die Fotos, auf denen Trennungssituationen dargestellt waren, wurden von sicheren Kindern in dem Sinne kommentiert, daß z.B. im Auto wegfahrende Eltern bald wiederkämen oder daß sich jemand anders um das Kind kümmerte. Vermeidende Kinder kommentierten, die Eltern würden niemals wiederkommen.

Die Stabilität des Bindungsverhaltens hängt z.T. von der Bezugsperson ab:

- Die Bindungssicherheit der Mutter gegenüber im Alter von einem Jahr korrelierte mit der im Alter von 6 Jahren zu $r = .76$, $p < .001$,
- die Sicherheit dem Vater gegenüber korrelierte über 5 Jahre hinweg niedriger mit $r = .30$, $p < .05$.

Grossmann et al. (1989) und Grossmann & Grossmann (1991) berichten über die Ergebnisse einer Längsschnittstudie, die im Kleinkindalter begann. Entsprechend dem Ansatz von Ainsworth et al. (1978) wurden die Kleinkinder aufgrund ihres Verhaltens in der Fremden Situation in die drei Bindungsgruppen eingeteilt. Ursprünglich sichere Kinder unterschieden sich von unsicheren im Alter von 5 Jahren darin, daß sie in der Vorschule konzentrierter spielten, Konflikte besser lösten und weniger Verhaltensauffälligkeiten zeigten. Die Zuordnung zu den Bindungsstilen war bei 6jährigen Kindern in 87% der Fälle (35 von 40) identisch mit derjenigen im Alter von einem Jahr.

Grossmann und Grossmann (1991) untersuchten die Kinder auch im Alter von 10 Jahren. Sie führten ein Interview durch, in dem die Kinder Angaben über Schule und Hobbys machten, darüber, wie unterstützend sie ihre Eltern und Freunde erlebten, und darüber, wie sie mit Problemen umgingen. Bei Problemen suchten sichere Kinder Hilfe, während vermeidende die Probleme selbst lösen wollten. Sichere Kinder waren in einen Freundeskreis integriert, die Freunde wurden als vertrauenswürdig erlebt. Das soziale Verhalten während des Interviews hing ebenfalls mit dem frühen Bindungsstil zusammen, sichere Kinder gingen offener auf die Fragen und den Interviewer ein.

Bei den inzwischen 16jährigen Jugendlichen wurde festgestellt, daß der Bindungsstil im ersten Lebensjahr das Verhalten der 16jährigen nicht mehr vorhersagen konnte (Spangler & Grossmann, 1995). Dieser fehlende Zusammenhang ließ sich auf den Einfluß derjenigen Kinder zurückführen, deren Lebensumstände sich durch den Tod eines Elternteils bzw. Scheidung der Eltern - häufig verbunden mit Umzug und Verlust des Freundeskreises - drastisch verändert hatten. Dadurch hat in vielen Fällen die Hauptbezugsperson gewechselt und damit auch der Bindungsstil. Außerdem wurde beobachtet, daß Kinder dem Vater gegenüber einen anderen Bindungsstil haben können als der Mutter gegenüber (Bowlby, 1995).

Das Problem von Längsschnittstudien, viel Zeit und Forschungsaufwand zu beanspruchen, führte dazu, daß nach anderen Wegen gesucht wurde, um Hinweise auf die

Stabilität von Bindungsstilen zu gewinnen. Main et al. (1985) entwickelten ein Interviewverfahren für Erwachsene, das sich auf die Erinnerung an ihre frühkindlichen Bindungserfahrungen konzentriert, das „Adult Attachment Interview“ (AAI). Die Auswertung bezieht sich weniger auf die berichteten Kindheitserlebnisse als auf stilistische Merkmale der Darstellung. Als wichtige Kriterien für die Bestimmung des Bindungsstils gelten die Offenheit und die Kongruenz im Interview, d.h. die Fähigkeit, Aussagen anhand von Beispielen zu belegen. Der Zusammenhang zwischen dem so erfaßten Bindungsstil der Mütter mit dem beobachteten Bindungsstil ihrer Kinder wird in Box 2.2 thematisiert.

*Box 2.2:* Vermittlung des Bindungsstils über die Generationen: Rückblickende Interviews

In Studien mit dem AAI wurde eine generationsübergreifende Stabilität der Bindungsstile festgestellt. Beide Elternteile von sicheren Kindern berichteten im AAI meist positive Erfahrungen mit ihren Eltern (Main et al., 1985) oder hatten negative Erfahrungen reflektiert. Der Grad der Sicherheit, der aus den Angaben im AAI errechnet wurde, korrelierte mit dem Grad der Sicherheit der Kinder in der Fremden Situation zu $r = .62$, $p < .001$ (Mütter) bzw. $r = .37$, $p < .05$ (Väter).

Die Ergebnisse wurden mit einer modifizierten Auswertungsmethode des AAI an deutschen Stichproben repliziert (Grossmann & Grossmann, 1991, Fremmer-Bombik, 1987). In der Studie von Fremmer-Bombik ist die aus dem Interview erhobene Bindungshaltung der Mütter in 78.6% der Fälle identisch mit dem Bindungsstil des Kindes, der mit der Fremden Situation erfaßt wurde.

Eine Metaanalyse mit 18 Stichproben und über 800 Elternteil-Kind-Dyaden (Ijzendoorn, 1995) zeigte insgesamt einen hohen Zusammenhang zwischen den Interviewergebnissen der Eltern und dem Bindungsstil des Kindes. Die Übereinstimmung der Bindungssicherheit der Kinder und der Elternteile lag bei 75%, d.h. etwa die Hälfte der Varianz in der Bindungssicherheit der Kinder wird durch die Bindungssicherheit der Eltern erklärt. Auch bei einer Trennung der Personen in vermeidend vs. nicht vermeidend sowie ängstlich vs. nicht ängstlich fanden sich ähnlich hohe Übereinstimmungen zwischen Eltern und Kindern.

Dabei war die Übereinstimmung zwischen Müttern und Kindern höher als die zwischen Vätern und Kindern. Das kann dadurch erklärt werden, daß Mütter meist die primäre Bezugsperson der Kinder darstellen und dementsprechend einen größeren Einfluß auf den Bindungsstil der Kinder haben.

Als vermittelnde Variable zwischen der Bindungssicherheit der Eltern und der Kinder wird die elterliche Feinfühligkeit im Kontakt mit dem Kind angenommen. Auch zum Zusammenhang zwischen den Interviewergebnissen der Eltern im AAI und deren Feinfühligkeit in der Interaktion mit ihren Kindern liegen 10 Studien mit 389 Dyaden vor, die Ijzendoorn (1995) einer Metaanalyse unterzog.

Hier zeigte sich, daß die Bindungssicherheit der Eltern auch in hohem Maße ihre Feinfühligkeit vorhersagen konnte.

Wie sind nun diese Ergebnisse zur Stabilität der Bindungsstile zu bewerten? Einerseits zeigen die Bindungsstile über viele Jahre hinweg eine beträchtliche Beständigkeit. Andererseits muß man auch berücksichtigen, daß die meisten untersuchten Kinder und Jugendlichen während der ganzen Untersuchungszeit dieselbe Hauptbezugsperson hatten. Die wichtigste Bezugsperson ist in den meisten Fällen die leibliche Mutter. Daß das Verhalten der Kinder der Mutter gegenüber stabil bleibt, liegt sicherlich unter anderem daran, daß sich die Mutter ebenfalls in stabiler Weise verhält. Die Übertragung der inneren Arbeitsmodelle auf Beziehungen zu anderen Personen ist damit noch nicht bewiesen, wenngleich die generationsübergreifenden Studien darauf hindeuten.

Der Bindungsstil läßt sich als Funktion einer bestimmten Beziehung (Bowlby, 1995) betrachten. Insbesondere das Ergebnis geringer Stabilität bei 16jährigen Kindern verdeutlicht, daß die Stabilität des sicheren Bindungsstils nur unter bestimmten Voraussetzungen, nämlich dem Ausbleiben von traumatischen Erlebnissen in der Kindheit, erwartet werden kann.

Zusammenfassend läßt sich festhalten, daß der Bindungsstil eine hohe Stabilität aufweist, aber dennoch durch neue Erfahrungen, die sich drastisch von früheren Erfahrungen unterscheiden, veränderbar ist. Dann kann eine sichere Bindung in eine unsichere Bindung umschlagen. Es ist aber auch vorstellbar, daß eine anfänglich unsichere Bindung in einen sicheren Bindungsstil übergeht, wenn entsprechend positive Erfahrungen mit späteren Bezugspersonen auftreten (s. unten).

*Stabilität des Bindungsstils bei Erwachsenen*

Bei Erwachsenen wurde die Stabilität von Bindungsstilen in bezug auf die Bindung zum Lebenspartner untersucht (zusammenfassend bei Davila, Burge & Hammen, 1997). In einer Studie betrug der Abstand zwischen Test und Retest 8 Monate (Scharfe & Bartholomew, 1994), in einer anderen 4 Jahre (Kirkpatrick & Hazan, 1994). Die Übereinstimmung des Bindungsstils betrug in der ersten Studie ca. 60%, in der zweiten sogar 70%. Diese Ergebnisse stimmen überein mit denen einer retrospektiven Befragung (Bierhoff, Grau & Ludwig, 1993a), in der sich 30% der Probanden erinnerten, sie hätten „früher einen anderen Bindungsstil gehabt“. Sicherlich spielen frühere Erfahrungen beim Herangehen an eine neue Beziehung eine Rolle, andererseits spricht der Anteil von ca. 30% der Befragten, die ihren Bindungsstil ändern, für eine Wechselwirkung zwischen „mitgebrachtem“ Bindungsstil und aktuellen Prozessen in der Partnerschaft.

Wie Kirkpatrick & Davis (1994) zeigen, gibt es eine paarspezifische „Ballung“ bestimmter Kombinationen von Bindungsstilen:

- Sichere Personen sind bevorzugt mit sicheren,

- ängstlich-ambivalente mit vermeidenden zusammen.

Das kann einerseits daran liegen, daß sich diese Personen bevorzugt anziehen (diese Interpretation betont den Einfluß des in die Beziehung mitgebrachten Bindungsstils), andererseits ist denkbar, daß sich im Laufe der Beziehung die Bindungsstile in dieser Weise entwickeln (diese Interpretation betont den Einfluß der Beziehungsdynamik).

Plausibel sind beide Erklärungen. Wir müssen uns vor Augen halten, daß die beiden unsicheren Bindungstypen, die ängstlich-ambivalenten und die vermeidenden, ihre Unsicherheit gemeinsam haben, während sie sich gleichzeitig in gewisser Weise komplementär verhalten:

- die ängstlich-ambivalenten zeichnen sich durch eine zu leichte Auslösung des Bindungsverhaltens aus,
- die vermeidenden durch eine zu schwere.

Erstere „klammern", letztere weichen aus, während sicher gebundene Personen das Bindungsverhalten adäquat einsetzen.

Ein Paar, das aus einer ängstlich-ambivalenten und einer vermeidenden Person besteht, kann sich von vornherein in dieser Weise gewählt haben. Paare leben nach Ansicht psychoanalytisch orientierter Autoren (z.B. Willi, 1975) ihre Störungen häufig in komplementärer Weise aus. Andererseits ist denkbar, daß selbst der sicherste Mensch durch das zurückweisende Verhalten eines vermeidenden Partners Trennungsängste entwickelt bzw. auf das anklammernde Verhalten eines ängstlich-ambivalenten Partners mit Zurückweisung reagiert (eine eigene Studie zum Zusammenhang der Bindungsstile innerhalb von Paaren wird im Kapitel 6 dargestellt).

Die bevorzugte Paarbildung sicherer Personen untereinander kann zweierlei bedeuten:

- gezielte Auswahl auf dem Niveau vergleichbarer seelischer Gesundheit und sozialer Kompetenz,
- Steigerung der Sicherheit durch das unterstützende Verhalten des Partners, die dann wieder dessen Sicherheit steigert, so daß beide zunehmend sicherer werden.

Bedingungen, unter denen sich Bindungsstile ändern, wurden von Davila, Burge & Hammen (1997) analysiert. Sie verglichen in einem Zeitraum von 2 Jahren den Einfluß aktueller Stressoren und Lebensereignisse einerseits und den Einfluß langfristiger Vulnerabilitätsfaktoren andererseits auf die Veränderung der Bindungsstile und stellten fest, daß nur letztere bedeutsam mit der Veränderung des Bindungsstils in Zusammenhang standen. Bei Personen, die ihren Bindungsstil änderten (30%, untersucht wurden ausschließlich Frauen), waren keine gehäuften aktuellen Lebensereignisse und Stressoren aufgetreten im Vergleich zu denen mit stabilem sicheren oder unsicheren Bindungsstil. Die Gruppen unterschieden sich jedoch hinsichtlich ihrer Vulnerabilitätsfaktoren. Bei den Personen mit Änderungen im Bindungsstil waren gehäuft psychische Störungen oder Persönlichkeitsstörungen diagnostiziert worden, und sie kamen häufiger aus nicht intakten Familien als Personen mit konstant sicherem Bindungsstil. Die Änderer unterschieden sich aber nicht von den Personen mit konstant unsicherem Bindungsstil. Eine Änderung des Bindungsstils, in welche Richtung auch immer, hängt also (genauso wie ein konstant unsicherer Bindungsstil) mit psychischen Problemen zusammen, wobei sich beide gegenseitig bedingen können.

### *2.3 Messung von Bindungsrepräsentationen bei Erwachsenen*

Hazan & Shaver (1987) übersetzten die Klassifizierungskriterien für die Bindungsstile von Ainsworth et al. (1978) in eine Sprache, die erwachsenen Beziehungen angemessen ist, und entwickelten damit die erste Meßmethode der Bindungsstile, die für Paarbeziehungen anwendbar ist (s. Box 2.3).

*Box 2.3:* Die dreigeteilte Feststellung zur Erfassung des Bindungsstils Erwachsener

Die Probanden sollen die für sie zutreffendste Beschreibung auswählen und sich so einem Bindungsstil zuordnen (Hazan & Shaver, 1987).

*Sicherer Bindungsstil:* Ich finde es relativ leicht, anderen nahe zu sein. Ich mag es, wenn ich von anderen abhänge und sie von mir. Ich mache mir keine Sorgen darüber, von anderen verlassen zu werden oder daß mir andere zu nahe kommen.

*Vermeidender Bindungsstil:* Ich mag es nicht, anderen sehr nahe zu sein. Ich finde es schwierig, anderen vollkommen zu vertrauen und abhängig von anderen zu sein. Ich werde nervös, wenn jemand mir zu nahe kommt, und oft wollen Partner intimere Beziehungen mit mir, als mir lieb ist.

*Ängstlich-ambivalenter Bindungsstil:* Ich finde, daß andere zögern, mir so nahe zu kommen, wie ich es möchte. Ich mache mir oft Sorgen, daß mein Partner mich nicht wirklich liebt oder nicht bei mir bleiben will. Ich möchte mit einer anderen Person vollkommen verschmelzen, und dieser Wunsch verscheucht Leute manchmal.

Dieses Item zur Selbstklassifizierung des Bindungsstils wurde 620 Personen im Alter zwischen 14 und 82 Jahren vorgelegt. Als sicher gebunden bezeichneten sich 56% der Probanden, als vermeidend 25% und als ängstlich-ambivalent 19%. Damit entspricht die Verteilung recht genau derjenigen, die auch bei Kindern gefunden wurde.

Die 1-Item-Messung (Box 2.3) wurde schon bald kritisiert. Bei kleinen Formulierungsänderungen verschieben sich die Verteilungen drastisch, und die Probanden haben oft Schwierigkeiten, sich genau einem Bindungsstil zuzuordnen (Bierhoff, Grau & Ludwig, 1993a). Das Item ermöglicht keine Überprüfung der inneren Konsistenz der einzelnen Aussagen und keine quantitative Einschätzung, wie gut der ausgewählte Bindungsstil die Personen charakterisiert. Außerdem wird nicht deutlich, ob auch die nicht ausgewählten Bindungsstile teilweise zutreffen und ob sie das in verschiedenem Maße tun. Schließlich sollten Interkorrelationen zwischen den Bindungsstilen Aufschluß darüber geben, ob sie sich gegenseitig ausschließen oder auch gemeinsam auftreten können.

Um diese Fragen zu beantworten, reicht es nicht aus, Personen eine Auswahl von Beschreibungen vorzulegen und die am meisten zutreffende auswählen zu lassen. Daher wurden Skalen entwickelt, in denen die Aussagen Satz für Satz vorgegeben wurden (Simpson, 1990). Damit erhalten die Personen für jede Bindungsskala einen gesonderten Wert, so daß die Reliabilität und die Korrelationen zwischen den Skalen erfaßt werden können. Dadurch werden die Personen nicht mehr einer Kategorie (einem Bindungsstil) zugeordnet, sondern erhalten je einen Wert auf mehreren kontinuierlichen Skalen. Die Messung durch solche Skalen ist nicht mehr kategorial, sondern dimensional.

Welche Meßmethode vorteilhafter ist, ist umstritten (Doll, Menz & Witte, 1995). Die Entwicklung dimensionaler Methoden war jedoch nötig, um die Zusammenhänge zwischen den Bindungsskalen zu bestimmen. Personen können, wenn man die Ausprägung in den Skalen kennt, immer noch einem Bindungsstil zugeordnet werden.

Der Fragebogen von Simpson erwies sich, auch in einer Replikation von Bierhoff, Grau & Ludwig (1993a), als nur schwach reliabel, weil die Anzahl der Items offenbar zu gering ist. Ein weiterer Fragebogen wurde von Brennan & Shaver (1995) vorgelegt, der sieben Skalen umfaßt:

- Frustration,
- Nähe suchen,
- Ambivalenz,
- Selbstgenügsamkeit,
- Vertrauen,
- Eifersucht,
- Klammern.

Dieser Fragebogen ist jedoch überdifferenziert. Ein Bindungsstil ergibt sich aus der Kombination verschiedener Skalen. Ängstlich-ambivalent gebundene Personen zeichnen sich z.B. durch Frustration, Eifersucht und klammerndes Verhalten aus. Die Einteilung in sieben Skalen konnte faktorenanalytisch nicht repliziert werden (Bierhoff, Grau & Ludwig, 1993a).

Ein weiterer Fragebogen wurde von Grau (in Vorb.) formuliert, der aus zwei Skalen besteht, nämlich Angst und Vermeidung. Ein sicherer Bindungsstil ergibt sich aus einer niedrigen Ausprägung in beiden Skalen. Eine Begründung für die Reduzierung auf zwei Skalen wird weiter unten (im übernächsten Abschnitt) gegeben. Zunächst soll auf eine Erweiterung der Bindungstheorie von Bartholomew (1990) eingegangen werden, die für die weitere Entwicklung von Meßinstrumenten bedeutsam geworden ist.

*Vier statt drei Bindungsstile*

Bartholomew (1990) erweitert die Bindungstheorie erwachsener Beziehungen um einen vierten Bindungsstil, den ängstlich-vermeidenden. Im Gegensatz zu Kindern haben Erwachsene eine gewisse Kontrolle darüber, inwieweit sie sich auf Bindungen einlassen wollen. Wenn sie auf Intimität in ihren zwischenmenschlichen Kontakten verzichten, kann das verschiedene Ursachen haben. Entweder haben sie Angst vor Intimität, weil sie befürchten, enttäuscht zu werden, oder sie haben kein Interesse daran, intime Beziehungen zu führen. Allerdings werden auch letzteren Personen Bindungsbedürfnisse zugeschrieben, die ihnen jedoch nicht bewußt sind. Bartholomew unterscheidet also zwischen zwei Gruppen vermeidender Personen, die in ihrem Verhalten die Gemeinsamkeit haben, sehr engen Beziehungen auszuweichen. Die ängstlich-vermeidenden tun dies, *obwohl* sie sich intime Beziehungen wünschen, die gleichgültig-vermeidenden, *weil* sie sich keine intimen Beziehungen wünschen.

Bartholomew zieht Bowlbys Idee der inneren Arbeitsmodelle heran, in denen ein Selbstkonzept und ein Konzept anderer Menschen repräsentiert sind, und entwickelt daraufhin ein Modell, in das vier Bindungsstile einzuordnen sind. Führt die Interaktion mit frühen Bindungspersonen zur Festigung eines positiven oder negativen Selbstkonzepts und eines positiven oder negativen Konzepts der aktuellen und potentiellen Bindungspersonen, gibt es logischerweise vier Kombinationsmöglichkeiten (Tabelle 2.2).

*Tabelle 2.2:* Bindungsstile als Kombination positiver und negativer Selbst- und Fremdbilder (nach Bartholomew, 1990)

| | positives Fremdbild | negatives Fremdbild |
|---|---|---|
| positives Selbstbild | sicher | gleichgültig-vermeidend |
| negatives Selbstbild | ängstlich-ambivalent | ängstlich-vermeidend |

*Sicher* gebundene Personen sollten sich durch ein positives Selbst- und Fremdbild auszeichnen, *ängstlich-vermeidende* durch ein negatives Selbst- und Fremdbild. *Ängstlich-ambivalente* sollten ein negatives Selbstbild und ein positives Fremdbild haben, *gleichgültig-vermeidende* umgekehrt (Übersetzung der Begriffe I.G.). Jedoch ließen sich die Zusammenhänge mit dem Selbst- und Fremdbild nicht replizieren (O'Hearn, im Manuskript), alle unsicheren Bindungsstile hingen mit einem negativen Selbst- und Fremdbild zusammen. Die Benennung der Dimensionen als Selbst- und Fremdbild kann daher nicht einfach übernommen werden, die Berücksichtigung von zwei Dimensionen, aus denen sich vier Bindungsstile ableiten lassen, hat sich jedoch durchgesetzt. Das Selbstklassifikationsitem von Hazan & Shaver (1987) wird inzwischen auch mit vier Bindungsstilen verwendet (Brennan, Shaver & Tobey, 1991).

In fast allen Faktorenanalysen mit Items zur Erfassung von Bindungsrepräsentationen wurden zwei Faktoren gefunden (Simpson, 1990; Bierhoff, Grau & Ludwig, 1993a; Strahan, 1991). In der Mehrzahl der Studien bietet sich eine Interpretation der beiden Dimensionen als *Angst* und *Vermeidung* an, die wir als Alternative zu der Bezeichnung Selbst- und Fremdbild vorschlagen. Die beiden Dimensionen lassen sich als das Vermeiden von Nähe und Intimität bzw. als Angst vor Trennung oder Distanz, die vom Partner verursacht wird, charakterisieren.

Zur Angstdimension zählt auch die Befürchtung, vom Partner nicht genügend geliebt zu werden, während die Vermeidung einen Mangel an eigener Bemühung ausdrückt. Aus dieser Interpretation läßt sich die Annahme ableiten, daß die Ausprägung auf der Angstdimension weit stärker vom aktuellen Verhalten des Partners abhängt und daher weniger stabil und weniger über verschiedene Bindungspersonen generalisierbar sein sollte als die Ausprägung auf der Vermeidungsdimension, was auch bestätigt wurde (Grau, 1994).

In mehreren Studien stellten wir fest, daß sich nicht drei oder vier, sondern jeweils nur zwei unabhängige Dimensionen finden lassen. Daher benötigt man auch nur zwei Skalen zur Erfassung der Bindung zum Partner. Ursprünglich bestand unser Fragebogen aus Items zu den vier Bindungsstilen nach Bartholomew (1990). Für die verkürzte Messung der Bindungsdimensionen ist folgendes zu beachten:

- Die Items zum ängstlich-ambivalenten Bindungsstil laden auf dem Angstfaktor,
- die Items zum gleichgültig-vermeidenden Bindungsstil laden auf dem Vermeidungsfaktor,
- die Items zum ängstlich-vermeidenden Bindungsstil beinhalten, wie der Name schon sagt, beide Aspekte und laden positiv auf beiden Faktoren,
- während die Items zum sicheren Bindungsstil negativ auf beiden Faktoren laden, also das Gegenteil von Angst und Vermeidung bedeuten.

Die beiden zuletzt genannten Skalen bringen bei Kenntnis der beiden ersteren keine neuen Informationen, so daß im verkürzten Fragebogen nur noch die Items zum ängstlich-ambivalenten und gleichgültig-vermeidenden Bindungsstil erhalten blieben. (Ist man an einer Aufteilung der Probanden in die vier Bindungsstile interessiert, kann mit Splittungs- oder clusteranalytischen Methoden eine solche Zuordnung erreicht werden.) Ein sicherer Bindungsstil wird Personen zugeschrieben, die in beiden Skalen niedrige Werte haben (also niedrig auf der ängstlich-ambivalenten Skala und niedrig auf der gleichgültig-vermeidenden Skala).

Beispielitems für die *Angstdimension* sind:

- „Ich mache mir oft Sorgen, daß mein Partner mich nicht genug mag."
- „Ich habe Angst, daß mein Partner die Beziehung zu mir abbricht."
- „Ich versuche meinen Partner dazu zu bewegen, daß er mehr Zeit mit mir verbringt."

Beispielitems zur Messung der *Vermeidungsdimension* sind:

- „Ich fühle mich durch eine intensive Beziehung schnell eingeengt.“
- „Meine allerintimsten Gefühle gehen meinen Partner nichts an.“
- „Wenn ich Ärger habe oder krank bin, möchte ich meinen Partner lieber nicht sehen.“

### *2.4 Bindungsstile und Beziehungsqualität*

Wie lassen sich die Personen beschreiben, die jeden der vier Bindungsstile repräsentieren? Was sind ihre typischen Eigenschaften? Generell wird in den vorliegenden Studien die Partnerschaft von sicher gebundenen Personen positiver dargestellt als von unsicheren (Levy & Davis, 1988; Collins & Read, 1990; Hazan & Shaver, 1987).

So bezeichnen sich *sichere* Personen

- als glücklicher und zufriedener als unsichere,
- sie fühlen sich stärker an ihren Partner gebunden und umsorgen den Partner mehr,
- sie haben konstruktive Möglichkeiten der Konfliktlösung zur Verfügung (Pistole, 1989),
- sind bindungsbereit,
- investieren viel in ihre Partnerschaft,
- sind zärtlich,
- haben eine positive Kommunikation und wenig verletzende Streitereien (Bierhoff, Grau & Ludwig, 1993a).

*Ängstlich-ambivalente* Personen

- beschäftigen sich ständig mit der Partnerschaft,
- suchen extreme Nähe und verlieben sich oft auf den ersten Blick,
- erleben ein Durcheinander von Gefühlen,
- sind besonders eifersüchtig und klammernd (Hazan & Shaver, 1987; Bierhoff, Grau & Ludwig, 1993a; vgl. Kapitel 5),
- idealisieren den Partner und sind von ihm abhängig (Feeney & Noller, 1990; 1991),
- haben sehr wenig Vertrauen in den Partner (Simpson, 1990).

*Gleichgültig-vermeidende* Personen

- akzeptieren den Partner oft nicht so, wie er ist (Hazan & Shaver, 1987),
- legen Wert darauf, sich selbst zu genügen (Bierhoff et al., 1993a),
- sind wenig bindungsbereit (Simpson, 1990).

*Ängstlich-vermeidende* Personen

- sind besonders frustriert

- und ambivalent insofern, als sie sich über ihre Gefühle in der Partnerschaft im unklaren sind,
- außerdem haben sie besonders wenig Vertrauen (Bierhoff, et al., 1993a).

Von den vermeidenden Typen sind vergleichsweise wenige Eigenschaften bekannt. Das hat zwei Gründe. Zum einen wird Vermeidung oft als Gegenteil des sicheren Bindungsstils betrachtet, so daß dessen Eigenschaften, mit umgekehrtem Vorzeichen versehen, als Eigenschaften des vermeidenden gelten können. Zum anderen repräsentiert er eine Antihaltung der Liebe gegenüber. Shaver & Hazan (1988) bemerken, daß die „manische" Form der Liebe, insbesondere die Angst vor Zurückweisung, ein bevorzugtes Thema in Büchern und Filmen über die Liebe darstellt. Einem vermeidenden Typ wird möglicherweise weniger Aufmerksamkeit geschenkt, weil er im emotionalen Sinne am wenigsten als Liebender erkannt wird.

Die sicher gebundenen Personen führen stabilere, längerdauernde Beziehungen. In einer Untersuchung von Hazan & Shaver (1987) waren die sicheren im Durchschnitt 10 Jahre mit ihrem Partner zusammen, die unsicheren dagegen nur 5 Jahre. Von den sicheren Personen waren nur 6% geschieden, 10% der ängstlich-ambivalenten und 12% der vermeidenden Personen hatten eine Scheidung erlebt. Vermeidende gaben weniger Leidensgefühle nach einer Trennung an (Simpson, 1987, 1990). Es wird vermutet, daß vermeidende Personen negative Gefühle im Zusammenhang mit einer Trennung unterdrücken. Dieses Ergebnis galt allerdings nur für Männer.

Kirkpatrick & Davis (1994), die drei Bindungsstile berücksichtigten (sicher, ängstlich-ambivalent und vermeidend), untersuchten die Stabilität der Beziehungen zu zwei Zeitpunkten (12-14 Monate bzw. 30-36 Monate) nach der Erstbefragung. Paare mit zwei sicheren Personen sind unter allen möglichen Kombinationen von Bindungsstilen am häufigsten, am glücklichsten und am stabilsten. Zu den unsicheren Paaren wurden drei Punkte hervorgehoben:

- Erstens ist eine Trennung bei vermeidenden Frauen und ängstlichen Männern am wahrscheinlichsten. Sehr stabile Beziehungen haben dagegen ängstliche Frauen und vermeidende Männer.
- Zweitens sind vermeidende Männer und ängstlich-ambivalente Frauen überzufällig häufig zusammen.
- Drittens ist die Unzufriedenheit bei ängstlichen Frauen und vermeidenden Männern am größten.

Stabil und überzufällig häufig sind also ausgerechnet die Partnerschaften mit der schlechtesten Beziehungsqualität. Zur Interpretation dieses paradox erscheinenden Ergebnisses bestehen verschiedene Möglichkeiten:

- Ein vermeidendes zurückweisendes Verhalten ist mit der männlichen Geschlechtsrolle besser vereinbar als mit der weiblichen. Umgekehrt verhält es sich mit dem anklammernden, ängstlichen Verhalten, das eher Frauen zugeschrieben wird. Ein vermeidendes Verhalten bei Männern und ein ängstliches bei Frauen ist als Be-

standteil traditioneller Geschlechtsrollen akzeptiert und führt daher nicht zur Auflösung von Beziehungen. Ängstliche Frauen bekommen von vermeidenden Männern genau das, was sie erwarten, nämlich Zurückweisung, die vermeidenden Männer erleben mit ängstlichen Frauen ebenfalls erwartungsgemäß den Versuch der Vereinnahmung. Wenn Personen das erleben, was sie erwarten, kommen sie vermutlich gar nicht auf die Idee, die Beziehung in Frage zu stellen.
- Außerdem gehen Trennungen, wie Statistiken zeigen, meistens von Frauen aus. Daneben ist zu vermuten, daß sie meistens von vermeidenden Personen, also besonders häufig von vermeidenden Frauen ausgehen. Damit läßt sich die höhere Trennungsrate der Paare erklären, die aus einer vermeidenden Frau und einem ängstlichen Mann bestehen.

Eigene Untersuchungen zeigen, daß eine ängstliche Frau und ein vermeidender Mann ihrer Beziehung auch positive Seiten abgewinnen können (Grau, 1996). Ängstliche Frauen erleben mit vermeidenden Männern ein erhöhtes Maß an Leidenschaft, sie machen es sich zur Aufgabe, das zurückweisende Verhalten der Männer zu durchbrechen. Vermeidende Männer sind im Sinne der Equity-Theorie (s. Kapitel 7) im Vorteil, wenn sie mit ängstlichen Frauen zusammen sind, weil sie von ihnen sehr viel Zuwendung bekommen. Schließlich ist die sexuelle Zufriedenheit in anderer Weise mit den Bindungsstilen korreliert als die allgemeine Zufriedenheit mit der Beziehung. Sexuell sind nicht die ängstlichen Frauen und vermeidenden Männer am unzufriedensten, sondern die ängstlichen Männer und vermeidenden Frauen, was eine zusätzliche Erklärungsmöglichkeit für deren erhöhte Trennungsrate darstellen könnte.

### *2.5 Bindungsstile und Persönlichkeit*

Shaver & Brennan (1992) untersuchten den Zusammenhang zwischen Bindungsstilen und fünf Persönlichkeitsmerkmalen, die mit dem NEO Personality Inventory (Costa & McCrae, 1985) erfaßt wurden. Die Merkmale, die als die Grunddimensionen der Persönlichkeit angesehen werden (vg. Kapitel 4), sind

- Neurotizismus (zu verstehen als die Neigung, negative Gefühle zu erleben),
- Extraversion (die Neigung, soziale Interaktionen und Aktivität zu erleben),
- Offenheit für neue Ideen und Erfahrungen,
- Freundlichkeit (positive Gedanken und Vertrauen in bezug auf andere Menschen),
- und Gewissenhaftigkeit in der Planung und Ausführung von Tätigkeiten.

Wie sehen nun die Zusammenhänge zwischen den Bindungsstilen und diesen Grunddimensionen der Persönlichkeit aus?

- Sicher gebundene Personen zeigen am wenigsten Neurotizismus, die höchste Extraversion und die höchste Freundlichkeit.

- Ängstlich-ambivalente und vermeidende Personen unterscheiden sich nicht bedeutsam. Die in den Hypothesen erwartete Neigung Vermeidender, besonders wenig offen für neue Erfahrungen und besonders introvertiert zu sein, wurde nicht nachgewiesen. Die Offenheit für Erlebnisse und Geselligkeit sind Merkmale, die durchaus mit der Vermeidung von großer emotionaler Nähe in Beziehungen vereinbar sind. Will man keine zu große Intimität zulassen, heißt das durchaus nicht, daß man sich ganz zurückzieht und nicht an oberflächlicher Gesellschaft teilnimmt.

Bindungsstile sind nicht nur für romantische Beziehungen bedeutsam. Der Ansatz der Arbeitsmodelle (s. oben) besagt vielmehr, daß sie für jeden sozialen Bereich bedeutsam sind. Daher liegt es nahe, den Zusammenhang zwischen Bindungsstilen und beruflichen Tätigkeiten zu untersuchen (s. Box 2.4).

*Box 2.4:* Bindung und Beruf

Genauso wie die Bindung des Kleinkinds an seine Bezugsperson ihm ermöglicht, seine Umwelt zu erkunden, kann in übertragenem Sinn davon gesprochen werden, daß sich der Eintritt in die Arbeitswelt mit dem explorativen Verhalten des Kindes vergleichen läßt. Daher könnte es sein, daß Bindungen im Erwachsenenalter die Anforderungen der Arbeitswelt bewältigen helfen. Lassen sich also die Zusammenhänge zwischen Bindung und Exploration, die für Kinder belegt sind, auf Zusammenhänge zwischen Bindung und Beruf im Erwachsenenalter übertragen?

Dazu lassen sich folgende Annahmen aufstellen (Hazan & Shaver, 1990):

- Sicher gebundene Personen sollten mit ihrem Beruf zufrieden sein und ihren Erfolg positiv einschätzen sowie wenig Ärger mit den Kollegen berichten.
- Hingegen wird von ängstlich-ambivalenten Personen erwartet, daß sie ihr Berufsleben mit persönlichen Beziehungsproblemen überfrachten. Sie sehen ihre Arbeit primär unter dem Gesichtspunkt, das Wohlwollen anderer Personen zu gewinnen. Damit sind diese Personen verletzlich durch mangelnde Aufmerksamkeit und Beachtung. Es wird angenommen, daß sie mehr die Teamarbeit suchen, dazu neigen, das Engagement zu übertreiben, und sich gleichzeitig so fühlen, als wenn ihre Arbeitsleistung nicht hinreichend durch die Kollegen gewürdigt wird. Außerdem sollte die Betonung des Beziehungsaspekts von den konkreten Erfordernissen der Arbeit ablenken, so daß die Arbeitsleistung leidet.
- Vermeidende Personen neigen dazu, engen sozialen Beziehungen aus dem Weg zu gehen. Es wird angenommen, daß sie ersatzweise dem Arbeitsbereich eine große Bedeutung beimessen und individuelle Arbeit gegenüber Teamar-

beit bevorzugen. Die Arbeit dient ihnen als Entschuldigung dafür, warum es nicht möglich ist, soziale Kontakte aufzubauen.

Die Ergebnisse stehen mit diesen Erwartungen in Übereinstimmung:

- Sicher gebundene Personen sind zufriedener mit ihrem Beruf, was die Sicherheit der Arbeitsstelle, die Bezahlung, die Kollegen und die Aufstiegschancen betrifft.
- Ängstlich-ambivalente Personen haben im Arbeitsbereich Ängste, sie fürchten um ihren Arbeitsplatz und um die Anerkennung durch andere. Sie arbeiten lieber mit anderen zusammen als allein. Außerdem verdienen sie im Durchschnitt weniger als die beiden anderen Gruppen.
- Vermeidende Personen beschreiben sich als unzufrieden mit ihren Kollegen. Sie arbeiten am liebsten allein. Sie sind die einzige Gruppe, die die Arbeit für wichtiger hält als die Liebe.

Die Ergebnisse deuten darauf hin, daß Bindungsstile über die romanische Beziehung hinaus bedeutsam sind. Das kann auch nicht verwundern, weil die Anpassung im sozialen Bereich, wie sie durch die Bindungsstile repräsentiert wird, viele Lebensbereiche berührt, nicht zuletzt auch den Arbeitsbereich. Weitere Untersuchungen müssen zeigen, ob auch das Freizeitverhalten von den Bindungsstilen beeinflußt wird. Es ist z.B. naheliegend anzunehmen, daß vermeidende Personen eher solche Freizeitaktivitäten bevorzugen, die individuell ausgeführt werden, während ängstlich-ambivalente Personen eher an sozialen Freizeitaktivitäten teilnehmen sollten. Sichere Personen sollten andererseits mit ihren Freizeitaktivitäten besonders zufrieden sein.

### *2.6 Bindungsverhalten bei Kindern und Erwachsenen im Vergleich*

Kleine Kinder, die sich erschreckt haben, zeigen Bindungsverhalten, indem sie z.B. schreiend zu ihrer Mutter laufen, und lassen sich meist durch gutes Zureden oder Körperkontakt beruhigen. Bei älteren Kindern ändern sich sowohl die Adressaten als auch die Auslöser von Bindungsverhalten. Zunächst ist die Mutter oder eine adäquate Hauptbezugsperson die wesentliche Bindungsfigur. Später kommen andere Familienmitglieder und auch Gleichaltrige dazu.

In der Adoleszenz können politische und religiöse Verbände die Rolle von Bindungspersonen übernehmen. Nach der Pubertät werden fremde Personen als anziehender empfunden. Es werden Partner außerhalb der Familie als Bindungspersonen gewählt. Die wichtigste Bindungsperson Erwachsener dürfte in vielen Fällen der romantische Partner sein, mit dem eine feste Beziehung eingegangen wird.

Bis ins dritte Lebensjahr hinein ändert sich das Bindungsverhalten nur wenig, jedoch ändern sich die Auslöser. Ein Kind kann zunehmend antizipieren, wenn die Mutter weggehen will. Es lernt, daß die Mutter weggehen wird, wenn sie entsprechende Vorbereitungen trifft (z.B. Mantel anziehen), und reagiert schon während der Vorbereitungen mit Bindungsverhalten.

Die furchtauslösenden Situationen ändern sich ebenfalls. Neugeborene fürchten sich vor Lärm, plötzlichen Bewegungen und plötzlichen Veränderungen der Lichtverhältnisse. Etwa im Alter von acht Monaten werden außerdem fremde Menschen und unbekannte Umgebungen furchtauslösend und bleiben es bis ins dritte Lebensjahr.

Die Angst vor Tieren und vor Dunkelheit, besonders Alleinsein im Dunkeln, bestehen auch bei älteren Kindern fort. Die Furcht in all diesen Situationen wird verstärkt, wenn die Bindungsperson (Mutter) nicht in der Nähe ist. Dieser Effekt tritt jedoch erst dann auf, wenn die Bindung zur Mutter bereits aufgebaut ist. Alleinsein ist schon an sich eine furchteinflößende Situation und verstärkt die Wirkung anderer furchtauslösender Reize.

Ein Kind reagiert also mit Angst, wenn die Bindungsperson unzugänglich, d.h. abwesend oder nicht zum Kontakt bereit ist. Später bindet sich das Kind an weitere Personen (andere Familienmitglieder, Kindergärtnerin). Dreijährige und ältere Kinder können sich auch im Kontakt mit diesen Bezugspersonen sicher fühlen und benötigen nicht mehr die ständige Verfügbarkeit der Mutter. Bei Schulkindern wird das Bindungsverhalten Schritt für Schritt weiter gelockert. In der Adoleszenz und im Erwachsenenalter tritt Bindungsverhalten nur noch bei sehr starken Belastungen auf. Auch Erwachsene suchen den Kontakt, den Trost und die Hilfe vertrauter Personen, wenn sie sich bedroht fühlen oder krank sind.

Erwachsene fürchten sich insbesondere dann, wenn sie vor einer unbekannten Situation stehen, deren Folgen sie nicht abschätzen können. In mehreren Experimenten (Simpson; Rholes & Nelligan, 1992; Fenney & Kirkpatrick, 1996; Carpenter & Kirkpatrick, 1996) wurde das Bindungsverhalten von Personen in Abhängigkeit vom Bindungsstil untersucht. Die Untersuchung solcher Situationen eröffnet ein neues Kapitel in der Erforschung des Bindungsverhaltens Erwachsener. Während in der Tradition von Hazan & Shaver (1987) Fragebogenverfahren angewandt wurden, wird in neueren Studien die Tradition der Verhaltensbeobachtung zur Erforschung des Bindungsverhaltens aufgegriffen, wie sie in den Arbeiten von Ainsworth und ihren Mitarbeitern begründet wurde.

Wie verhalten sich Menschen, die unterschiedliche Bindungsstile zum Ausdruck bringen, in einer Situation, die Angst einflößt? Wie verhalten sie sich gegenüber einer wichtigen Bezugsperson, die in der Vorbereitungsphase anwesend ist? Diese Fragen wurden von Simpson et al. (1992) an 83 Paaren untersucht. Den Frauen wurde mitgeteilt, daß sie an einem Experiment teilnehmen würden, das bei den meisten Menschen große Angst auslöst. Vor dem Experiment (das in Wirklichkeit gar nicht stattfand) wurden die Frauen mit ihrem Partner in einen Warteraum plaziert. Dabei wurden sie gefilmt.

Die Filme wurden anschließend von Beobachtern daraufhin eingeschätzt, in welcher Form die Frauen in dieser angstauslösenden Situation Unterstützung bei ihrem Partner suchten und bekamen und wie sie auf erhaltene Unterstützung reagierten.

Das Verhalten beider Partner wurde anhand von vorgegebenen Adjektiven (freundlich, ängstlich, aufmerksam) beurteilt. Außerdem wurde das Kommunikationsverhalten eingeschätzt (teilt die Frau ihre Angst mit, spielt der Partner die Situation herunter, läßt sich die Frau durch seine Kommentare beruhigen?) und der Körperkontakt wurde registriert (Berühren am Körper, im Gesicht, Küssen usw.).

Die Bindung wurde anhand zweier Skalen gemessen:

- sicher vs. vermeidend
- ängstlich vs. nicht ängstlich

(Diese Skalen sind im Vergleich zu denen, die weiter oben dargestellt wurden, anders im Antwortraum der Befragten lokalisiert. Sie lassen sich aber mit unseren Dimensionen vergleichen, wenn man davon ausgeht, daß die Achsen der Faktoren im Antwortraum um 45° gedreht sind.)

Die Angstdimension erbrachte keine erwähnenswerten Ergebnisse. Ganz anders verhält es sich im Hinblick auf die Dimension sicher vs. vermeidend, und zwar sowohl für die Frauen als auch für die Männer.

- Je mehr Angst sichere Frauen in dieser Situation empfanden (die Stärke der Angst war sowohl von den Frauen selbst als auch von den Beobachtern eingeschätzt worden), desto intensiver suchten sie Unterstützung beim Partner.
- Bei den Frauen, die auf dem Kontinuum sicher-vermeidend zu der vermeidenden Seite tendierten, ergab sich ein umgekehrtes Ergebnis. Bei ihnen hing die Stärke der Angst negativ mit ihrer Suche nach Unterstützung zusammen. Je mehr Angst sie hatten, desto weniger suchten sie die Nähe zu ihrem Partner.

Ebenso bei den Männern:

- Sichere Männer gaben um so mehr Unterstützung, je stärker die Frau Angst hatte,
- vermeidende um so weniger.

Die Analyse der Frage, welche Frauen am stärksten von den unterstützenden Kommentaren der Partner profitierten, ergab ein erwartungswidriges Ergebnis: die vermeidenden Frauen profitierten am meisten von den Versuchen ihrer Partner, sie verbal zu beruhigen. Offenbar erhalten vermeidende Frauen selten Unterstützung, wenn sie sie aber erhalten, ist sie auch wirksam. Die Autoren vermuten, daß vermeidende Frauen besser auf verbale Beruhigungsversuche reagieren als auf Körperkontakt. Vermeidende Frauen reagierten relativ häufig mit Abwenden des Körpers, wenn der Partner sie berührte. Die Effektivität von verschiedenen Formen des Fürsorgeverhaltens variiert demnach mit dem Bindungsstil.

Die vermeidenden Frauen produzierten ein weiteres unerwartetes Ergebnis: Die Aussage, daß mit steigender Angst die Suche nach Unterstützung abnimmt, impliziert, daß bei geringer Angst durchaus Unterstützung gesucht wird. Diejenigen vermeidenden Frauen, die die Situation als wenig bedrohlich interpretierten, zeigten Bindungsverhalten. Zur Interpretation läßt sich folgendes sagen: Vermeidende Frauen haben die Erfahrung gemacht, daß sie in schwierigen Situationen nicht unterstützt worden sind. Je problematischer eine Situation eingeschätzt wird, desto riskanter ist es, wenn man Unterstützung erhofft und nicht bekommt. Bei geringer Angst gehen die Frauen das Risiko ein, bei hoher Angst nicht.

Im allgemeinen geht man ganz selbstverständlich davon aus, daß die Anwesenheit einer anderen Person in Streßsituationen beruhigend wirkt. Der Begriff der sozialen Unterstützung bringt diese Annahme sehr gut zum Ausdruck. Aber stimmt das immer? Oder gibt es Personen, für die eine Streßsituation noch belastender wird, wenn „soziale Unterstützung" zur Verfügung steht? Kann es sein, daß eine bedrohliche Situation dadurch bedrohlicher wird, daß der romantische Partner als Begleiter anwesend ist?

Um ein weitergehendes Verständnis von der Rolle des Partners in Angstsituationen zu gewinnen, ist ein Vergleich zwischen einer Situation, in der der Partner anwesend ist, und einer, in der er abwesend ist, instruktiv. Dadurch kann gezeigt werden, ob die Anwesenheit des Partners entlastend wirkt und den Streß reduziert oder umgekehrt sogar zu einer Steigerung der Belastung beiträgt.

Carpenter & Kirkpatrick (1996) verwandten die gleiche angstauslösende Situation wie oben dargestellt: 34 Frauen wurde mitgeteilt, daß sie an einem angstauslösenden Experiment teilnehmen würden, woraufhin sie entweder mit oder ohne ihren Partner in einem Warteraum Platz nehmen sollten. Danach wurde ihnen mitgeteilt, daß sie aufgrund eines technischen Ausfalls der Versuchsgeräte in die Kontrollgruppe eingeordnet worden seien. Einige Tage später wurden sie ein zweites Mal gebeten zu kommen. Es wurde erneut Angst ausgelöst, indem man ihnen sagte, sie sollten jetzt doch in der Versuchsgruppe an dem Experiment teilnehmen. Bei der Hälfte der Frauen war der Partner in der ersten Situation dabei und in der zweiten nicht, bei den übrigen Frauen war es umgekehrt.

Als abhängiges Maß wurden die Herzschlagfrequenz und der systolische und diastolische Blutdruck gemessen, und zwar vor der angstauslösenden Ankündigung und danach. Untersucht wurde die Steigerung der Erregung durch die angstauslösende Information in Abhängigkeit vom Bindungsstil und von der An- bzw. Abwesenheit des Partners.

In dieser Studie wurden auch Effekte der Angstskala gefunden. Bei allen Personen stieg die Erregung durch die angstauslösende Information:

- Bei den sicheren war die Erregungssteigerung relativ gering, unabhängig davon, ob der Partner anwesend war oder nicht. Sichere Frauen können insgesamt besser mit Streß umgehen als unsichere, und die Verbundenheit mit dem Partner kann auch in seiner Abwesenheit positiv wirken.
- Bei den ängstlichen und vermeidenden Frauen war die Erregungssteigerung ebenfalls gering, wenn der Partner nicht anwesend war. Die Erregung stieg aber drastisch in Anwesenheit des Partners. Die Anwesenheit des Partners hat den unsicheren Frauen demnach nicht geholfen, sondern den Streß noch verstärkt. Die Autoren erklären das Ergebnis mit der bindungstheoretischen Annahme, daß unsichere

Personen kein Vertrauen haben, daß sie in angstauslösenden Situationen Unterstützung erhalten. Diese Angst vor Intimität bzw. vor Zurückweisung verstärkt noch den Streß der experimentellen Situation. Beide unsicheren Gruppen sind aufgrund der Situation hoch motiviert, Nähe zu suchen, fürchten aber eine Zurückweisung, so daß sie ein noch unangenehmeres Gefühl haben, als wenn der Partner gar nicht da wäre.

Interessant wäre eine Replikation dieser Studien mit vertauschten Rollen, in denen das Bindungsverhalten der Männer und das Fürsorgeverhalten der Frauen beobachtet wird. Die Bindungstheorie postuliert zwar keine geschlechtsspezifischen Unterschiede, es ist aber möglich, daß Männer Ängste weniger leicht zugeben und daß eine beschützende Rolle der Frauen und eine schutzsuchende der Männer schwieriger mit typisch geschlechtsspezifischem Rollenverhalten vereinbar und daher seltener zu beobachten ist.

Abschließend ist festzustellen, daß eine Partnerschaft, in der die Anwesenheit des Partners unter Streß ungünstiger ist als seine Abwesenheit, ihren Zweck teilweise verfehlt. Die Bedeutung einer Partnerschaft liegt u.a. in der Tatsache, daß sich die Partner in bedrohlichen Situationen Halt und Sicherheit geben können. Eine Umkehrung dieser Funktion läßt von dem „gemeinsam sind wir stark" nicht viel übrig. Der Partner einer unsicher gebundenen Person fördert die Problembewältigung nicht, sondern er stört eher. Bildlich gesprochen: Er bietet keinen sicheren Hafen, sondern verstärkt den Sturm.

Für unsichere Personen kann aus den Ergebnissen die Schlußfolgerung gezogen werden, daß sie durch die Anwesenheit des Partners in einer Belastungssituation zusätzlich leiden. Sie haben vermutlich kein Vertrauen in die Bereitstellung sozialer Unterstützung, so daß ihr Streß noch verstärkt wird. Sie haben aufgegeben, auf Hilfe durch den Partner zu setzen, vielleicht weil sie in der Vergangenheit bei entsprechenden Gelegenheiten häufig zurückgewiesen wurden.

### *Zusammenfassung*

Zusammenfassend läßt sich festhalten, daß Bindungsverhalten nicht auf Kinder begrenzt ist, sondern auch bei Erwachsenen zu beobachten ist. Mit Hilfe einer Reihe von Meßinstrumenten hat sich zeigen lassen, daß Bindungsrepräsentationen mit einem Netz von Merkmalen in Zusammenhang stehen:

- Sie hängen in charakteristischer Weise innerhalb der Paare zusammen, sichere Personen sind häufig mit sicheren Partnern zusammen und ängstliche mit vermeidenden,
- sie ermöglichen die Vorhersage der Beziehungsqualität und -stabilität,
- sie verweisen auf eine Stabilität der Bindungsstile über lange Phasen des Lebenslaufs und über die Generationen,
- sie hängen mit dem Erleben der Berufssituation zusammen,

- sie hängen mit dem Verhalten in Streßsituationen zusammen.

Die Bindungstheorie liefert ein Erklärungsmodell für Paarkonflikte. Paare, die aus einer ängstlichen und einer vermeidenden Person bestehen, verhalten sich gegensätzlich im Nähe-Distanz-Verhalten: die ängstliche Person möchte die Nähe vergrößern, die vermeidende möchte nicht vereinnahmt werden. Diese Paarkonstellation kommt häufig vor, Streitereien über die Regulierung von Gemeinsamkeit und Autonomie lassen sich in Beratungssituationen häufig beobachten. In Kapitel 10 kommen wir darauf zurück, wie die Bindungstheorie eingesetzt werden kann, um Ursachen dieser Konflikte aufzudecken und zu behandeln. Die Zusammenhänge zwischen Bindungsstilen und Problemen im Berufsleben verweisen darauf, daß die Bindungstheorie auch individuelle Probleme erklären kann, die über enge Beziehungen hinausgehen. Auch darauf kommen wir in Kapitel 10 zurück.

Im nächsten Kapitel befassen wir uns mit dem Klassifikationssystem der Liebe von Lee. Liebe läßt sich nicht einheitlich definieren, sondern in mehrere Liebesstile unterteilen. Diese Liebesstile können als Einstellungen gegenüber Beziehungen aufgefaßt werden, die mit Bindungsstilen zusammenhängen. Die Bindungstheorie ist zum Teil in der Lage zu erklären, warum Menschen die Liebe so unterschiedlich erleben und warum manche Menschen den einen, manche den anderen Liebesstil bevorzugen.

# 3. Farben der Liebe: Das Klassifikationssystem der Liebesstile

„*Liebe*" bedeutet „*ein starkes (inniges) Gefühl der Zuneigung, des Hingezogenseins*" (Duden Bedeutungswörterbuch, 1985, S. 418). An sinnverwandten Begriffen werden genannt: Anhänglichkeit, Herzenswärme, Herzlichkeit, Hingabe, Hinneigung, Innigkeit, Leidenschaft, Liebesgefühl, Schwäche für jemanden, Sex, Verbundenheit, Verliebtheit, Zärtlichkeit und Zuneigung. Diese Bedeutungsangaben kennzeichnen Liebe als eine tief empfundene Emotion, die eine Person in Richtung auf das Liebesobjekt bewegt. Die weiteren sinnverwandten Begriffe lassen eine enge Assoziation zu Sexualität erkennen. Diese Bedeutungsassoziation wird auch im Zusammenhang mit den sinnverwandten Ausdrücken für das Verb „lieben" deutlich, unter denen u. a. „auf jemanden abfahren" und „Bock haben auf jemanden" genannt werden.

Die Bedeutung des Begriffs 'Liebe' ist also vielschichtig, so daß unterschiedliche Menschen damit verschiedene Inhalte verbinden. Liebe kann als Ausdruck der Bereitschaft zu einer langfristigen Bindung verstanden werden oder als romantisches Verliebtsein, das durch beschwingte Gefühle gekennzeichnet ist. Es gibt kein richtiges oder falsches Verständnis von Liebe. Unterschiede korrespondieren mit verschiedenen Liebesstilen. Nicht nur unterschiedliche Menschen betonen verschiedene Bedeutungen von Liebe. Vielmehr ist auch an Veränderungen im Verständnis von Liebe über die Lebensspanne zu denken. Eine mögliche Sequenz besteht darin, daß eine Einstellung, die die Verliebtheit betont, von einem Verständnis der Liebe abgelöst wird, das kommunikativen Austausch und Gemeinsamkeit der Interessen in den Mittelpunkt rückt. Es gibt also nicht den einen richtigen Liebesstil, von dessen Verwirklichung das Glück in der Beziehung entscheidend abhängt. Liebe kommt ohne richtig und falsch aus und läßt sich nicht auf einen einfachen Nenner bringen.

Läßt sich eine solch intime Erfahrung wie Liebe und Hingabe überhaupt sozialwissenschaftlich untersuchen? Entziehen sich persönliche Erfahrungen und Erlebnisse der Messung durch Fragebogen? Antworten auf diese Fragen sind in Box 3.1 enthalten.

*Box 3.1:* Empirische Erforschung der Liebe: Ist sie überhaupt möglich?

Die persönliche Liebeserfahrung kommt natürlich ohne wissenschaftliche Begleituntersuchungen aus. In der persönlichen Erfahrung ist Liebe ein Gefühl, das nur bedingt einer rationalen Betrachtungsweise zugänglich ist. Insofern kommt der Liebe im subjektiven Erleben die Qualität von etwas Irrationalem und Ganzheitlichem zu.

Das muß nicht bedeuten, daß Liebe nicht meßbar ist. Es macht aber verständlich, daß das Bedeutungsspektrum des Begriffs Liebe groß ist. Unter diesem Gesichtspunkt ist es naheliegend, in der Forschung von mehreren Liebesstilen auszugehen.

Sozialpsychologische Liebesforschung geht von der Annahme aus, daß Liebe quantitativ erfaßt werden kann und mit anderen Merkmalen sinnvoll in Zusammenhang gebracht werden kann. Das setzt die Entwicklung von Meßinstrumenten voraus, die die Dimensionen der Liebe in ihrer individuellen Ausprägung erfassen. Dazu zählen Fragebogen zur Selbsteinschätzung in Hinblick auf partnerschaftsbezogene Verhaltensweisen oder Vorstellungen darüber, was eine Liebesbeziehung ausmacht.

Nachdem wir viele Untersuchungen in diesem Bereich durchgeführt haben, läßt sich feststellen, daß die überwiegende Reaktion auf die Fragebogen zur Erfassung von Erlebnissen und Gefühlen in engen Beziehungen sehr positiv ist. Viele Befragte sagen, daß sie durch die Befragung Anregungen bekommen haben, ihre Beziehung unter einem neuen Gesichtspunkt zu sehen. Offensichtlich betrachten sie die verwendeten Verfahren - z.B. den Fragebogen zur Erfassung der Liebesstile - als bedeutsam für die Beschreibung ihrer romantischen Beziehung.

## *3.1 Liebesstile*

Da es keinen gemeinsamen Nenner gibt, unter dem sich Liebesgefühle in unserer Gesellschaft zusammenfassen lassen (Giddens, 1992), gilt es, nach Ansätzen zu suchen, die der Vielfalt der Liebeserfahrungen gerecht werden. Dazu zählt an erster Stelle das Klassifikationssystem der Liebesstile von Lee (1976). In einer kulturellen Epoche können unterschiedliche Liebesstile dominieren, z. B. romantische Liebe, pragmatische Liebe und altruistische Liebe. Lee (1976) hat drei weitere Liebesstile beschrieben: besitzergreifende Liebe, freundschaftliche Liebe und spielerische Liebe. Er spricht von den verschiedenen Farben der Liebe. Der Einfachheit halber, und um die abendländische Tradition der Liebesstile anzudeuten, verwendet Lee lateinische und griechische Begriffe, die die Farben der Liebe kennzeichnen: Eros, Mania, Storge, Ludus, Pragma und Agape. Im folgenden werden die verschiedenen Liebesstile beschrieben und durch Beispielfeststellungen aus dem Fragebogen, der zur Messung der Liebesstile entwickelt wurde (Bierhoff, Grau & Ludwig, 1993c), veranschaulicht:

*Romantische Liebe (Eros)* betrifft die unmittelbare Anziehung durch die geliebte Person, die mit einer physiologischen Erregung und sexuellem Interesse verbunden ist. Beispielitems:

'Mein Partner entspricht meinen Idealvorstellungen von einem attraktiven Mann.'

'Wenn ich meinen Partner unerwartet auf der Straße sehe, fühle ich eine innere Erregung.'

*Besitzergreifende Liebe (Mania)* ist darüber hinaus noch durch die Betonung der Exklusivität der Beziehung, die dauernde Konzentration auf den Partner und durch Eifersucht gekennzeichnet. Im Extremfall kreist das ganze Denken um den Partner, die Partnerschaft wird zu einer Besessenheit, der Partner/die Partnerin wird als Besitz betrachtet. Beispielitems:

'Wenn ich in meiner Liebesbeziehung Ärger habe, färbt das auf alle anderen Lebensbereiche ab.'

'Bei dem Gedanken an eine Trennung von meinem Partner kann ich mir mein Leben nicht mehr weiter vorstellen.'

*Freundschaftliche Liebe (Storge)* entsteht aus einer langen Freundschaft. Im Vordergrund stehen gemeinsame Interessen und gemeinsame Aktivitäten. Die sexuelle Anziehung tritt erst relativ spät auf, wenn schon eine feste Bindung zwischen den Partnern entstanden ist. Beispielitems:

'Meine befriedigendsten Liebesbeziehungen entstanden aus guten Freundschaften.'

'Die beste Grundlage für eine Liebe ist, wenn man sich gegenseitig gut kennt und akzeptiert.'

*Spielerische Liebe (Ludus)* betont Verführung, sexuelle Freiheit und sexuelle Abenteuer. Die Komponente der Bindung ist eher niedrig ausgeprägt. Das Hier und Jetzt dominiert gegenüber einer längerfristigen Perspektive. Versprechen sind nur in dem Augenblick wahr, in dem sie ausgesprochen werden. Beispielitems:

'Wenn mein Partner nicht dabei ist, flirte ich gerne mal mit anderen.'

'Ein bißchen Hinhaltetaktik erhöht den Reiz einer Beziehung.'

*Pragmatische Liebe (Pragma)* basiert darauf, daß es wünschenswert wäre, einen passenden Partner bzw. eine passende Partnerin zu finden (z. B. um sich eine große Wohnung leisten zu können oder um Kinder zu haben). Lee spricht von „go shopping for a suitable mate". Im Mittelpunkt steht der Wunsch, die Entscheidung über eine längerfristige Bindung auf einer soliden Grundlage zu treffen. Beispielitems:

'Liebe kann sich dann am besten entwickeln, wenn die Zukunft gesichert ist.'

'Für mich ist es wichtig, daß mein Partner ein gewisses Sozialprestige hat.'

*Altruistische Liebe (Agape)* stellt das Wohl der geliebten Person über das eigene Wohlergehen. Die Aufmerksamkeit ist auf die Bedürfnisse des anderen gerichtet. Die Opferbereitschaft für den Partner beruht oft auf Gegenseitigkeit: Jeder ist bereit, im Notfall für den anderen einzutreten. Beispielitems:

'Ich lasse oft alles stehen und liegen, um meinen Partner zu unterstützen.'

'Echte Partnerschaft ist ohne gegenseitige Fürsorge nicht vorstellbar.'

Lee (1976) hat selbst keine Einstellungsskalen zur Messung der Liebesstile entwikkelt, sondern die Liebesstile durch Interviews erfaßt. Neben anderen (Lasswell und Lasswell, 1976; Hatkoff und Lasswell, 1979) haben Hendrick und Hendrick (1986) einen Fragebogen entwickelt. Die sechs Skalen, die bei zwei Stichproben von 807 und 567 Studenten an der Universität von Miami angewandt wurden, enthalten je 7 Items pro Liebesstil.

Eine Hauptkomponenten-Faktorenanalyse der 42 Items führte zu sechs Faktoren. Die Skalen, die auf der Grundlage der Faktorenanalyse gebildet wurden, wiesen zufriedenstellende Reliabilitäten (.70 und höher) auf (abgesehen von freundschaftlicher Liebe mit einer internen Konsistenz von .62, die als ausreichend zu bezeichnen ist).

Das Alter der Befragten hatte keinen bedeutsamen Einfluß auf die Antworten. Allerdings war der Altersrange relativ gering, wobei die Altersgruppe der 18- und 19jährigen besonders stark vertreten war. Männer brachten mehr spielerische Liebe zum Ausdruck, Frauen mehr freundschaftliche, pragmatische und leidenschaftliche Liebe. Befragte, die angaben, zur Zeit der Befragung eine Liebesbeziehung zu haben, berichteten über mehr romantische, freundschaftliche, leidenschaftliche und altruistische Liebe und weniger spielerische Liebe als Personen, die gegenwärtig nicht in einer Liebesbeziehung lebten. Diese Resultate sprechen für die Validität der genannten Skalen.

In einer zweiten Studie wurden die Ergebnisse zur Faktorenstruktur im wesentlichen repliziert. In beiden Studien fand sich eine Retest-Reliabilität der Skalen im Bereich von .60 bis .80 über 4 bis 6 Wochen. Diese Werte weisen auf eine gewisse Stabilität der Einstellungen zur Liebe hin, während gleichzeitig auch die Möglichkeit zu Veränderungen der Einstellungen besteht.

Die Antworten der Befragten von Hendrick & Hendrick wurden auf 5-Punkte-Skalen abgegeben, deren Endpunkte mit (1) = starke Zustimmung und (5) = starke Nichtzustimmung bezeichnet wurden. Die mittlere Antwortalternative wurde als (3) = neutral bezeichnet. Der Skalenwert wurde durch Mittelung über die 7 Items jeder

Skala berechnet. Romantische und altruistische Liebe erreichten relativ hohe Zustimmung, die sich in niedrigen Mittelwerten ausdrückte, während freundschaftliche, pragmatische und besitzergreifende Liebe im (oberen) Mittelbereich der Zustimmung lagen. Die niedrigste durchschnittliche Zustimmung wurde für spielerische Liebe festgestellt. Nur für diese Skala fanden sich bei Männern und Frauen Skalenmittelwerte, die oberhalb des neutralen Skalenpunktes lagen, während die Mittelwerte für besitzergreifende Liebe ziemlich genau dem neutralen Skalenpunkt entsprachen.

Interessant sind auch die Ergebnisse zum Zusammenhang zwischen Liebesstil und Selbstwertgefühl. Zwei Skalen zeigten einen bedeutsamen und gegensätzlichen Zusammenhang: Hohe romantische Liebe trat eher bei hohem Selbstwertgefühl auf, während hohe besitzergreifende Liebe eher bei niedrigem Selbstwertgefühl zu finden war.

Die von anderen Autoren vorgestellten Liebeskonzepte lassen sich der Typologie von Lee zumindest teilweise zuordnen. Das trifft u.a. für den Ansatz von Berscheid & Walster (1974) zu, die zwischen Leidenschaft und Kameradschaft unterscheiden. Leidenschaft kann der romantischen und besitzergreifenden Liebe und Kameradschaft der freundschaftlichen Liebe zugeordnet werden. Im Hinblick auf die Klassifikation von Kelley (1983) gilt, daß pragmatische Liebe, altruistische Liebe und leidenschaftliche Liebe unmittelbar mit den entsprechenden Lee-Skalen zu identifizieren sind. Für die Komponenten von Sternberg (1986) fanden sich in der Untersuchung von Levy & Davis (1988) positive Korrelationen von romantischer und altruistischer Liebe mit Intimität, Leidenschaft und Bindung, während spielerische Liebe negativ mit den drei Komponenten korrelierte.

### *3.2 Entwicklung der deutschsprachigen Skalen*

Der deutschsprachige Fragebogen zur Erfassung der Liebesstile, der als „Marburger Einstellungs-Inventar für Liebesstile“ (MEIL) bezeichnet wird, wurde von Bierhoff & Klein (1991) und Bierhoff, Grau & Ludwig (1993c) entwickelt. Ausgangspunkt waren die amerikanischen Fragebögen von Lasswell & Lasswell (1976) und Hendrick & Hendrick (1986), die für die deutsche Fassung neu bearbeitet und erweitert wurden.

Beispielitems aus diesem Fragebogen wurden bereits genannt. Alle Items werden auf 9-Punkte-Skalen beantwortet, deren Endpunkte mit „absolut falsch“ und „absolut richtig“ benannt sind.

Wie sieht die Faktorenstruktur der sechs Liebesstile in der deutschsprachigen Version aus? Wenn die 60 Items des Fragebogens (10 für jeden Liebesstil) faktorenanalysiert werden, ergeben sich sechs Faktoren, die inhaltlich den Liebesstilen von Lee entsprechen.

Die einzelnen Liebesstile erwiesen sich als weitgehend voneinander unabhängig. Wer z.B. den Aussagen zur romantischen Liebe zustimmt, kann auch die zur pragmatischen Liebe zutreffend finden, aber auch der Meinung sein, daß pragmatische

Betrachtungen den romantischen Gefühlen im Wege stehen. Die Unabhängigkeit der Skalen ist ein wichtiger Tatbestand. Sie zeigt, daß Liebe vielfältig erlebt wird. Liebe erweist sich also als mehrdimensional, und zwar entsprechend den Vorgaben des Klassifikationssystems der Liebesstile.

Der Fragebogen erreicht sehr gute Werte im Sinne der Testtheorie. Die Skalen sind in sich konsistent. Die Einschätzung der einzelnen Liebesstile ist auch über einen größeren Zeitraum relativ stabil. Das zeigt sich bei der zweifachen Messung im Abstand von einem Jahr (bezogen auf ein und denselben Partner), da eine hohe Übereinstimmung zwischen der ersten und zweiten Messung auf allen Liebesdimensionen zu konstatieren ist. Das gilt am stärksten für Agape.

Das MEIL ermöglicht eine zuverlässige Messung der sechs Liebesstile. Er wurde inzwischen mehr als 2000 Personen vorgelegt. Die Struktur der Antworten ist über alle Stichproben hinweg überraschend stabil: Die sechzig Feststellungen lassen sich regelmäßig auf sechs Skalen aufgrund ihrer Zusammenhänge untereinander zuordnen, die sich mit Eros, Mania, Storge, Ludus, Pragma und Agape bezeichnen lassen.

Während die Liebesstile in einer gegebenen Partnerschaft über die Zeit relativ stabil sind, variieren sie möglicherweise über verschiedene Partnerschaften. Da die Liebesstile interpersonelle Einstellungsmerkmale erfassen, sollte ihre Ausprägung nicht nur von den Befragten abhängen, sondern auch von der Person, auf die die Liebe gerichtet ist. Diese Abhängigkeit von dem speziellen Partner hat Amelang (1992) untersucht. Seine Ergebnisse weisen darauf hin, daß Eros und Ludus eher partnerabhängig sind, während Storge, Pragma und Agape eher partnerunabhängig sind. Hingegen scheint Mania eine Zwischenstellung einzunehmen, da sie sowohl Züge eines Persönlichkeitsmerkmals besitzt als auch partnerbezogen zu sein scheint. (Ähnliche Ergebnisse wurden im übrigen auch für Eifersucht berichtet.)

Die Beantwortung des Fragebogens erwies sich als weitgehend unabhängig von der momentanen Befindlichkeit (erfaßt mit der Kurzform der Eigenschaftswörterliste EWL-K von Janke & Debus, 1978) und von sozialer Erwünschtheit, die durch die Skala SDS-CM von Lück & Timaeus (1969) erfaßt wurde. Soziale Erwünschtheit betrifft die Frage, ob die Befragten ihre Antworten so geben, wie sie glauben, daß es den allgemeinen Normen oder der sozialen Anerkennung entspricht. Der höchste Zusammenhang mit sozialer Erwünschtheit ($r = .33$, $p < .001$) fand sich zu altruistischer Liebe, während zu besitzergreifender Liebe ein negativer Zusammenhang auftrat ($r = -.18$, $p < .05$), der im wesentlichen auf den Antworten der Frauen beruht. Diese Korrelationen sind relativ niedrig, so daß die Aussage gerechtfertigt ist, daß die Liebesskalen *weitgehend unabhängig von sozialer Erwünschtheit und momentaner Befindlichkeit* beantwortet wurden.

Signifikante, aber relativ geringe Geschlechterunterschiede zeigten sich anfänglich (Bierhoff, 1991a) auf folgenden Skalen: Männer hatten höhere Werte auf altruistischer und spielerischer Liebe, Frauen auf freundschaftlicher und besitzergreifender Liebe. Die erweiterte Datenbasis führte zu der Erkenntnis, daß nur für besitzergreifende und altruistische Liebe die Geschlechtsunterschiede stabil sind.

Weitere Analysen zeigten, daß Geschlechtsrollen teilweise diese Geschlechtseffekte modifizierten. Der Geschlechtseffekt auf Mania läßt sich weitgehend als Geschlechterrolleneffekt interpretieren. Instrumentell eingestellte Personen haben niedrigere und expressiv eingestellte Personen höhere Werte auf Mania. Wenn die beiden Geschlechtsrollen einbezogen werden, leistet das Geschlecht keinen unabhängigen Beitrag zur Aufklärung der Varianz der besitzergreifenden Liebe (vgl. Kapitel 5). Der Geschlechtseffekt auf Agape läßt sich hingegen nicht vollständig auf die Geschlechtsrollenvariablen zurückführen. Auch bei der Berücksichtigung von Geschlechtsrollen bleibt das Geschlecht ein unabhängiger Prädiktor von Agape (Bierhoff, 1991a).

Diese Ergebnisse zeigen, daß die häufig beschworenen Geschlechtsunterschiede in der Liebe von eher geringer Bedeutung sind, zumindest wenn man von den Liebesstilen ausgeht. Männer und Frauen lieben ähnlich, allerdings mit Akzentunterschieden in den Bereichen Mania und Agape. Während die höheren Werte in Mania für Frauen den allgemeinen Erwartungen zu entsprechen scheinen, ist die größere Hilfsbereitschaft der Männer auf den ersten Blick überraschend. Sie ist aber vereinbar mit Ergebnissen aus der Altruismusforschung, wonach Männer tendenziell hilfsbereiter als Frauen sind, und zwar insbesondere gegenüber Frauen.

Welche Liebesstile sind im allgemeinen besonders hoch oder niedrig ausgeprägt? Sind die Befragten besonders pragmatisch oder besonders romantisch? Die Antwort auf diese Frage fällt eindeutig aus: Es überwiegt die romantische Einstellung, pragmatische Werte sind von nachgeordneter Bedeutung. Ein Vergleich der Mittelwerte der Zustimmung für die einzelnen Skalen zeigt, daß Eros die höchste Zustimmung erhält (etwa bei 6.5 zwischen den Endpolen 1 und 9). Demgegenüber erreichen Ludus und Pragma die niedrigsten Werte (etwa bei 3.5). Agape, Storge und Mania liegen im mittleren Bereich mit durchschnittlichen Zustimmungswerten um 5.5 (vgl. Abbildung 3.1). Einschränkend zu dieser Interpretation ist zu beachten, daß diese Mittelwertunterschiede auf unterschiedlichen Itemschwierigkeiten beruhen. Man könnte auch „abgeschwächte“ Items zum pragmatischen Liebesstil formulieren, denen in stärkerem Ausmaß zugestimmt wird, dann würden die Mittelwerte steigen.

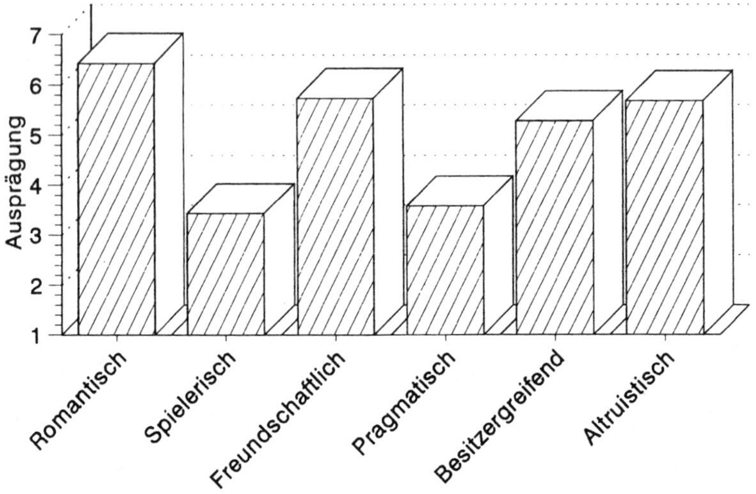


*Abbildung 3.1:* Zustimmung zu den Liebesstilen im Vergleich

Wie schon angedeutet, lohnt sich der Aufwand der Unterscheidung von sechs Liebesstilen dann, wenn die Skalen nicht alle das gleiche Merkmal erfassen. In diesem Zusammenhang ist die Höhe der Korrelationen zwischen den sechs Skalen von Interesse. Die Korrelationen sind generell gering. Die höchsten positiven Korrelationen finden sich zwischen Eros und Agape bzw. Mania und Agape, während Eros und Ludus negativ korrelieren. Insgesamt ist das Korrelationsmuster bei Männern und Frauen ähnlich. Allerdings deutet sich ein gewisser Unterschied im Hinblick auf Ludus an, da Frauen die negative Beziehung zwischen Ludus und Eros einerseits und zwischen Ludus und Agape andererseits stärker hervorheben als Männer.

Das Ergebnismuster entspricht im übrigen auch weitgehend dem bei amerikanischen Studentinnen und Studenten. Wir haben festgestellt, daß die Zusammenhänge zwischen den Skalen in der Tendenz noch geringer werden, wenn versucht wird, die Auswirkungen des sozialen Erwünschtheitsstrebens zu verringern. Dann blieb einzig die Korrelation zwischen Eros und Agape bedeutsam. Die Ergebnisse zeigen, daß die Beantwortung des Fragebogens zu den Liebesstilen nur geringfügig durch soziale Erwünschtheit verfälscht wird.

*Sind sich Partner ähnlich?*

Die Frage nach der Ähnlichkeit läßt sich insgesamt positiv beantworten. Verschiedene Untersuchungen in den USA und im deutschsprachigen Bereich weisen auf beachtliche Ähnlichkeit in den Liebesstilen hin. Die höchsten positiven Paarzusammenhänge finden sich für Eros (und Agape), während die niedrigsten Zusammenhänge für Mania (und Ludus) vorzuliegen scheinen.

Dieses Ergebnismuster ist vom Standpunkt der Austauschtheorie zu erwarten. Übereinstimmung in den Liebesstilen Eros, Storge, Pragma und Agape ist gegenseitig belohnend. Der eigene Liebesstil wird bestätigt, wenn er sich beim Partner bzw. bei der Partnerin wiederfindet. Hingegen wird für Mania weniger Ähnlichkeit erreicht, weil gegenseitige Eifersucht die Beziehung bedrohen würde. Es kommt häufiger vor, daß ein Partner die Eifersucht betont, während der andere zurückhaltend oder sogar vermeidend eingestellt ist. Wenn beide Partner besitzergreifend sind, entstehen erhebliche Konflikte durch gegenseitige Kontrollansprüche. Eine beiderseitige Ludus-Orientierung könnte ebenfalls die Beziehung gefährden, weil dann beide Partner nur lose an die Beziehung gebunden wären.

*Romantik als Glücksbringer?*

Kann man sagen, daß die romantische Liebe besser ist als die kameradschaftliche? Sicher nicht! Jeder Liebesstil kann individuell sinnvoll und zufriedenstellend erlebt werden, zumindest wenn keine Extreme erreicht werden. Extreme sind z.B. für die besitzergreifende Liebe ein schwerwiegendes Problem, obwohl sie in abgemilderter Form in vielen Beziehungen vorkommen. Extreme Formen von besitzergreifender Liebe stehen mit Gewalt in der Partnerschaft in Zusammenhang. Das gilt besonders dann, wenn sie sich auf der Basis einer ängstlich-ambivalenten Grundhaltung entwickelt haben (vgl. Kapitel 5).

Innerhalb der Spielbreite des Normalen läßt sich konstatieren, daß jeder der Liebesstile von beiden Partnern positiv erlebt werden kann und konstruktiv zur Entwicklung der Beziehung genutzt werden kann. Diese Feststellung ist allerdings einzuschränken im Hinblick auf Ludus. Spielerische Liebe tendiert dazu, das Glück in der Beziehung zu untergraben.

Allerdings scheint der stärkste Glücksbringer doch die romantische Liebe zu sein. Eros stellt nicht nur den emotionalsten Liebesstil dar, sondern hängt auch am engsten mit der partnerschaftlichen Zufriedenheit zusammen. Aber die Gleichung Eros = Glück ist zu einfach. Auch Agape kann das Glück der Partner positiv beeinflussen. Storge und Pragma können konstruktiv genutzt werden, um die Beziehung zu stabilisieren und die Intimität zu erhöhen. Mania schließlich kann insbesondere in der ersten Phase der Beziehungsentwicklung, wenn die Partner sich gerade kennengelernt haben, dazu beitragen, daß sie ein romantisches Paar bilden.

## *3.3 Bindungsstile und Liebesstile*

Die Liebesstile sind mehrfach im Zusammenhang mit Bindungsstilen untersucht worden. Möglicherweise ist die Bindungstheorie in der Lage, einige der verschiedenen Einstellungen zur Liebe zu erklären, die als Liebesstile bezeichnet werden (Hazan & Shaver, 1987). Sie kann als Erklärungsmodell dienen, warum Menschen die Liebe so unterschiedlich erleben. Die Bindungstheorie macht Aussagen über die Ursachen und die Entwicklung von interindividuellen Unterschieden in der Präferenz für einzelne Liebesstile.

In einer Studie von Bierhoff, Grau & Ludwig (1993a) wurden 260 Personen im Alter zwischen 19 und 51 Jahren befragt, die alle in einer festen Beziehung lebten. Es wurde eine erweiterte Form des Bindungsfragebogens von Simpson (1990) verwendet, in der von vier Bindungsstilen ausgegangen wird (Bartholomew, 1990, vgl. Kapitel 2): sicher, ängstlich-ambivalent, gleichgültig-vermeidend und ängstlich-vermeidend. Wie sehen nun die Zusammenhänge zwischen diesen Liebesstilen und den vier Bindungsstilen aus (vgl. Tabelle 3.1)?

- In dieser Untersuchung hängen alle drei unsicheren Bindungsskalen negativ mit der romantischen Liebe (Eros) zusammen.
- Die positive Beziehung zwischen der Skala sicherer Bindungsstil und Eros ist zwar nicht signifikant, aber höher als alle anderen Zusammenhänge, die mit der sicheren Bindung auftreten. Die niedrigen Korrelationen lassen sich dadurch erklären, daß die Sicherheitsskala eine sehr niedrige Reliabilität hatte. Weil die einzelnen Items nicht miteinander korrelierten, mußten drei Items ausgeschlossen werden, so daß nur zwei Items verblieben. Bessere deutschsprachige Bindungsskalen wurden erst später entwickelt.
- Der spielerische (Ludus) und der pragmatische Liebesstil (Pragma) korrelieren insgesamt mit einer unsicheren Bindung.
- Die Liebesstile Mania und Agape, die auch untereinander hoch korrelieren (r = .50), zeigen Überlappungen mit dem Angstaspekt in der Bindung; besonders hoch korreliert Mania mit dem ängstlich-ambivalenten Bindungsstil.
- Für den Liebesstil Storge wurden keine Entsprechungen in den Bindungsstilen gefunden.

*Tabelle 3.1:* Zusammenhänge zwischen Liebesstilen und Bindungsstilen

| | sicher | ängstlich-ambivalent | gleichgültig-vermeidend | ängstlich-vermeidend |
|---|---|---|---|---|
| Eros | .12 | -.23 *** | -.21 ** | -.19 ** |
| Ludus | .03 | .28 *** | .37 *** | .19 ** |
| Storge | .01 | .07 | .01 | .05 |
| Pragma | -.07 | .14 * | .17 ** | .19 ** |
| Mania | -.09 | .39 *** | .14 * | .11 |
| Agape | .03 | .14 * | -.07 | .11 |

Anmerkung. * $p < .05$, ** $p < .01$, *** $p < .001$; N = 260

Ähnliche Ergebnisse fanden Levy & Davis (1988) sowie Hendrick & Hendrick (1989). Auch in diesen Studien hängt Eros positiv mit einer sicheren Bindung und negativ mit der vermeidenden zusammen, für Ludus ergibt sich das umgekehrte Muster. Der besitzergreifende Liebesstil Mania korreliert auch hier mit dem ängstlich-ambivalenten Bindungsstil. Im Unterschied zu Bierhoff et al. (1993a) spricht der altruistische Liebesstil Agape, ähnlich wie Eros, für eine sichere Bindung und korreliert negativ mit der vermeidenden Bindung.

Die Liebesstile nach Lee teilen sich auf in bindungsabhängige und bindungsunabhängige Skalen.

- Die Liebesstile Agape, Pragma und Storge haben geringe, nicht replizierte bzw., was die freundschaftliche Liebe betrifft, überhaupt keine Zusammenhänge mit den Bindungsstilen.
- Als besonders bindungsabhängig erwiesen sich dagegen die romantische, die spielerische und die besitzergreifende Liebe. Die romantische Liebe tritt bei sicher gebundenen Personen verstärkt und bei vermeidenden Personen in geringem Maße auf. Bei der spielerischen Liebe verhält es sich umgekehrt. Ängstlich-ambivalente Personen zeichnen sich besonders durch einen besitzergreifenden Liebesstil aus.

Wie sehen die Ursache-Wirkungs-Zusammenhänge aus? Ein kausaler Zusammenhang kann aus den Korrelationen nicht abgeleitet werden, jedoch ist zu vermuten, daß die schon in der Kindheit entstandenen Bindungsstile die Liebesstile in erwachsenen Paarbeziehungen beeinflussen. Die Theorie der Bindungsstile umfaßt die Entwicklung des Kindes von der Geburt bis zum Erwachsenenalter, während die Klassifikation der Liebesstile im Jugend- und Erwachsenenalter einsetzt. Es fehlen aber die notwendigen Längsschnittstudien, die kausale Abhängigkeiten belegen könnten.

### *3.4 Soziale Rahmenbedingungen der Partnerschaft*

Eine Möglichkeit, das Bezugssystem der Liebe zu ermitteln, besteht in der Untersuchung des Netzwerks von Merkmalen, die die Einschätzung des Erlebens und Verhaltens in romantischen Beziehungen betreffen. Eine weitere Möglichkeit besteht darin, die soziodemographischen Rahmenbedingungen zu betrachten, unter denen die Partner zusammenleben, und ihre Auswirkungen auf die Liebesstile zu untersuchen.

Ehe und Familie, aber auch die Wohnsituation und die Dauer der Beziehung bestimmen die Rahmenbedingungen der Liebe. Wenn nach den Auswirkungen dieser Rahmenbedingungen gefragt wird, ist zu bedenken, daß sie alle gleichermaßen mit der Dauer der Beziehung zusammenhängen. Je länger die Beziehung besteht, desto größer ist die Wahrscheinlichkeit, daß die Partner zusammenwohnen, verheiratet sind und gemeinsame Kinder haben.

Aber auch Heirat, Wohnung und Kinder sind miteinander assoziiert. Wenn ein Kind vorhanden ist, besteht eine größere Wahrscheinlichkeit, daß die Partner verheiratet sind und in einer gemeinsamen Wohnung leben. Die Rahmenbedingungen der Beziehung sind voneinander abhängig. Dabei kann nicht entschieden werden, welche Bedingung die andere beeinflußt. Diese Abhängigkeit zwischen den Merkmalen Heirat, Wohnung, Kinder und Dauer der Beziehung soll anhand einer umfangreichen Stichprobe demonstriert werden, die von Bierhoff, Grau & Ludwig (1993c) der Konstruktion des MEIL zugrundegelegt wurde:

- Beziehungsdauer hängt besonders eng mit dem Vorhandensein von Kindern und Heirat (r = .61 und r = .64), aber auch mit der gemeinsamen Wohnung zusammen (r = .45),
- Vorhandensein von Kindern hängt hoch mit Heirat (r = .63), aber auch mit einer gemeinsamen Wohnung zusammen (r = .46),
- schließlich hängen Heirat und gemeinsame Wohnung zusammen (r = .55).

Diese Zusammenhänge, die auf einer Stichprobengröße im Bereich von 1 000 Personen beruhen, sind alle statistisch signifikant und in der Höhe bedeutsam. Was steht hinter diesen teilweise hohen Zusammenhängen? Eine Erklärung besteht darin, daß alle genannten Rahmenbedingungen das Thema der Abhängigkeit ansprechen. Partner, die zusammen wohnen, sind voneinander abhängiger als Partner, die ihre eigenen Wohnungen haben. Das gleiche gilt für Heirat, gemeinsame Kinder und für die Dauer der Beziehung. Bei der Dauer der Beziehung läßt sich hinzufügen, daß sie nicht nur durch größere Investitionen in die Partnerschaft Abhängigkeit hervorruft, sondern auch durch die psychologische Nähe, die über die Zeit entsteht und dazu führt, daß die Partner einander brauchen. Berscheid (1983) hat darauf hingewiesen, daß diese psychische Abhängigkeit von den Betroffenen oft unterschätzt wird und erst bei einer Trennung anhand des Trennungsschmerzes offensichtlich wird.

Die Auswirkungen dieser Rahmenbedingungen sind zu überprüfen. Hängen sie mit den Liebesstilen zusammen oder bleiben die Liebesstile von den äußeren Rahmenbedingungen unbeeinflußt und sind statt dessen ein aktueller Ausdruck des Zustands der Beziehung? Eine erste Vermutung besagt, daß Personen, die schon länger zusammen sind, verheiratet sind, eine gemeinsame Wohnung haben und gemeinsame Kinder großziehen, stärker die pragmatische Liebe betonen. Gründe dafür lassen sich leicht benennen: Einerseits ist anzunehmen, daß eine pragmatische Einstellung dazu beiträgt, daß die Partner zusammen wohnen oder heiraten. Andererseits können das Zusammenwohnen oder eine Ehe pragmatischere Einstellungen fördern. Genauso ist zu erwarten, daß das Vorhandensein von Kindern mit einer pragmatischen Einstellung zusammenhängt. Schließlich ist vorstellbar, daß eine pragmatische Orientierung mit der Dauer der Partnerschaft zunimmt. Der Wert einer pragmatischen Liebeseinstellung kann darin gesehen werden, daß sie die Partnerschaft stabilisiert. Auf diesen Punkt zielen verschiedene verhaltenstherapeutisch ausgerichtete Paarprogramme, die entweder der Vorbeugung von Ehekonflikten oder der Reduktion von solchen Konflikten dienen. Die Partner sind aufeinander angewiesen, vielleicht weil sie gemeinsame Kinder haben oder weil ihr Lebensstandard bei einer Trennung sinken würde. Solche Programme setzen sich das Ziel, das Gesprächsverhalten und den Gefühlsaustausch so aufeinander abzustimmen, daß die häufigen Streitereien oder ein regelmäßiges Anschweigen vermieden werden.

Offensichtlich beschreibt die pragmatische Liebe eine Minimalvariante von Beziehungseinstellungen. Es miteinander aushalten zu können ist weniger als das, was die meisten sich wünschen, wenn sie sich verlieben. Aber es ist eine Zielvorstellung, die ironischerweise um so mehr an Bedeutung gewinnen kann, je stärker die Partner voneinander abhängig sind.

Eine zweite Vermutung läßt sich im Hinblick auf altruistische Liebe formulieren. Sie geht in dieselbe Richtung wie die für pragmatische Liebe. Danach sollten Personen, die länger zusammen sind, verheiratet sind, eine gemeinsame Wohnung haben und Kinder großziehen, eine stärkere altruistische Einstellung haben bzw. entwikkeln.

Zur Begründung läßt sich anführen, daß gemeinsame Wohnung und Heirat eine Basis schaffen, auf der sich eine altruistische Einstellung entwickeln kann. Umgekehrt kann auch vermutet werden, daß Personen, die sich eine gemeinsame Wohnung suchen und die den Bund der Ehe eingehen, durch altruistische Einstellungen motiviert sein können. Der Zusammenhang mit altruistischer Liebe ist für gemeinsame Kinder besonders naheliegend. Kinder müssen umsorgt werden, so daß ein Moment der Hilfsbereitschaft durch gemeinsame Kinder direkt angesprochen wird. Schließlich kann angenommen werden, daß Hilfsbereitschaft sich über die Zeit aufbaut. Es wurde gezeigt, daß Hilfe unter Freunden und Bekannten oft nach dem Prinzip der Gegenseitigkeit erfolgt (Bierhoff, 1996). Über die Zeit sollte eine größere Verpflichtung zu gegenseitiger Unterstützung entstehen, die zwischen den Partnern in einer romantischen Beziehung altruistische Einstellungen fördert.

Während die pragmatische Liebe als Minimalvoraussetzung von Partnerschaften gelten kann, ist die altruistische Liebe tiefergehend. Sie stellt das Wohl des Partners in den Mittelpunkt, auch wenn eigene Opfer erforderlich sind. Damit setzt sie ein Umdenken voraus: Anstelle der eigenen Gewinne werden verstärkt die Gewinne des Partners oder der Partnerin berücksichtigt.

Im folgenden stellen wir Ergebnisse einer Studie dar, die diese Annahmen überprüft. Dabei gehen wir so vor, daß wir die einzelnen Rahmenbedingungen nacheinander in ihren Zusammenhängen mit den angesprochenen Liebesstilen darstellen. Beginnen wir mit dem Vorhandensein einer *gemeinsamen Wohnung*. Bei den 561 Personen, die gemeinsam mit ihrem Partner oder ihrer Partnerin in einer Wohnung leben, sind die pragmatische und altruistische Liebe höher ausgeprägt als bei den 452 Personen, die getrennt wohnen. Die Unterschiede, die hoch signifikant sind (jeweils $p < .001$), sind in Abbildung 3.2 veranschaulicht. Die Ergebnisse entsprechen den Vorüberlegungen. Für die anderen Liebesstile finden sich keine entsprechenden Unterschiede. Es sei noch erwähnt, daß die romantische Liebe nahezu identisch bei den beiden Gruppen von Befragten ausgeprägt ist.

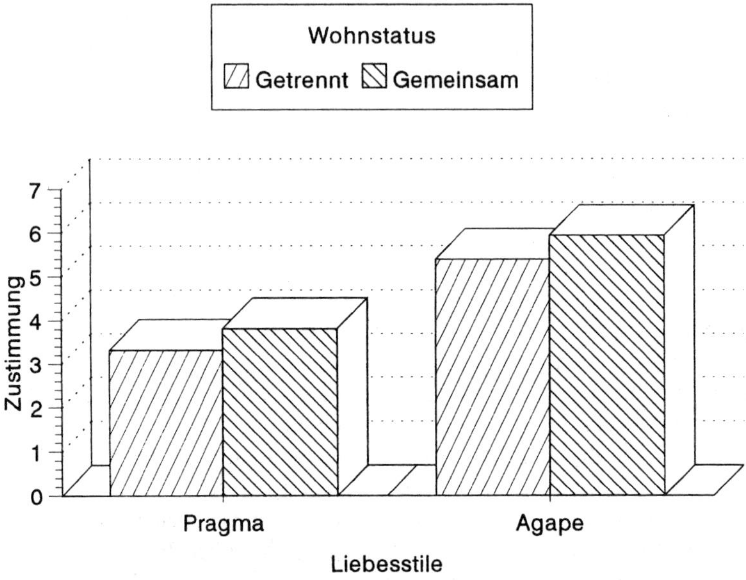


*Abbildung 3.2:* Auswirkungen der Wohnsituation auf ausgewählte Liebesstile

Als nächstes wenden wir uns den Zusammenhängen mit *Heirat* zu. Die Ergebnisse sind in Abbildung 3.3 veranschaulicht. Die 291 verheirateten Personen sind pragmatischer und altruistischer als die 756 Personen, die nicht verheiratet sind. Die Unterschiede sind hoch signifikant ($p < .001$). Ein weiterer hoch signifikanter Effekt, der mit Heirat zusammenhängt, bezieht sich auf Storge: Verheiratete erreichen höhere Werte der freundschaftlichen Liebe als Nicht-Verheiratete. Damit ergibt sich ein charakteristisches Profil für Verheiratete und Personen, die nicht verheiratet sind: Verheiratete sind einerseits freundschaftlich und eher pragmatisch orientiert, andererseits auch altruistisch. Für die nicht verheirateten Personen sind ihre niedrigeren Werte für Pragma und Storge besonders bemerkenswert, da sie damit dem Idealbild der Verliebtheit besonders nahe kommen. Dieses Profil wird noch durch die relativ niedrige Opferbereitschaft ergänzt.

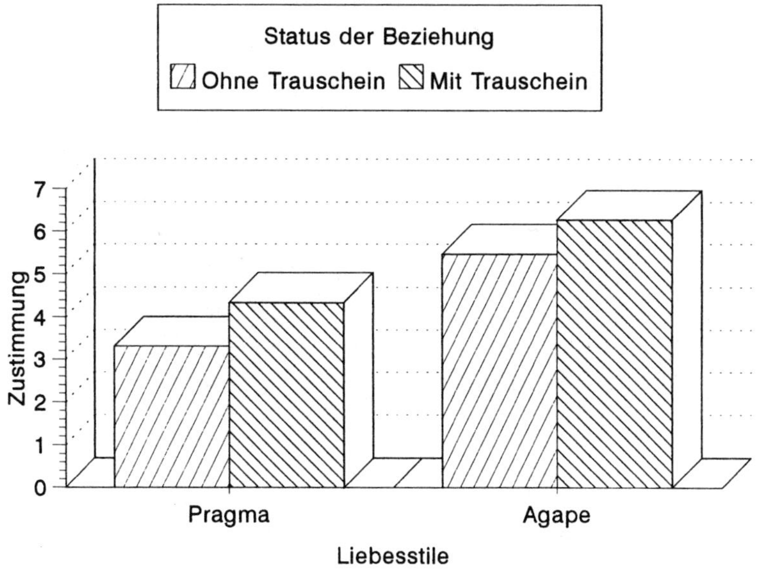


*Abbildung 3.3:* Auswirkungen der Heirat auf ausgewählte Liebesstile

988 Befragte machten Angaben zu *Kindern.* Davon hatten 657 keine Kinder, während 331 zwischen einem und fünf Kinder hatten. Das Vorhandensein von Kindern wirkt sich hoch signifikant auf pragmatische und altruistische Liebe aus ($p < .001$). Wie die Darstellung der Ergebnisse in Abbildung 3.4 zeigt, ist der Unterschied für pragmatische Liebe besonders deutlich: Mit Kindern wird Pragmatismus viel stärker zum Ausdruck gebracht als ohne. Aber auch der Altruismus ist deutlich höher ausgeprägt. Diese Ergebnisse machen intuitiv Sinn: Der Umgang mit Kindern verlangt die Bereitschaft, sich für eine andere Person einzusetzen und hilfsbereit zu reagieren, wenn Probleme entstehen. Gleichzeitig stellt das Vorhandensein von Kindern die Partner vor eine Fülle von Alltagsproblemen, deren Lösung eine pragmatische Grundhaltung voraussetzt bzw. durch ein pragmatisches Denken erleichtert wird.

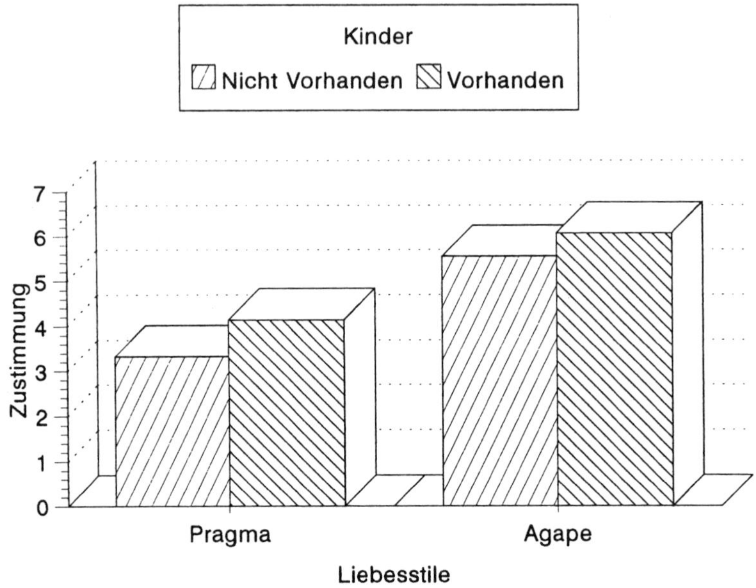


*Abbildung 3.4:* Auswirkungen von Kindern auf ausgewählte Liebesstile

Um die Auswirkungen der *Beziehungsdauer* zu prüfen, wurde eine Dreiteilung in Personen mit kurzer (bis 22 Monate), mittlerer (23-65 Monate) und langer Beziehungsdauer (ab 66 Monate) durchgeführt. In den drei Gruppen befinden sich 329, 336 und 343 Befragte. Die Ergebnisse sind in Abbildung 3.5 veranschaulicht: Mit der Dauer der Beziehung nehmen pragmatische und altruistische Liebe zu ($p < .001$). Diese Entwicklung setzt aber erst nach 65 Monaten ein, da nur die Langzeitpaare erhöhte Werte haben.

Eine weitere Einteilung in *vier* Gruppen der Beziehungsdauer verdeutlicht, daß der Anstieg von Pragmatismus und Altruismus vor allem bei den Personen zu finden ist, die ihre Partnerschaft schon mehr als 95 Monate aufrechterhalten. Es sei noch erwähnt, daß zusätzlich noch freundschaftliche Liebe mit der Beziehungsdauer systematisch variiert: Auch für Freundschaft gilt, daß sie besonders bei den Befragten an Bedeutung gewinnt, die über 95 Monate in ihrer Beziehung leben.

Die Ergebnisse, die in den Abbildungen dargestellt sind, verlaufen im wesentlichen für pragmatische und altruistische Liebe parallel. In diesem Zusammenhang ist darauf hinzuweisen, daß der Zusammenhang zwischen beiden Liebesstilen nur $r = .23$ beträgt. Die Überschneidung zwischen beiden Liebesstilen ist also gering. Trotzdem finden sich viele Parallelen, was die Zusammenhänge mit den untersuchten Rahmenbedingungen angeht.

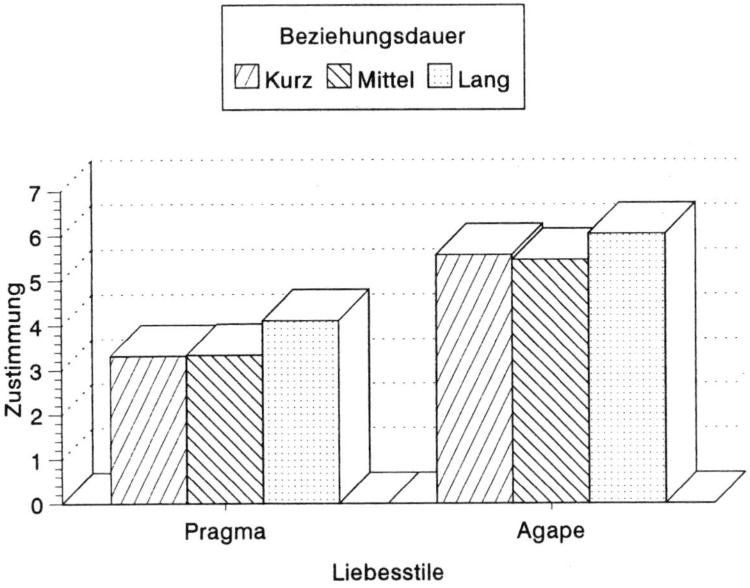


*Abbildung 3.5:* Auswirkungen der Beziehungsdauer auf ausgewählte Liebesstile

Die Ergebnisse entsprechen denen von Klein & Bierhoff (1991), die an einer kleineren Stichprobe von 98 Personen gewonnen wurden. Pragmatische und altruistische Liebe sind bei Verheirateten, bei gemeinsamer Wohnung, bei Vorhandensein von Kindern und bei längerer Dauer der Partnerschaft höher ausgeprägt. Damit erweisen sich diese beiden Liebesstile als die entscheidenden, wenn es um Zusammenhänge zwischen den Rahmenbedingungen der Partnerschaft und den Liebesstilen geht. Die pragmatische Liebe spielt eine Rolle, wenn es um die Beständigkeit der Partnerschaft und deren Festigung durch gemeinsame Wohnung und Heirat geht. Darüber hinaus kann angenommen werden, daß altruistische Liebe das Zusammenleben erleichtert und die Erziehung von Kindern fördert.

*Zusammenfassung*

Liebe kann nicht einheitlich definiert, sondern muß in verschiedene Liebesstile unterteilt werden. Lee (1976) unterscheidet in seiner Klassifikation sechs Liebesstile: Eros, Ludus, Storge, Pragma, Mania und Agape. Mit dem Fragebogen MEIL (Bierhoff, Grau & Ludwig, 1993c) können diese Liebesstile unabhängig von der momentanen Befindlichkeit und sozialer Erwünschtheit erfaßt werden. Die Skalen sind größtenteils voneinander unabhängig, die 6-Faktoren-Lösung ließ sich mehrfach replizieren. Männer haben höhere Werte in Agape, Frauen in Mania. Eros und Ludus sind am meisten von der aktuellen Partnerschaft abhängig, die anderen Liebesstile sind stabiler über mehrere Partnerschaften hinweg.

Partner sind sich ähnlich in den Liebesstilen, besonders in Eros und Agape. Eros korreliert am höchsten mit dem Glück in der Beziehung. Mit zunehmender Dauer der Beziehung, mit dem Zusammenwohnen, Heiraten und dem Vorhandensein von Kindern steigen die Skalenwerte in der pragmatischen und altruistischen Liebe. Beide Liebesstile fördern eine Entwicklung der Beziehung in Richtung größerer Nähe. Die von Lee beschriebenen Liebesstile lassen sich in andere Konzepte einordnen. Einige Liebesstile sind z.B. mit Bindungsstilen vergleichbar. Mit den Zusammenhängen zwischen verschiedenen Konzepten zur Beschreibung und Messung von Liebe beschäftigen wir uns im nächsten Kapitel.

# B. Brennpunkte der Forschung

## 4. Wie kann man Liebe messen? Grundlegende Beziehungsdimensionen

In Kapitel 3 haben wir sechs unterschiedliche Aspekte von Liebe beschrieben. Die Liebesstile umfassen ein breites Spektrum von Beziehungseinstellungen. In der Beziehungsforschung werden aber noch viele andere Merkmale betrachtet. Dazu zählen z.B. die Bindungsstile (s. Kapitel 2) oder die Dimensionen Intimität, Leidenschaft und Bindung im Sinne von commitment, die Sternberg (1986) in der Dreieckstheorie beschreibt (s. Kapitel 1).

Wie lassen sich die Liebesstile einordnen, wenn sie zusammen mit anderen Beziehungsmerkmalen erfaßt werden? Um diese Frage zu prüfen, wurden umfassende Erhebungen von Beziehungsmerkmalen durchgeführt. Im folgenden gehen wir auf Untersuchungen aus den USA und der BRD (Hendrick & Hendrick, 1989, 1991; Bierhoff & Grau, 1995, 1997) ein.

Mit der Suche nach grundlegenden Dimensionen von Beziehungserfahrungen wird mehr angestrebt als die Erstellung eines theoretischen Bezugssystems. Vielmehr geht es auch darum, Skalen zu entwickeln, die zur Messung dieser Dimensionen geeignet sind. Diese Skalen werden wir mit den einzelnen Feststellungen, die in ihnen enthalten sind, weiter unten darstellen. Zunächst gehen wir aber auf die Frage ein, wie das theoretische Bezugssystem aussieht und wie sich seine Dimensionen interpretieren lassen.

### *4.1 Dimensionen des Erlebens enger Beziehungen*

In einer umfangreichen Erhebung erfaßten Hendrick & Hendrick (1989) neben den Liebesstilen folgende Merkmale romantischer Beziehungen:

- Bindungsstile (sicher, ängstlich-ambivalent, vermeidend, vgl. Kapitel 2),
- Dimensionen in der Dreieckstheorie von Sternberg (1986, 1997; Intimität, Leidenschaft, Bindung, vgl. Kapitel 1),
- Facetten der Beziehungserfahrungen, die durch die Relationship Rating Form (RRF) von Davis & Latty-Mann (1987) unterschieden werden, deren deutsche Version von Bierhoff, Plitzko & Walter (1997) erstellt wurde. Die RRF spricht sechs Aspekte einer Beziehung an, die zur näheren Erläuterung durch Beispielitems illustriert werden: *Tragfähigkeit* der Beziehung („Akzeptierst Du diese Person so, wie sie ist?“), *Intimität* („Kennst Du die Schwächen und Fehler dieser Per-

son?"), *Leidenschaft* („Beherrscht diese Person Deine Gedanken?"), *Fürsorge* („Kannst Du auf diese Person zählen, daß sie Dir hilft, wenn Du Unterstützung brauchst?"), *Zufriedenheit* („Bist Du in der Beziehung mit dieser Person glücklich?") und *Konflikt* („Gibt es Spannungen in Deiner Beziehung mit dieser Person?"). Fünf der sechs Skalen erfassen Merkmale, die sich positiv auf den Beziehungsverlauf auswirken sollten, während die Konfliktskala Problembereiche der Beziehung anspricht und negativ mit den fünf zuerst genannten Skalen zusammenhängt.
- Leidenschaftliche Liebe nach Hatfield (1988). Ein Beispielitem lautet: „Ich würde tief verzweifelt sein, wenn N.N. mich verlassen würde".

Bei 391 Befragten wurden die Werte auf den 19 Skalen gebildet. Es zeigte sich, daß sich zwischen den Skalen zahlreiche Gemeinsamkeiten feststellen lassen. Z.B. korreliert Eros

- mit Intimität $r = .53$,
- mit Leidenschaft $r = .64$,
- mit sicherer Bindung $r = .20$,
- mit vermeidender Bindung $r = -.20$
- und mit leidenschaftlicher Liebe $r = .53$.

Daher wurde eine Faktorenanalyse durchgeführt, um die Anzahl der den Skalen zugrundeliegenden Dimensionen zu ermitteln. Die Beschreibung der Zusammenhänge unter den einzelnen Skalen gelingt mit fünf Faktoren am besten, die zusammen 69% der Varianz erklären.

Weiterhin wurde betrachtet, welche Skalen für jeden der gewonnenen Faktoren besonders bedeutsam sind, um Hinweise auf die inhaltliche Interpretation der Faktoren zu erhalten. Aufgrund dieser inhaltlichen Überlegungen wurde folgende Benennung der Faktoren durchgeführt:

- „leidenschaftliche Liebe",
- „Nähe vs. Distanz",
- „Ambivalenz-Eifersucht",
- „Sicherheit vs. Vermeidung" sowie
- „pragmatische Freundschaft".

Der erste Faktor hat mit 32% aufgeklärter Varianz den größten Erklärungswert. Es folgen die weiteren Faktoren mit 14%, 8%, 8% und 7%. Zwar kristallisiert sich der Faktor der leidenschaftlichen Liebe als besonders bedeutsamer Beziehungsfaktor heraus, aber auch die weiteren Dimensionen sind zu beachten.

Wie verteilen sich die Liebesstile auf die vier Faktoren? Eros, Agape und (mit Einschränkungen) Mania liegen auf dem Faktor der leidenschaftlichen Liebe, Ludus und Pragma in der Nähe des Distanz-Endpols des Faktors Nähe-Distanz, Mania auf dem Faktor der Ambivalenz-Eifersucht und Storge und Pragma auf dem Faktor pragmatische Freundschaft.

Die Bindungsstile laden auf zwei Faktoren: Der ängstlich-ambivalente Bindungsstil auf dem Faktor „Ambivalenz-Eifersucht", auf dem auch die besitzergreifende Liebe zu finden ist. Der sichere und der vermeidende Bindungsstil bilden einen eigenen Faktor („Sicherheit vs. Vermeidung"), auf dem sie entgegengesetzte Vorzeichen aufweisen.

Die Dimensionen von Sternberg laden alle auf dem ersten Faktor der leidenschaftlichen Liebe. Das deutet darauf hin, daß emotionale und kognitive Komponenten der Liebe hoch zusammenhängen. Auf diesem Faktor laden auch die leidenschaftliche Liebe hoch sowie fünf der sechs Skalen der RRF (außer Konflikt).

Die Konfliktskala der RRF weist eine hohe negative Ladung auf dem Nähe-Distanz-Faktor auf (auf dem Pol Distanz), auf dem auch vier weitere Skalen des RRF (Tragfähigkeit, Intimität, Fürsorge und Zufriedenheit) hoch laden (auf dem Pol Nähe). Vier der sechs Skalen der RRF weisen Doppelladungen auf dem ersten und dem zweiten Faktor auf. Das deutet darauf hin, daß sie zwei Dimensionen von Beziehungen ansprechen.

Läßt sich den fünf Dimensionen eine Funktion zuordnen? Die Frage danach wurde von Hendrick & Hendrick (1991) auf der Grundlage der Soziobiologie beantwortet. Sie gehen davon aus, daß die beiden ersten Dimensionen „leidenschaftliche Liebe" und „Nähe-Distanz", auf denen u.a. die Skalen des RRF laden, die Funktion haben, die Paarbindung zu ermöglichen. Sie dienen also der Anbahnung von romantischen Beziehungen.

Von „Ambivalenz-Eifersucht" wird angenommen, daß es sich um einen Mechanismus handelt, der die Beziehung stabilisiert und gegen Konkurrenzbeziehungen sichert. Damit wird der Eifersucht eine eher positive Funktion zugesprochen (vgl. Kapitel 5). Die Ängstlichkeit, die auch in der Eifersucht enthalten ist, kann als motivierend im Hinblick auf Bestrebungen, die die Beständigkeit der Beziehung sichern sollen, angesehen werden. Natürlich können Ambivalenz und Eifersucht auch zu Problemen führen, was darauf hinweist, daß diese Dimension differenziert zu beurteilen ist.

Die Bedeutung der Bindungsdimension „Sicherheit vs. Vermeidung" wird in der Aufrechterhaltung einer Beziehung gesehen, nachdem sie einmal formiert worden ist. Hohe Sicherheit der Bindung sollte zur Stabilität beitragen (vgl. Kapitel 2).

Schließlich wird die Bedeutung von pragmatischer Freundschaft darin gesehen, die Beziehungspartner in die Lage zu versetzen, Schwierigkeiten und Belastungen, wie sie durch die Geburt und die Betreuung von Kindern ausgelöst werden, zu bewältigen. Tatsächlich läßt sich zeigen, daß die pragmatische Einstellung bei Partnern, die Kinder haben, größer ist als bei Partnern, die keine Kinder haben (s. Kapitel 3). Eine pragmatische Einstellung kann die Lösung alltäglicher Probleme der Partner erleichtern.

Wir führten mit unseren eigenen Daten eine Faktorenanalyse durch, die wie bei Hendrick & Hendrick (1989) auf Skalenebene erfolgte. Neben dem MEIL wurden folgende Fragebogen vorgegeben:

- die Bindungsstile (nach Simpson, 1990; vgl. Kapitel 2),
- Investment (nach Lund, 1985),
- Kommunale Orientierung (nach Clark, Ouellette, Powell & Milberg, 1987),
- Partnerschaftsfragebogen PFB (nach Hahlweg, 1979)
- und der Relationship Closeness Inventory RCI (nach Berscheid, Snyder & Omoto, 1989).

Die Investmentskala erfaßt, wieviele materielle und emotionale Investitionen man in der letzten Zeit in die Partnerschaft eingebracht hat („Ich habe der Partnerin finanzielle Unterstützung gewährt bzw. der Beziehung im allgemeinen").

Die zwei Skalen zur Kommunalen Orientierung entstanden aufgrund einer Faktorenanalyse und beinhalten die Art, wie man damit umgeht, Hilfe zu empfangen oder um Hilfe zu bitten („Wenn ich in einer Notlage bin, bitte ich Bekannte um Hilfe") sowie den eigenen Anspruch, anderen Hilfe zu leisten („Ich scheue oft keine Mühe, um einer anderen Person zu helfen").

Der PFB erfaßt die Häufigkeit, mit der der Partner oder die Partnerin verletzendes Streitverhalten zeigt („Meine Partnerin wirft mir Fehler vor, die ich in der Vergangenheit gemacht habe"), Zärtlichkeit zeigt („Meine Partnerin nimmt mich oft in den Arm") oder Gedanken, Gefühle und Pläne mitteilt (Kommunikation).

Der Relationship Closeness Inventory besteht aus drei Skalen:

- die Menge der in der letzten Woche zusammen verbrachten Zeit,
- die Anzahl gemeinsamer Aktivitäten in der letzten Woche (z.B. kochen, reden, Kino, Sex u.a.)
- sowie das Ausmaß an Einfluß, der vom Partner ausgeübt wird (z.B. auf Zukunftspläne, Geldausgeben, Stimmung u.a.).

Die Faktorenanalyse unter Berücksichtigung aller Skalen ergab fünf Faktoren, die als

- 1 = Konflikt,
- 2 = Liebe,
- 3 = Altruismus,
- 4 = Sicherheit und
- 5 = Investment

interpretiert werden können (Tabelle 4.1) und die 54.5% der Varianz erklären. Der erste Faktor erklärt 18% der Varianz. Es folgen die weiteren Faktoren mit 14%, 8%, 8% und 7%.

*Tabelle 4.1:* Bezugssystem der Liebesstile: Faktorenanalyse auf Skalenebene

| Skalen | Faktor 1 Konflikt | Faktor 2 Liebe | Faktor 3 Altruismus | Faktor 4 Sicherheit | Faktor 5 Investment |
|---|---|---|---|---|---|
| Liebesstile: | | | | | |
| romantisch | -.45 | .54 | | | |
| spielerisch | .63 | | | | |
| freundschaftlich | | | .63 | | |
| pragmatisch | | | .47 | | |
| besitzergreifend | | | .54 | | |
| altruistisch | | | .69 | | |
| Bindungsstile: | | | | | |
| sicher | | | | .75 | |
| ängstlich-ambivalent | .66 | | .33 | | |
| vermeidend | .36 | | | -.73 | |
| ängstlich-vermeidend | .67 | | | -.31 | |
| Investment | | | | | .73 |
| Kommunale Orientierung: | | | | | |
| Hilfe empfangen | | | | .55 | |
| Helfen | | | .65 | .32 | |
| PFB (Hahlweg): | | | | | |
| Streit | .62 | | | | |
| Zärtlichkeit | -.39 | .63 | | | |
| Gemeinsamkeit/ Kommunikation | -.35 | .56 | | | |
| RCI: | | | | | |
| Zeit | | .59 | | | |
| Aktivitäten | | .76 | | | |
| Einfluß | | | | | .83 |

Anmerkung. PFB = Partnerschaftsfragebogen; RCI = Relationship Closeness Inventory.

Es sei noch erwähnt, daß bei der Bildung von Skalen, die die fünf Dimensionen messen, die Skala Bindung ausgeschlossen wurde, da sie ein Kriterium für den Beziehungserfolg darstellt (s. unten). Außerdem sei angemerkt, daß die Feststellungen auf dem Konflikt-Faktor überwiegend aus der Skala Streit des Partnerschaftsfragebogens von Hahlweg (1979) stammen (nämlich 8 von 10), während die Feststellungen der Skala Altruismus nahezu ausschließlich aus der Skala Agape des MEIL (Bierhoff, Grau & Ludwig, 1993c) entnommen sind (9 von 10 Items). Die Feststellungen für die anderen drei Skalen setzen sich aus unterschiedlichen Ausgangsfragebögen zusammen.

Eros lädt dabei negativ auf dem Konflikt-Faktor und positiv auf Liebe. Ludus gehört zum Thema Konflikt, während Mania und Agape gemeinsam mit der Hilfsbereitschaft den Faktor Altruismus bilden. Storge und Pragma laden ebenfalls auf dem Altruismus-Faktor.

Ein Vergleich mit den Faktorenanalysen auf Skalenebene von Hendrick & Hendrick (1989) führt zu folgenden Ergebnissen: In beiden Studien finden sich ein starker erster und zweiter Faktor. Das hängt damit zusammen, daß in beiden Studien eine Vielzahl von Variablen einbezogen wurde, die Leidenschaft und Intimität bzw. den Gegenpol Ängstlichkeit und Streit ansprechen.

Die freundschaftliche Liebe liegt in der amerikanischen Studie auf dem Faktor pragmatische Freundschaft, auf dem nur noch pragmatische Liebe hoch lädt. Somit sind diese beiden Liebesstile ziemlich isoliert im Bezugssystem der Variablen. Unsere Ergebnisse deuten darauf hin, daß sich freundschaftliche und pragmatische Liebe der Altruismus-Dimension zuordnen lassen.

Der Faktor Nähe vs. Distanz von Hendrick & Hendrick ist mit unserem Konflikt-Faktor verwandt. Es finden sich jeweils hohe Ladungen von spielerischer Liebe, aber auch von Streit bzw. Konflikt. Der Faktor hat in beiden Analysen einen bipolaren Charakter, weil sich sowohl hohe positive als auch hohe negative Ladungen finden. In unserer Studie laden z.B. romantische Liebe negativ und spielerische Liebe positiv.

Der Faktor Ambivalenz-Eifersucht findet in unserer Studie keinen Gegenpart. Er enthält im wesentlichen nur die Skalen ängstlich-ambivalenter Bindungsstil und besitzergreifende Liebe (s. Kapitel 5).

Die Dimension Sicherheit vs. Vermeidung bei Hendrick & Hendrick weist Gemeinsamkeiten mit unserem Faktor Sicherheit auf. In beiden Analysen wird dieser Faktor im wesentlichen durch Skalen der Bindungsstile gebildet (sicher vs. vermeidend) und ist jeweils bipolar, da die sichere Bindung positiv lädt, während die vermeidende Bindung negativ lädt.

Der „Altruismus"-Faktor in unserer Studie enthält wie der Faktor Leidenschaftliche Liebe bei Hendrick & Hendrick hohe Ladungen von besitzergreifender und altruistischer Liebe. Insofern deutet sich zwischen diesen Faktoren eine Ähnlichkeit an. Allerdings ist unser Altruismus-Faktor außerdem durch pragmatische und freundschaftliche Liebe gekennzeichnet. Hingegen ist der Faktor der leidenschaftlichen Liebe bei Hendrick & Hendrick stärker mit romantischen Einstellungen verbunden.

Die Unterschiede zwischen beiden Dimensionsanalysen lassen sich auf die unterschiedliche Zusammenstellung der Skalen zurückführen, sich aber möglicherweise auch z.T. mit kulturellen Unterschieden erklären.

Insgesamt zeigen die Faktorenanalysen, daß spielerische Liebe mit Konflikt und Distanz zu tun hat. Romantische Liebe verweist auf leidenschaftliche Liebe und wenig Konflikt. Freundschaftliche, pragmatische, besitzergreifende und altruistische

Liebe bilden einen gemeinsamen Faktor einer partnerbezogenen Orientierung, die mit einer helfenden Haltung zusammenfällt.

Abschließend läßt sich die Frage stellen, wie sich die Funktionen der Dimensionen in Tabelle 4.1 aus soziobiologischer Sicht beschreiben lassen. Die beiden Dimensionen *Konflikt* und *Liebe* lassen sich als hemmend bzw. förderlich für die Beziehungsanbahnung kennzeichnen.

Die Dimension *Sicherheit* des Bindungsstils läßt sich mit der Aufrechterhaltung einer bestehenden Beziehung in Verbindung bringen. Darauf hatten schon Hendrick & Hendrick (1991) hingewiesen.

Wie läßt sich der Wert der Dimensionen Altruismus und Investment kennzeichnen? *Investment* hat etwas mit der Verbesserung der materiellen und ökonomischen Bedingungen zu tun, die den eigenen Kindern zugute kommen können. Elterliches Investment fördert den Reproduktionserfolg und damit die Fitneß eines Individuums (Voland, 1993). Die soziobiologische Analyse von Partnerbeziehungen zeigt, daß Erwartungen im Hinblick auf das Investment in die Nachkommen eine wichtige Größe bei der Partnerwahl sind.

*Altruismus* läßt sich ebenfalls mit der Gesamtfitneß eines Individuums in Verbindung bringen (Archer, 1997). Opferbereitschaft gegenüber dem Partner oder der Partnerin dient bei längerfristigen Partnerschaften, in denen Eltern gemeinsam die Kinder aufziehen, dem Reproduktionserfolg. Es erscheint aus dieser Perspektive sinnvoll, daß sich die Eltern gegenseitig unterstützen, auch wenn sie dabei große Kosten haben.

## *4.2 Messung der Beziehungsdimensionen*

Für den Zweck der Beratung ist es sinnvoll, mit einem Fragebogen die grundlegenden Dimensionen der Beziehungserfahrung zu messen, um einen Überblick über die Dimensionen des Erlebens der romantischen Beziehung zu erhalten. Ein solches Verfahren sollte ökonomisch durchführbar sein und andererseits verläßliche Ergebnisse erzielen. Wir stellten 50 Feststellungen zusammen, die gleichmäßig auf die fünf Beziehungsdimensionen verteilt sind (Bierhoff & Grau, 1997).

Warum sind fünf Beziehungsdimensionen erforderlich? Reichen nicht eine oder zwei? Vermutlich nicht, denn die fünf Beziehungsdimensionen sind voneinander relativ unabhängig. Wenn ich z.B. weiß, wie hoch eine Person auf dem Konfliktfaktor liegt, ist damit wenig darüber gesagt, ob sie altruistisch eingestellt ist. Und aus dem Altruismus läßt sich wenig über die Sicherheit ihrer Bindung ableiten. Auch kann man nicht sagen, daß eine Person, die ein hohes Maß an romantischer Liebe zum Ausdruck bringt, auch besonders viel in die Beziehung investiert. Die fünf Dimensionen sind nicht redundant. Vielmehr erfassen sie unterscheidbare Aspekte der Beziehungserfahrung. Erste Ergebnisse, die Zusammenhänge zwischen den fünf Beziehungsdimensionen und Kriterien des Beziehungserfolgs betreffen, weisen darauf hin, daß alle fünf Dimensionen einen wichtigen Beitrag zur Vorhersage von Kriterien des

Beziehungserfolgs leisten (s. unten). Daher wäre es voreilig, sich auf weniger Dimensionen zu konzentrieren, wenn der Beziehungserfolg analysiert wird.

Im folgenden ist der Fragebogen dargestellt, den wir zur Messung der grundlegenden Beziehungsdimensionen entwickelt haben. Der Fragebogen ist so aufgebaut, daß jede Dimension enger Beziehungen durch 10 Fragen repräsentiert ist. Er läßt sich beantworten, indem jede Frage mit einer Zahl zwischen 1 und 9 markiert wird. Die genaue Verwendung der Zahlen wird in der Instruktion erklärt. Die Auswertung des Fragebogens wird in Box 4.1 dargestellt.

*Fragebogen zur Messung der fünf Beziehungsdimensionen*

*Bitte geben Sie an, inwieweit die einzelnen Verhaltensmuster und Gefühle, die im folgenden aufgeführt sind, auf Sie und Ihren Partner (Ihre Partnerin) zutreffen. Je weiter links Sie ankreuzen, desto weniger trifft die Aussage auf Sie zu. Je weiter rechts Sie ankreuzen, desto mehr trifft die Aussage auf Sie zu.*

*Dabei bedeutet „1", daß die Aussage absolut und in jeder Hinsicht unzutreffend ist, während die „9" bedeutet, daß die Aussage absolut und in jeder Hinsicht zutreffend ist. Die „8" bedeutet, daß die Aussage im allgemeinen voll und ganz zutrifft, und die „2" bedeutet, daß die Aussage im allgemeinen voll und ganz nicht zutrifft.*

*Schließlich bedeutet die „3", daß die Aussage nicht zutrifft, während die „7" bedeutet, daß die Aussage zutrifft. Die „4", die „5" und die „6" bezeichnen mittlere Einschätzungen, wobei die „4" eher Nichtzutreffen und die „6" eher Zutreffen bezeichnet.*

| | | | | | | | | | | |
|---|---|---|---|---|---|---|---|---|---|---|
| 1. | Wenn meine Partnerin nicht dabei ist, flirte ich gerne mal mit anderen. | 1 | 2 | 3 | 4 | 5 | 6 | 7 | 8 | 9 |
| 2. | Ich mache mir oft Sorgen, daß meine Partnerin mich nicht richtig liebt. | 1 | 2 | 3 | 4 | 5 | 6 | 7 | 8 | 9 |
| 3. | Meine Partnerin wirft mir Fehler vor, die ich in der Vergangenheit gemacht habe. | 1 | 2 | 3 | 4 | 5 | 6 | 7 | 8 | 9 |
| 4. | Meine Partnerin bricht über eine Kleinigkeit oft einen Streit vom Zaun. | 1 | 2 | 3 | 4 | 5 | 6 | 7 | 8 | 9 |
| 5. | Wenn wir uns streiten, beschimpft meine Partnerin mich. | 1 | 2 | 3 | 4 | 5 | 6 | 7 | 8 | 9 |
| 6. | Meine Partnerin äußert sich oft abfällig über eine von mir geäußerte Meinung. | 1 | 2 | 3 | 4 | 5 | 6 | 7 | 8 | 9 |
| 7. | Wenn wir uns streiten, können wir nie ein Ende finden. | 1 | 2 | 3 | 4 | 5 | 6 | 7 | 8 | 9 |
| 8. | Meine Partnerin gibt mir die Schuld, wenn etwas schiefgelaufen ist. | 1 | 2 | 3 | 4 | 5 | 6 | 7 | 8 | 9 |
| 9. | Wenn wir uns streiten, verdreht meine Partnerin meine Aussagen ins Gegenteil. | 1 | 2 | 3 | 4 | 5 | 6 | 7 | 8 | 9 |

| | | | | | | | | | | |
|---|---|---|---|---|---|---|---|---|---|---|
| 10. | Meine Partnerin schränkt mich in meiner persönlichen Freiheit ein. | 1 | 2 | 3 | 4 | 5 | 6 | 7 | 8 | 9 |
| 11. | Meine Partnerin und ich erleben die gleiche sexuelle Wellenlänge. | 1 | 2 | 3 | 4 | 5 | 6 | 7 | 8 | 9 |
| 12. | Unser Sexualleben ist sehr intensiv und befriedigend. | 1 | 2 | 3 | 4 | 5 | 6 | 7 | 8 | 9 |
| 13. | Unsere sexuelle Beziehung ist so gut, daß keine Wünsche offenbleiben. | 1 | 2 | 3 | 4 | 5 | 6 | 7 | 8 | 9 |
| 14. | Meine Partnerin sagt mir, daß sie zufrieden ist, wenn sie mit mir zusammen ist. | 1 | 2 | 3 | 4 | 5 | 6 | 7 | 8 | 9 |
| 15. | Meine Partnerin reagiert positiv auf meine sexuellen Wünsche. | 1 | 2 | 3 | 4 | 5 | 6 | 7 | 8 | 9 |
| 16. | Meine Partnerin berührt mich oft zärtlich, und ich empfinde es als angenehm. | 1 | 2 | 3 | 4 | 5 | 6 | 7 | 8 | 9 |
| 17. | Meine Partnerin macht mir oft ein ernstgemeintes Kompliment über mein Aussehen. | 1 | 2 | 3 | 4 | 5 | 6 | 7 | 8 | 9 |
| 18. | Meine Partnerin nimmt mich oft in den Arm. | 1 | 2 | 3 | 4 | 5 | 6 | 7 | 8 | 9 |
| 19. | Meine Partnerin streichelt mich oft zärtlich. | 1 | 2 | 3 | 4 | 5 | 6 | 7 | 8 | 9 |
| 20. | Meine Partnerin sagt mir oft, daß sie mich gern hat. | 1 | 2 | 3 | 4 | 5 | 6 | 7 | 8 | 9 |
| 21. | Bei dem Gedanken an eine Trennung von meiner Partnerin kann ich mir mein Leben nicht weiter vorstellen. | 1 | 2 | 3 | 4 | 5 | 6 | 7 | 8 | 9 |
| 22. | Ich verwende meine ganze Energie darauf, meiner Partnerin in schwierigen Zeiten zu helfen. | 1 | 2 | 3 | 4 | 5 | 6 | 7 | 8 | 9 |
| 23. | Ich würde lieber selbst leiden, als daß ich meine Partnerin leiden sehe. | 1 | 2 | 3 | 4 | 5 | 6 | 7 | 8 | 9 |
| 24. | Wenn meine Partnerin nicht glücklich ist, kann ich es auch nicht sein. | 1 | 2 | 3 | 4 | 5 | 6 | 7 | 8 | 9 |
| 25. | Gewöhnlich bin ich bereit, meine eigenen Wünsche denen meiner Partnerin zu opfern. | 1 | 2 | 3 | 4 | 5 | 6 | 7 | 8 | 9 |
| 26. | Selbst wenn meine Partnerin ärgerlich auf mich ist, liebe ich sie stark und bedingungslos. | 1 | 2 | 3 | 4 | 5 | 6 | 7 | 8 | 9 |
| 27. | Ich würde alles aushalten für das Wohl meiner Partnerin. | 1 | 2 | 3 | 4 | 5 | 6 | 7 | 8 | 9 |
| 28. | Es gibt mir große Befriedigung, wenn ich meiner Partnerin helfen kann. | 1 | 2 | 3 | 4 | 5 | 6 | 7 | 8 | 9 |
| 29. | Ich lasse oft alles stehen und liegen, um meine Partnerin zu unterstützen. | 1 | 2 | 3 | 4 | 5 | 6 | 7 | 8 | 9 |
| 30. | Für meine Partnerin würde ich alles tun, wenn es für sie wichtig wäre. | 1 | 2 | 3 | 4 | 5 | 6 | 7 | 8 | 9 |

| | | | | | | | | | | |
|---|---|---|---|---|---|---|---|---|---|---|
| 31. | Ich finde es relativ leicht, anderen näher zu kommen. | 1 | 2 | 3 | 4 | 5 | 6 | 7 | 8 | 9 |
| 32. | Ich mag es nicht, wenn Leute mir zu nahe kommen. | 1 | 2 | 3 | 4 | 5 | 6 | 7 | 8 | 9 |
| 33. | Ich fühle mich etwas unwohl, wenn ich anderen zu nahe komme. | 1 | 2 | 3 | 4 | 5 | 6 | 7 | 8 | 9 |
| 34. | Ich finde es schwierig, anderen vollkommen zu vertrauen. | 1 | 2 | 3 | 4 | 5 | 6 | 7 | 8 | 9 |
| 35. | Ich werde nervös, wann immer mir jemand zu nahe kommt. | 1 | 2 | 3 | 4 | 5 | 6 | 7 | 8 | 9 |
| 36. | Andere wollen oft, daß ich vertraulicher bin, als mir angenehm ist. | 1 | 2 | 3 | 4 | 5 | 6 | 7 | 8 | 9 |
| 37. | Ich glaube, man kommt am besten zurecht, wenn man nicht in die Sorge um die persönlichen Bedürfnisse anderer verstrickt ist. | 1 | 2 | 3 | 4 | 5 | 6 | 7 | 8 | 9 |
| 38. | Wenn ich in einer Notlage bin, bitte ich Bekannte um Hilfe. | 1 | 2 | 3 | 4 | 5 | 6 | 7 | 8 | 9 |
| 39. | Wenn Leute sich emotional aufregen, neige ich dazu, sie zu meiden. | 1 | 2 | 3 | 4 | 5 | 6 | 7 | 8 | 9 |
| 40. | Die Menschen sollten ihre persönlichen Probleme für sich behalten. | 1 | 2 | 3 | 4 | 5 | 6 | 7 | 8 | 9 |
| 41. | Ich habe meine Wohnung in letzter Zeit mit meiner Partnerin geteilt, durch Austauschen der Schlüssel, durch Zurücklassen von persönlichem Besitz in der Wohnung der Partnerin oder durch eine gemeinsame Wohnung. | 1 | 2 | 3 | 4 | 5 | 6 | 7 | 8 | 9 |
| 42. | Ich habe Einnahmen und Ausgaben mit der Partnerin geteilt, wie Fahrtkosten, Nahrungsmittel oder ein gemeinsames Bankkonto. | 1 | 2 | 3 | 4 | 5 | 6 | 7 | 8 | 9 |
| 43. | Ich habe der Partnerin finanzielle Unterstützung gewährt bzw. der Beziehung im allgemeinen. | 1 | 2 | 3 | 4 | 5 | 6 | 7 | 8 | 9 |
| 44. | Ich habe Pläne für die Zukunft geschmiedet, wie z. B. über ein Zusammenleben mit meiner Partnerin oder Kinder zu bekommen. | 1 | 2 | 3 | 4 | 5 | 6 | 7 | 8 | 9 |
| 45. | Ich habe formale Übereinkünfte über die Beziehung getroffen, wie z. B. über das Zusammenbleiben, die Verlobung oder die Heirat. | 1 | 2 | 3 | 4 | 5 | 6 | 7 | 8 | 9 |
| 46. | Meine Partnerin wird meine zukünftige finanzielle Sicherheit beeinflussen. | 1 | 2 | 3 | 4 | 5 | 6 | 7 | 8 | 9 |

| | | | | | | | | | | |
|---|---|---|---|---|---|---|---|---|---|---|
| 47. | Meine Partnerin beeinflußt, wie ich mein Zuhause gestalte. | 1 | 2 | 3 | 4 | 5 | 6 | 7 | 8 | 9 |
| 48. | Meine Partnerin beeinflußt nicht, wo ich lebe. | 1 | 2 | 3 | 4 | 5 | 6 | 7 | 8 | 9 |
| 49. | Meine Partnerin beeinflußt meine Pläne, größere Investitionen zu tätigen. | 1 | 2 | 3 | 4 | 5 | 6 | 7 | 8 | 9 |
| 50. | Meine Partnerin beeinflußt meine Pläne, einen bestimmten finanziellen Lebensstandard zu erreichen. | 1 | 2 | 3 | 4 | 5 | 6 | 7 | 8 | 9 |

*Box 4.1:* Auswertung des Fragebogens

- Zunächst müssen einige Antworten umgepolt werden. Das betrifft die Feststellungen mit den Nummern *32, 33, 34, 35, 36, 37, 39, 40, 48*. Die Regel, nach der umgepolt wird, ist folgende: *1 => 9, 2 => 8, 3 => 7, 4 => 6, 5 = 5, 6 => 4, 7 => 3, 8 => 2, 9 => 1*. Wenn also z.B. die 4 auf Feststellung 32 angekreuzt wurde, ergibt sich für die weitere Auswertung daraus eine 6.
- Dann werden die Werte für jede der fünf einzelnen Skalen addiert. Die Feststellungen sind so angeordnet, daß solche, die zu einer Skala gehören, in einem Block aufgeführt sind. Die *Feststellungen 1-10 erfassen Konflikt, Feststellungen 11-20 Liebe, Feststellungen 21-30 Altruismus, Feststellungen 31-40 Sicherheit und Feststellungen 41-50 Investment.*
- Schließlich werden die Summenwerte durch 10 dividiert, um die durchschnittliche Ausprägung der Antwort über alle 10 Feststellungen einer Skala zu ermitteln.

Der minimale Wert pro Skala beträgt 1, der maximale Wert 9. Höhere Werte bedeuten, daß das entsprechende Merkmal stärker ausgeprägt ist. Wenn für Konflikt z.B. von zwei Personen Werte von 2 und 6 erzielt werden, dann deutet letzterer Wert auf mehr Konflikt hin. Vier Skalen des Fragebogens weisen in eine beziehungsförderliche Richtung, während die Konfliktskala im Inhalt eher die Beziehung bedroht.

Bei der Interpretation ist vor voreiligen Schlüssen zu warnen. Ein hoher Konfliktwert bedeutet nicht unbedingt, daß jemand ein unausstehlicher Beziehungspartner ist. Ein hoher Liebeswert muß nicht bedeuten, daß das Beziehungsverhalten ohne Probleme ist.

Ein Anhaltspunkt für die Interpretation ist in Durchschnittswerten enthalten, die weiter unten für die fünf Grunddimensionen der Beziehung mitgeteilt werden. Aber es bedarf der Interpretation durch einen erfahrenen Berater oder eine erfahrene Beraterin, um weitergehende Schlüsse zu ziehen. Diese werden auch weitere diagnostische Informationen berücksichtigen, die ihnen zur Verfügung stehen, in deren Kontext sie die Testwerte sinnvoll einordnen können. Für eine solche Interpretation wäre es z.B. günstig, wenn auch die Werte des Partners oder der Partnerin vorliegen würden, so daß die Einstellungen beider Partner miteinander verglichen werden können.

Die Interpretation der Ergebnisse wird ermöglicht, indem die Mittelwerte, die in größeren Stichproben gewonnen wurden, berücksichtigt werden. Für die Interpretation ist es wichtig, die Streubreite der Antworten zu kennen, die durch die Standardabweichung angegeben wird. Die Standardabweichungen liegen jeweils bei ca. 1.5 (bei Liebe und Investment ca. bei 2). Eine Abweichung von mehr als 1.5 vom Mittelwert (bei Liebe und Investment von mehr als 2) bedeutet, daß man zu den oberen bzw. unteren 15% der Vergleichsgruppe gehört.

- Der Mittelwert für Konflikt liegt etwa bei 3.3. Er ist über verschiedene Teilgruppen (z.B. Männer vs. Frauen, zusammen vs. getrennt wohnend) ähnlich.
- Der Mittelwert für Liebe liegt etwa bei 7. Er ist aber z.T. abhängig von den Rahmenbedingungen der Beziehung. Bei älteren Personen, bei länger bestehenden Beziehungen und bei Vorhandensein von Kindern ist er in der Tendenz niedriger.
- Der Altruismus erreicht im Durchschnitt einen Wert von etwa 5 bei Frauen und etwa 6 bei Männern.
- Die Sicherheit ist wieder weitgehend unabhängig von der Zugehörigkeit zu bestimmten Teilgruppen der Befragten. Der Mittelwert liegt etwa bei 6.
- Für die Investitionen ergibt sich ein Mittelwert in der Nähe von 5. Um den eigenen Wert sinnvoll zu vergleichen, ist es wichtig, die Wohnsituation und den Heiratsstatus zu kennen. Bei Zusammenwohnenden und bei Verheirateten liegt der Wert höher (etwa bei 6) als bei Getrenntwohnenden oder Unverheirateten (etwa bei 4).

Fragebogendaten lassen sich schnell erheben und können mit modernen Computerprogrammen einfach ausgewertet werden. Es muß aber bedacht werden, ob die Daten nicht auf falschen Grundlagen beruhen. Besteht vielleicht eine Tendenz, daß die Befragten die Items anders verstehen, als sie gemeint sind? Oder besteht die Tendenz, daß sie ihre Liebe übertrieben hoch und ihre Konfliktbereitschaft niedrig einschätzen, also ein positives Bild ihrer Partnerschaft zeigen wollen?

Die Antwort auf diese Fragen ist nicht ganz einfach. Zunächst muß man die Annahme verwerfen, daß die Einschätzungen zu den einzelnen Items eine wahre Beschreibung der Beziehungssituation ermöglichen. Dieser Anspruch läßt sich nicht aufrechterhalten. Wir wissen nicht genau, was wirklich in der Partnerschaft passiert und wie die Partner ihre Beziehung erleben, auch wenn wir den ausgefüllten Fragebogen vor uns liegen haben. Das Grundproblem läßt sich an einzelnen Feststellungen des Fragebogens veranschaulichen:

- *Wenn mein Partner nicht dabei ist, flirte ich gerne mal mit anderen.* Unter Flirt kann vieles fallen, von einem einfachen Blick über einen Kinobesuch bis hin zu einem gemeinsamen Wochenende. Welche Bedeutung der Antwortende der Aussage beimißt, liegt bei ihm oder ihr.

- *Ich mache mir oft Sorgen, daß mein Partner mich nicht richtig liebt.* Was unter „oft“ zu verstehen ist, läßt sich sehr unterschiedlich auffassen: Einmal in der Woche, jeden Tag oder stündlich? Auch hier hängt die Beantwortung der Frage davon ab, wie die Begriffe verstanden werden.
- *Mein Partner wirft mir Fehler vor, die ich in der Vergangenheit gemacht habe.* Fällt unter die Vorwürfe ein kleiner Scherz oder ist gemeint, daß es zu massiven Vorhaltungen kommt? Auch die Beantwortung dieser Frage ist also von subjektiver Interpretation abhängig.

Dasselbe kann im Hinblick auf alle Feststellungen gezeigt werden: Die Beantwortung ist von der subjektiven Interpretation der Begriffe abhängig. Unter diesen Bedingungen kann der Anspruch, durch einen Fragebogen etwas über die wahren Erfahrungen und Erlebnisse zu ermitteln, nicht aufrechterhalten werden. Vielmehr sind die Antworten als Ausdruck der aktuellen Einschätzungen interessant, die eine Person abgibt. Weist sie intensiv auf Probleme hin, oder tut sie es nur mit geringer Intensität? Betont sie ihre romantischen Gefühle, oder ist sie darin zurückhaltend? Von der Beantwortung dieser Fragen ausgehend, kann überprüft werden, ob die Antworten zu bestimmten Themen etwas mit Erfolgskriterien einer Beziehung zu tun haben (s. unten).

Ein anderes Problem besteht in der möglichen Neigung, sozial erwünschte Antworten zu geben. Um diese Tendenz zu überprüfen, besteht die Möglichkeit, den Befragten Items vorzugeben, von denen man annehmen kann, daß sie eindeutig in einer bestimmten Richtung zu beantworten sind, wenn sich der Befragte an die Wahrheit hält, während diese Antwortrichtung aber gleichzeitig sozial unerwünscht ist (Lück & Timaeus, 1969). Ein Beispiel dafür ist die Feststellung: „Ich lüge nie“. Kleine Lügen sind an der Tagesordnung. Daher kann vermutet werden, daß eine Person, die diese Feststellung mit „stimmt“ beantwortet, dazu neigt, beschönigende Antworten zu geben. Wenn solche Antworten mit der Beantwortung des Beziehungsfragebogens zusammenhängen, deutet das darauf hin, daß auch der Beziehungsfragebogen eine Tendenz zur sozialen Erwünschtheit erfaßt.

Wir haben überprüft, ob die fünf globalen Skalen mit sozialer Erwünschtheit zusammenhängen (Bierhoff & Grau, 1997). Das trifft nicht zu, die Korrelationen sind niedrig und nicht signifikant. Diese Feststellung gilt allerdings nur für den Fall, daß die Beantwortung des Fragebogens anonym erfolgt. Wie sich fehlende Anonymität auswirkt, wissen wir nicht. Es ist aber zu vermuten, daß in einer öffentlichen Bedingung der Einfluß der sozialen Erwünschtheit auf die Antworten zunimmt.

## *4.3 Zusammenhänge der Dimensionen mit Erfolgskriterien von Beziehungen*

Zufriedenheit und Stabilität sind die wichtigsten Merkmale, die etwas über die Qualität von Beziehungen aussagen. Daher wurden diese beiden Merkmale als Kriterien verwendet, die mit den Beziehungsskalen vorherzusagen sind. In unserer Untersuchung (Bierhoff & Grau, 1997) wurde das Glück durch die Frage erfaßt: „Wie glücklich würden Sie Ihre Ehe (Partnerschaft) im Augenblick einschätzen?“, wobei sechs Antwortkategorien von „sehr unglücklich“ bis „sehr glücklich“ vorgegeben wurden (vgl. Hahlweg, 1979).

Die Stabilität wurde über die Bindung erfaßt, die durch den Fragebogen von Lund (1985) gemessen wurde. Die Skala erfaßt die Bereitschaft, die Beziehung über längere Zeit aufrechtzuerhalten (z.B. „Wie wahrscheinlich ist es, daß Deine Beziehung dauerhaft ist?“). Glück und Bindung wurden zu zwei Zeitpunkten im Abstand von einem Jahr erhoben. Daher besteht sowohl die Möglichkeit, das Glück auf der Grundlage der Beziehungsskalen zu erklären, die zum gleichen Zeitpunkt erhoben wurden (nämlich zum ersten Meßzeitpunkt), als auch die Möglichkeit, das Glück und die Bindung auf der Grundlage der Beziehungsskalen über ein Jahr vorherzusagen.

*Vorhersage des Glücks in der Beziehung*

Liebe und Konflikt weisen die höchsten Korrelationen mit dem eingeschätzten Glück auf, wobei der Zusammenhang mit Liebe wie erwartet positiv und mit Konflikt negativ ausfällt. Außerdem findet sich eine positive Korrelation zwischen Altruismus und Glück, die ebenfalls signifikant wird. Hingegen sind die positiven Korrelationen zwischen Investment und Glück sowie zwischen Sicherheit und Glück relativ schwach.

Zwecks Berücksichtigung der Abhängigkeit zwischen den fünf Skalen berechneten wir eine multiple Regressionsanalyse, um das Glück in der Beziehung zum ersten Meßzeitpunkt durch die fünf globalen Skalen vorherzusagen. Drei Prädiktoren - Konflikt, Liebe und Investment - erweisen sich als signifikant und erklären zusammen 29 % der Varianz. Was die Beiträge der einzelnen Prädiktoren zur Vorhersage des Glücks betrifft, so erklärt

- Konflikt als erster Prädiktor 18.3 %,
- die Liebesskala zusätzlich etwa 7 %
- und die Skala Investment noch einmal 3.5 % der Varianz.

Eine Regressionsanalyse, mit denselben Prädiktoren des ersten Meßzeitpunktes auf das Glück des zweiten Meßzeitpunktes berechnet, führte wieder zu den drei signifikanten Prädiktoren Liebe, Konflikt und Investment. Insgesamt erklären sie 13.3 % der Varianz des Glücks, wobei

- Liebe allein 8 % der Varianz,
- Konflikt zusätzlich etwa 3 %
- und Investment 2 % erklärt.

Es ist bemerkenswert, daß die drei Prädiktoren nicht nur das aktuelle Glück vorhersagen können, sondern auch das ein Jahr später gemessene, obwohl die Messung des

Glücks mit nur einem Item erfolgte und recht niedrig mit dem Glück zum ersten Meßzeitpunkt korrelierte. Die langfristige Vorhersage spricht für die Validität der globalen Skalen.

*Vorhersage der Beständigkeit*

Die fünf globalen Skalen korrelieren mit der Bindungsskala (Lund, 1985) zum ersten Meßzeitpunkt signifikant. Diese Skala mißt die Bereitschaft, die Partnerschaft über einen längeren Zeitraum aufrechtzuerhalten. Dabei finden sich die höchsten Korrelationen für Konflikt (negativ), Liebe (positiv) und Investment (positiv). Aber auch die positiven Korrelationen von Altruismus und Sicherheit sind erwähnenswert.

Bei den Korrelationen der fünf Skalen mit der Bindung zum zweiten Meßzeitpunkt findet sich ein ähnliches (wenn auch abgeschwächtes) Ergebnismuster. Die Abschwächung gilt am wenigsten für Konflikt, da diese Skala nach wie vor um -.40 mit der Bindung korreliert. Andererseits verliert Sicherheit an Bedeutung und ist nicht mehr signifikant mit Bindung korreliert. Die Skalen Liebe und Investment erweisen sich auch zum zweiten Meßzeitpunkt als bedeutsame Korrelate. Das gilt in abgeschwächter Form auch für die Skala Altruismus.

Die weitere Auswertung entspricht der für die Vorhersage des Glücks in der Beziehung. Erneut wurden multiple Regressionen berechnet, um den Einfluß der fünf Skalen zu ermitteln.

Bei der Vorhersage der Bindung zum ersten Meßzeitpunkt erweisen sich alle fünf Skalen als signifikant, sie erklären zusammen 46 % der Varianz. Konflikt erklärt allein 18 %, Liebe noch einmal 15 % der Varianz. Fast 10 % werden zusätzlich durch Altruismus erklärt, während Investment und Sicherheit nur noch relativ geringe Zuwächse an erklärter Varianz (jeweils 1 bis 2 Prozent) erbringen.

Die Tatsache, daß alle fünf Skalen für die Vorhersage der Bindung einen bedeutsamen Beitrag leisten, zeigt, daß jede von ihnen einen spezifischen Erklärungswert für dieses Erfolgskriterium einer Beziehung besitzt. Damit läßt sich die eingangs gestellte Frage in dem Sinne beantworten, daß die Differenzierung in fünf Dimensionen angemessen ist.

Die Vorhersage der Bindung zum zweiten Meßzeitpunkt durch die Skalen des ersten Meßzeitpunkts beruht auf drei signifikanten Prädiktoren: Konflikt, Investment und Liebe. Diese erklären zusammen 30.6 % der Varianz. Dabei erklärt Konflikt allein 16.3 %, weitere 10 % gehen auf die Skala Investment zurück, und Liebe erklärt zusätzlich noch etwas mehr als 4 % der Varianz.

*Zusammenfassung*

In einer Faktorenanalyse mit 19 Skalen wurden fünf Dimensionen aufgefunden: *Konflikt*, bestehend aus Streit, spielerischer Liebe und Angst; *Liebe*, bestehend aus Romantik, Zärtlichkeit, Kommunikation und Gemeinsamkeit; *Altruismus*, bestehend aus Agape, kommunaler Orientierung und Freundschaft. Auf diesem Faktor laden auch die pragmatische und besitzergreifende Liebe. Als weitere Faktoren wurden *Sicherheit* aufgefunden, bestehend aus Bindungssicherheit und der Bereitschaft, um Hilfe zu bitten, sowie *Investment*, bestehend aus Investitionen und gegenseitiger Beeinflussung. Den Faktoren lassen sich Funktionen zuordnen: Die *Liebe* ist wichtig für die Beziehungsanbahnung und -festigung, *Altruismus*, *Sicherheit* und *Investment* sind wichtig für die Aufrechterhaltung der Partnerschaft. Da ein hohes Ausmaß an Liebe nicht gleichzeitig ein niedriges Ausmaß an *Konflikten* bedeuten muß, wird die Konfliktbelastung als eigener unabhängiger Faktor erhoben, der auf Störfaktoren in der Beziehung hinweist.

Der Konstruktion der Beziehungsskalen lag die Idee zugrunde, die Einstellungen der Partner zu ihrer Beziehung möglichst umfassend zu berücksichtigen und sowohl Merkmale einzubeziehen, die mit der *Zufriedenheit* in der Beziehung zusammenhängen, als auch solche, die die *Beständigkeit* der Beziehung betreffen. Zusammenfassend kann festgestellt werden, daß die fünf Skalen sowohl bedeutsame Anteile der Varianz des Glücks als auch der Bindungsbereitschaft vorhersagen. Dabei ist es nicht überraschend, daß die Vorhersage zum ersten Zeitpunkt, zu dem auch die fünf Skalen erhoben wurden, höher ausfällt als zum zweiten Zeitpunkt. Auffallend ist, daß die fünf Skalen die Bindung insgesamt besser aufklären als das Beziehungsglück. Das wird zum ersten Meßzeitpunkt besonders deutlich, da alle fünf Skalen signifikante Prädiktoren der Bindung sind, die zusammen 46 % der Varianz erklären. Demgegenüber wird das Glück in der Beziehung zum ersten Meßzeitpunkt durch die drei Prädiktoren Konflikt, Liebe und Investment zu 29 % aufgeklärt.

## 5. Zeichen der Liebe oder Bedrohung für die Beziehung? Besitzergreifende Liebe und Eifersucht

Es gibt kaum ein Liebesthema, das häufiger diskutiert und in Romanen und Filmen dargestellt wird als Eifersucht. Wir fassen Eifersucht als Teil des besitzergreifenden Liebesstils auf (vgl. Kapitel 3).

Zur Definition: Der Begriff *besitzergreifende Liebe* soll den Bereich von Verhaltensweisen und Emotionen kennzeichnen, der in romantischen Liebesbeziehungen gezeigt wird und durch ein Muster von Eifersucht, Sich-Klammern und Abhängigkeit gekennzeichnet ist. Diese Verhaltensweisen dienen dem Ziel, die geliebte Person zu beobachten und zu kontrollieren, um auszuschließen, daß man verlassen wird. Besitzergreifende Liebe ist auch durch Stimmungsschwankungen und klammerndes Verhalten in der Beziehung gekennzeichnet. Diese relativ heterogenen Aspekte von besitzergreifender Liebe bilden ein einziges zusammenhängendes Syndrom, das im folgenden auf der Basis theoretischer Analysen und empirischer Ergebnisse geklärt werden soll.

## *5.1 Theoretische Annahmen zur besitzergreifenden Liebe*

Im folgenden werden sechs Vorüberlegungen zur besitzergreifenden Liebe unter Berücksichtigung des ängstlich-unsicheren Bindungsstils (s. Kapitel 2) dargestellt. Diese Überlegungen lassen sich als eine Theorie der besitzergreifenden Liebe auffassen.

- Die wichtigste antezedente Bedingung für besitzergreifende Liebe ist die Bedrohung durch Verlassenwerden. Ob es sich dabei um begründete oder nicht begründete Furcht handelt, kann an dieser Stelle offenbleiben. Jedenfalls wird erwartet, daß besitzergreifende Liebe eng mit der Tendenz zusammenhängt, mit Eifersucht auf den Partner zu reagieren.
- Für das Verständnis der besitzergreifenden Liebe ist es wichtig, zwischen dispositionaler Seite und Zustandsseite zu unterscheiden. Die dispositionale Quelle der besitzergreifenden Liebe läßt sich als „ängstlich-unsichere Bindung" kennzeichnen. Diese läßt sich unterscheiden von der Manifestation besitzergreifender Liebe in einer konkreten Beziehung bzw. in bestimmten Situationen. Besitzergreifende Liebe im Sinne eines Zustands kann unter Verwendung der Skala Mania gemessen werden, die in dem Fragebogen der Liebesstile enthalten ist (s. Kapitel 3).
- Eine Folgerung aus der vorgeschlagenen Unterscheidung besteht darin, daß besitzergreifende Liebe und ängstlich-ambivalente Bindung zwar korrelieren, diese Korrelation aber nicht so hoch sein sollte, daß daraus die Identität der Konzepte erschlossen werden könnte. Nach dieser Analyse trägt ein ängstlich-unsicherer Bindungsstil dazu bei, daß besitzergreifende Liebe unabhängig vom jeweiligen Partner und von Situationen auftritt, aber der ängstlich-ambivalente Bindungsstil und die besitzergreifende Liebe können auch unabhängig voneinander auftreten.
- Die Wechselfälle der Liebe werden im Kopf eines besitzergreifenden Liebhabers übertrieben, da er in einem Moment durch eine kleine Geste des Partners beglückt und vielleicht schon am selben Tag wegen einer kleinen Mißstimmung - sei sie nun vorgestellt oder wirklich - völlig deprimiert sein kann. Somit sollte besitzergreifende Liebe sowohl mit positiven als auch mit negativen Emotionen zusammenhängen. Das Ergebnismuster für besitzergreifende Liebe weicht von dem anderer Liebesstile (außer Ludus) ab, die von Lee (1976) beschrieben werden, da diese alle dazu tendieren, positive Korrelationen zwischen Manifestationen der Liebe und positiven Emotionen und negative Korrelationen mit negativen Emotionen zu zeigen. Für Mania aber gilt, daß ein ausgesprochen gemischtes Korrelationsmuster zu erwarten ist. Außerdem besteht die Möglichkeit, einige der spezifischen positiven und negativen Emotionen vorherzusagen, die vermutlich am stärksten mit der Skala der besitzergreifenden Liebe zusammenhängen. Auf der positiven Seite sind Faszination, Gefühle der Ausschließlichkeit, emotionale Intensität, Hochgefühl und Gefühl der persönlichen Einflußnahme zu nennen. Auf der negativen Seite sind Emotionen zu erwarten, die mit den typischen Charakteristika der Reaktionen auf Verlassenwerden zusammenhängen, die in der Bindungstheorie

beschrieben werden, nämlich Ärger, Kummer, Angst und Versuche der emotionalen Ablösung.

- Eine Folgerung aus dem gemischten Muster der Korrelationen zwischen besitzergreifender Liebe und emotionalen Merkmalen besteht darin, daß besitzergreifende Liebe als Zustand nur geringfügig mit Maßen der eigenen oder der Partnerzufriedenheit in der Beziehung korreliert. Ob man positive oder negative Korrelationen erhält, sollte davon abhängen, was sich gerade in der Partnerschaft ereignet hat, während das aggregierte Resultat eine niedrige oder Nullkorrelation sein sollte. Davon weichen die Erwartungen in bezug auf den ängstlich-ambivalenten Bindungsstil ab, weil die ängstlich-unsichere Person über die Zeit mehr und mehr Sorge wegen eines möglichen Verlassenwerdens hat und darauf mit Eifersucht, Klammern und kontrollierenden Verhaltensweisen reagieren sollte. Es ist bekannt, daß dieses Verhaltensmuster für Männer und Frauen unangenehm ist (Feeney & Noller, 1990; Hazan & Shaver, 1987; Levy & Davis, 1988; Simpson, 1990), so daß der ängstlich-ambivalente Bindungsstil negativ mit der Partnerzufriedenheit bei Männern und Frauen zusammenhängen sollte.
- Eine abschließende Überlegung bezieht sich auf mögliche Geschlechtsunterschiede, obwohl sowohl Männer als auch Frauen eine Tendenz zur Kontrolle und Eifersucht entwickeln können, wenn der Gedanke der Trennung aufkommt. Aber wegen der typischen Unterschiede in Macht, Mitteln und Status besteht traditionell die Tendenz, daß Frauen sich auf Mittel der verbalen Manipulation, des Klammerns usw. verlegen. Hingegen waren Männer historisch gesehen eher in der Lage, Macht auszuüben durch eine Kombination von psychologischem Mißbrauch, Isolation der Frau, extensiver Beobachtung ihres Verhaltens und schließlich auch durch physische Gewalt. Es kann vermutet werden, daß das Verhalten der beiden Geschlechter im Hinblick auf besitzergreifende Liebe an der Oberfläche sehr unterschiedlich ist, während die Bedeutung für Männer und Frauen ähnlich ist. Wenn wir in der Lage wären, experimentelle Situationen zu entwickeln, in denen Geschlecht und Macht voneinander unabhängig variieren, könnten wir in der Lage sein, diesen Punkt deutlicher zu zeigen (vgl. Dutton & Golant, 1995). Jedenfalls ist es wichtig, zwischen dem Einfluß von Geschlecht und Geschlechterrolle auf besitzergreifende Liebe zu unterscheiden (vgl. Kapitel 3).

### *5.2 Verwandte Konzepte*

Die Erfahrung von Unsicherheit und Angst in einer intensiven Liebesbeziehung ist mit unterschiedlichen Konzepten beschrieben worden. Im folgenden werden wir die gemeinsamen und unterscheidbaren Anteile dieser Konzepte, die sich im Zusammenhang mit besitzergreifender Liebe nennen lassen (wie ängstlich-romantische Bindung, Limerence und leidenschaftliche Liebe), darstellen.

Hindy & Schwarz (1994) verwenden den Begriff ängstlich-romantische Bindung, die durch Unsicherheit, emotionale Abhängigkeit und Klammern gekennzeichnet ist. Auf der Grundlage der Bindungsstile, die aus den Verhaltensbeobachtungen junger

Kinder durch Ainsworth et al. (1978) abgeleitet wurden, ergibt sich die naheliegende Annahme, daß besitzergreifende Liebe ein Beispiel für den ängstlich-ambivalenten Bindungsstil ist (vgl. Hazan & Shaver, 1987). Ein ängstlich-ambivalenter Bindungsstil bei Erwachsenen ist durch das Streben nach mehr und mehr Nähe und Ängste vor der Unbeständigkeit der Beziehung gekennzeichnet. Ein anderer alltäglicher Ausdruck für besitzergreifende Liebe ist Liebeskrankheit (Money, 1980). Sperling (1985) prägte den Begriff der verzweifelten Liebe. Liebeskrankheit und verzweifelte Liebe können mit leidenschaftlicher Liebe im Sinne von Hatfield & Sprecher (1986) gleichgesetzt werden, die als ein Komplex aus kognitiven, emotionalen und verhaltensmäßigen Indikatoren eines intensiven Strebens nach Vereinigung mit dem anderen gekennzeichnet ist. Hatfield & Sprecher (1986) vergleichen ihr Konzept der leidenschaftlichen Liebe mit Limerence (Tennov, 1979). Leidenschaftliche Liebe und Limerence schließen positive und negative Emotionen ein und könnten als bittersüße Erfahrungen gekennzeichnet werden. Hatfield & Sprecher (1986) argumentieren, daß leidenschaftliche Liebe in der Intensität der Freude (wenn erfolgreich) und der Verzweiflung (wenn unerwidert) zum Ausdruck kommt.

Im folgenden werden zwei dieser Konzepte ausführlicher diskutiert: ängstlich-ambivalenter Bindungsstil und leidenschaftliche Liebe. Diese Konzepte wurden ausgewählt, weil sie zu einem besseren Verständnis der Facetten der besitzergreifenden Liebe beitragen und weil sie repräsentativ für die anderen genannten Konzepte zu sein scheinen.

*Ängstlich-ambivalenter Bindungsstil*

Besitzergreifende Liebe scheint viele Merkmale zu enthalten, die für den ängstlich-ambivalenten Bindungsstil charakteristisch sind (vgl. Kapitel 2). Davis & Latty-Mann (1987) berichteten über Daten, die zeigen, daß ein ängstlich-ambivalenter Bindungsstil und besitzergreifende Liebe positiv korreliert sind. In zwei Studien fanden sie signifikante Korrelationen von $r = .28$ und $r = .21$. Der sichere und der vermeidende Bindungsstil waren hingegen nicht mit besitzergreifender Liebe korreliert.

Was aber sind die Unterschiede zwischen dem ängstlich-ambivalenten Bindungsstil und der besitzergreifenden Liebe? Oder sind sie einfach zwei Begriffe für das gleiche Phänomen? Um diese Fragen zu beantworten, ist es notwendig, jedes der beiden Konzepte aus ihrem Bezugssystem, in das sie eingebettet sind, heraus zu verstehen.

Der ängstlich-ambivalente Bindungsstil ist *eine* Basis von besitzergreifender Liebe, die in den Gefühlen von Unsicherheit und übermäßiger Beschäftigung mit dem Partner zum Ausdruck kommt. In diesem Zusammenhang ist es nützlich, sich Freuds Unterscheidung von Angst und Furcht vor Augen zu führen (Freud, 1917, 25. Vorlesung). Während Angst sich auf innere Konflikte bezieht, ist Furcht ein Gefahrensignal und daher hochgradig adaptiv. Da eine geliebte Person eine Beziehung verlassen könnte, ist es nachvollziehbar, daß Partner die Möglichkeit der Bedrohung der Beziehung in Betracht ziehen. Dies zu ignorieren könnte als Blindheit bezeichnet werden. Wie wir aus empirischer Forschung wissen, bereitet sich ein Partner, der die Beziehung verlassen möchte, heimlich auf die Auflösung der Beziehung vor (Vaughan, 1986). Aufmerksamkeit kann dem Partner helfen, Gefahrensignale zu identifizieren, die hochgradig bedeutsam für sein oder ihr zukünftiges Leben sind. Zusammenfassend kann also festgestellt werden, daß besitzergreifende Liebe zwei mögliche motivationale Grundlagen haben kann: Auf der einen Seite könnte sie durch innere Konflikte und ein hohes Anspruchsniveau, das durch den Partner nicht erfüllt wird, gekennzeichnet sein. Dies ist die motivationale Basis der besitzergreifenden Liebe, die wir als ängstlich-unsicherer oder ängstlich-ambivalenter Bindungsstil bezeichnen. Andererseits kann besitzergreifende Liebe durch das Ziel der Gefahrenkontrolle motiviert sein. Dies ist die Zustandsausprägung von besitzergreifender Liebe, die sich auf situationale und Beziehungsmerkmale bezieht.

Diese Ambiguität der motivationalen Basis drückt die doppelte Natur der Angstgefühle aus, die von Freud beschrieben wurden. Im allgemeinen kann besitzergreifende Liebe durch externale Umstände (z.B. ein nicht-verläßlicher Partner) oder internale Faktoren (z.B. kognitive Arbeitsmodelle, die das Ergebnis früher Erfahrungen in der Beziehung mit den Eltern sind) ausgelöst werden.

Daher ist es notwendig, zwischen dispositionaler besitzergreifender Liebe und Zustandsliebe zu unterscheiden. Es ist möglich, daß eine Person eine unsichere Bindung (mit einer ängstlichen Komponente) in ihrer Kindheit entwickelt hat und trotzdem in ihrer gegenwärtigen Beziehung keine Angst vor Verlassenwerden, Eifersucht oder besitzergreifende Tendenzen zeigt. Das kann z.B. daran liegen, daß der gegenwärtige Partner bzw. die gegenwärtige Partnerin sich besonders bemüht und es gut versteht, die andere Person sich sicher und umsorgt fühlen zu lassen. Es ist auch vorstellbar, daß sich das Paar in der frühen Phase der romantischen Bindung befindet und daß beide das Gefühl haben, daß die Beziehung perfekt ist. Umgekehrt ist ebenfalls denkbar, daß eine Person, deren primäre Bindung nicht ängstlich-ambivalent ist, trotzdem sehr eifersüchtig und verunsichert in einer sich verschlechternden romantischen Beziehung reagiert. Der Partner kann angedroht haben, die Beziehung zu verlassen, so daß Furcht vor dem Verlassenwerden sehr realistisch ist. Die Literatur zur Auflösung von Beziehungen (sowohl bei ehelichen als auch bei nichtehelichen Beziehungen) legt es nahe, als normatives Muster der Reaktion auf Verlassenwerden Protest, Ärger, Angst und schließlich Trennung anzunehmen (Fraley, Davis & Shaver, im Manuskript).

Hindy & Schwarz (1994) entwickelten einen Fragebogen zur Messung des ängstlich-romantischen Bindungsstils, der 33 Items beinhaltet, die sich auf romantische Angst (Beispiel-Item: „Es beunruhigte mich, wenn .... in bezug auf seine (ihre) Gefühle mir gegenüber zu schwanken schien“) und romantische Besessenheit beziehen (Beispiel-Item: „Ich hatte das Gefühl, daß wenn ... mich zurückgewiesen hätte, ich niemals darüber hinweggekommen wäre“). Beide Subskalen des ängstlich-romantischen Bindungsstils sind hoch korreliert, und die interne Konsistenz der 33-Item-Skala ist sehr hoch.

Hindy & Schwarz (1994) erwähnen die begriffliche Überschneidung zwischen ihrem Begriff des ängstlich-romantischen Bindungsstils und dem ängstlich-ambivalenten Bindungsstil. Die Stärke ihres Ansatzes besteht darin, daß ihre Skala eine Unterscheidung von zwei Facetten der ängstlich-ambivalenten Orientierung ermöglicht, nämlich Angst und Besessenheit. Der ängstlich-romantische Bindungsstil ist ein Ausdruck von inneren Problemen, die sich zumindest teilweise auf Erfahrungen mit den Eltern zurückführen lassen. So treten z.B. Tendenzen in Richtung eines ängstlich-romantischen Bindungsstils bei Söhnen von Vätern auf, die leistungskontrollierend und einschränkend sind, und von Müttern, die wenig unterstützend und wenig stimulierend sowie restriktiv in ihrem Verhalten erscheinen. Tendenzen zu einem ängstlich-romantischen Bindungsstil bei Töchtern hängen zusammen mit einem feindseligen Vater und einer Mutter, die ihre Tochter als Koalitionspartnerin bei ehelichen Konflikten und partnerschaftlicher Unzufriedenheit benutzt. Studien über das elterliche Verhalten bei Personen, die einen ängstlich-ambivalenten Bindungsstil zeigen, haben zu ähnlichen Resultaten geführt (Rothbard & Shaver, 1994): Die Mütter werden als aufdringlich sowohl in der Gegenwart als auch in der Vergangenheit beschrieben - ein Muster, das an das inkonsistente und störende Verhalten der Mütter ängstlich-ambivalenter Kinder in den Beobachtungsstudien von Ainsworth et al. (1978) erinnert. Rothbard & Shaver (1994, Seite 55) merken in diesem Zusammenhang an: „*Die Ergebnisse dieser Studie zeigen deutlich, daß Mitglieder der drei Bindungsgruppen Erwachsener ... sich an Kindheitserfahrungen mit den Eltern ... in einer Art und Weise erinnern, die aus der Literatur zur Kind-Eltern-Bindung vorhersagbar ist*“. Der Bindungsstil ist ein dispositionales Konzept, da er sich auf generalisierte Arbeitsmodelle bezieht, die auf unterschiedliche Beziehungen gleichermaßen und über unterschiedliche Situationen hinweg angewandt werden (Shaver & Hazan, 1988).

*Leidenschaftliche Liebe*

Die Analyse von Hatfield & Sprecher (1986) legt den Schluß nahe, daß leidenschaftliche Liebe eine gemischte Erfahrung ist, da sowohl positive als auch negative Emotionen beteiligt sind (siehe auch Berscheid & Walster, 1974, die argumentieren, daß unangenehme emotionale Erfahrungen, wie z.B. Angst, der Attraktion förderlich sein können). In einer späteren Studie erhoben Hatfield, Brinton & Cornelius (1989) Daten von Teenagern im Altersbereich von 12 bis 14 Jahren über die Gefühle bei leidenschaftlicher Liebe. In dieser Studie wurde die Liebesskala für Jugendliche eingesetzt, die aus 15 Fragebogen-Items besteht und die Messung der kognitiven, physiologischen und verhaltensbezogenen Indikatoren besitzergreifender Liebe ermöglichen soll. Außerdem wurde die Ängstlichkeitsskala für Kinder verwendet, die ein Eigenschaftsmaß der Angst darstellt (Gillis, 1980). Alter und Geschlecht wiesen einen Zusammenhang mit leidenschaftlicher Liebe auf, auch Angst korrelierte mit leidenschaftlicher Liebe zu $r = .49$ ($p < .001$). Dieses Muster der Ergebnisse wurde in einer zweiten Studie repliziert, in der der Zustands- und Eigenschaftsfragebogen zur

Messung von Angst bei Kindern (Spielberger, Gorsuch & Lushene, 1970) mitverwendet wurde. Eigenschaftsangst korrelierte zu $r = .56$ ($p < .001$) mit leidenschaftlicher Liebe, der Zusammenhang mit Zustandsangst war etwas niedriger mit $r = .38$ ($p < .01$).

Diese Ergebnisse zeigen, daß Liebe und Angst positiv korrelieren. Das unterstützt die Annahme von Hatfield & Sprecher (1986), wonach leidenschaftliche Liebe mit positiven und negativen Emotionen assoziiert ist. Bei der Interpretation der Ergebnisse ist es wichtig zu berücksichtigen, daß leidenschaftliche Liebe nicht bloß ein Äquivalent für besitzergreifende Liebe ist. Aus der Beschreibung der leidenschaftlichen Liebe ergibt sich die Schlußfolgerung, daß leidenschaftliche Liebe sowohl romantische als auch besitzergreifende Liebe zugleich repräsentiert. Außerdem scheinen Komponenten altruistischer Liebe enthalten zu sein. Aber die Ergebnisse im Hinblick auf Angst zeigen, daß emotionale Unsicherheit, die auch ein zentrales Merkmal der besitzergreifenden Liebe ist, in der leidenschaftlichen Liebe enthalten ist.

### *5.3 Theoretisches Bezugssystem der besitzergreifenden Liebe*

Der Begriff der besitzergreifenden Liebe beschreibt einen Liebesstil, der mit verschiedenen Merkmalen im Zusammenhang steht, die ein theoretisches Bezugssystem konstituieren. Die folgenden fünf Feststellungen gehen auf dieses theoretische Bezugssystem ein.

#### *Feststellung 1: Eifersucht*

Eifersucht wird als aversive emotionale Reaktion definiert, die als Ergebnis realer, vorgestellter oder als wahrscheinlich betrachteter Beziehungen des Partners zu anderen Personen auftreten (Bringle & Buunk, 1985). Buunk (1991) unterscheidet drei Formen der Eifersucht:

- reaktive Eifersucht als Reaktion auf eine tatsächliche außereheliche Affäre des Partners,
- präventive Eifersucht als ein aktiver Versuch, das Verhalten des Partners in relevanten Situationen zu kontrollieren,
- selbsterzeugte Eifersucht, die ohne konkreten äußeren Anlaß auftritt.

Untersuchungen zu romantischer Eifersucht verweisen sowohl auf Übereinstimmungen im Kulturvergleich als auch auf Unterschiede (Hupka et al., 1985; Hupka & Zaleski, 1990). Faktorenanalytische Ergebnisse zeigen, daß die Struktur der berichteten Eifersucht über unterschiedliche Kulturen ähnlich ist. In allen Analysen wird ein Faktor aufgefunden, der als Bedrohung der Exklusivität der Beziehung definiert werden kann. Unterschiede ergeben sich in der Höhe der Eifersucht. Die Mittelwerte der selbstberichteten Eifersucht variieren zwischen den Kulturen. Im Hinblick auf besitzergreifende Liebe ist eine ähnliche Schlußfolgerung naheliegend.

Da mit dem besitzergreifenden Liebesstil die Tendenz einhergeht, sich zu sorgen, ob man verlassen wird, erwarteten wir eine positive Korrelation zwischen besitzergreifender Liebe und Eifersucht. Woll (1989) hat entsprechende Daten gesammelt. Er verwendete einen Fragebogen, der sich mit der gegenwärtigen Liebesbeziehung befaßte und in dem eine Frage direkt auf das Ausmaß der erlebten Eifersucht zielte. Die Korrelation der Antworten auf diese Frage mit der Skala der besitzergreifenden Liebe war signifikant positiv, $r = .27$, $p < .01$.

In einer weiteren Studie von Shaw (1989) wurden der Fragebogen von Bierhoff & Klein (1991) zu den Liebesstilen sowie der Eifersuchts-Fragebogen von Hupka et al. (1985) verwendet, der die Dimensionen

- Bedrohung der Exklusivität der Beziehung (Beispielitem: „Wenn mein Partner anderen Personen Aufmerksamkeit schenkt, fühle ich mich einsam und ausgeschlossen“) und
- romantischen Neid (Beispielitem: „Wenn mein Partner und ich die Straße entlangspazieren, beobachte ich seine Reaktion auf attraktive Personen des anderen Geschlechts“)

  erfaßt. Die Ergebnisse zeigten,
- daß besitzergreifende Liebe und Bedrohung der Exklusivität der Beziehung positiv korrelierten, $r = .68$, $p < .01$,
- während romantischer Neid und besitzergreifende Liebe unkorreliert waren, $r = .02$.

Die hohe Korrelation zwischen besitzergreifender Liebe und Bedrohung der Exklusivität der Beziehung verdeutlicht, daß Eifersucht und Mania eng zusammenhängen, was mit der ersten Feststellung übereinstimmt.

Mania und Eifersucht sind aufeinander bezogene Konzepte, die aber nicht identisch sind. White & Mullen (1989) kommen zu der Feststellung, daß es unwahrscheinlich ist, daß das besitzergreifende Streben die einzige Ursache der Eifersucht darstellt. Aber besitzergreifende Liebe kann eine aufmerksame Einstellung fördern, die übertriebene Reaktionen auf triviale Ereignisse, die als Bedrohung der Beziehung interpretiert werden, auslösen kann.

Besitzergreifende Liebe wird häufig negativ bewertet (vgl. Curtis, 1983), was mit ihrem Zusammenhang zur Eifersucht zu tun haben kann. Besitzergreifende Liebe kann eine nicht-kontrollierbare und die Beziehung bedrohende Eifersucht auslösen. Eine solche negative Haltung gegenüber der besitzergreifenden Liebe ist aber voreilig, da sie sowohl positive als auch negative Auswirkungen haben kann. (Eine ähnliche Unterscheidung wird von Parrott (1991) für Neid durchgeführt, bei der zwischen bewunderndem Neid und bösartigem Neid unterschieden wird.) Auf der einen Seite kann Eifersucht als ein Schutzmechanismus verstanden werden, der die Beständigkeit der Beziehung fördern soll (Buss et al., 1992). Auf der anderen Seite kann Eifersucht eine übertriebene Reaktion auf eine wahrgenommene Bedrohung der Stabilität der Beziehung sein, die die Freiheit des Partners einschränkt. Schließlich ist darauf hinzuweisen, daß die selbstgenerierte Eifersucht durch die eifersüchtige Person ohne konkreten Anlaß kognitiv konstruiert wird (Buunk, 1991).

Curtis (1983) weist darauf hin, daß besitzergreifende Bestrebungen für Beziehungen typisch sind, in denen eine emotionale Investition in den Partner stattgefunden hat. Er stellt diese Form des besitzergreifenden Strebens dem pathologischen besitzergreifenden Streben gegenüber, das dadurch gekennzeichnet ist, daß der Partner wie Eigentum behandelt wird. Die Unterscheidung zwischen „normalem" und pathologischem besitzergreifendem Streben zeigt, daß innerhalb eines bestimmten Bereiches besitzergreifende Liebe eine funktionale Rolle für die Bildung und Aufrechterhaltung einer Beziehung spielt (vgl. Hendrick & Hendrick, 1991), während extremere Formen der besitzergreifenden Liebe mit einem Mißbrauch des Partners und evtl. sogar mit Gewalt in der Beziehung assoziiert sind (Dutton, Saunders, Starzomski & Bartholomew, 1994).

*Feststellung 2: Zustand versus Eigenschaft*

Die Unterscheidung zwischen Persönlichkeitseigenschaft und beziehungsspezifischem Zustand präzisiert den Begriff der besitzergreifenden Liebe. Zustände sind von bestimmten Situationen abhängig, während Eigenschaften sich auf stabile Dispositionen beziehen, die die Person über einen großen Bereich von Situationen in bestimmter Weise beeinflussen (Pervin, 1993). Obwohl die Unterscheidung zwischen Zustand und Eigenschaft relativ ist (Allen & Potkay, 1981), ist es möglich, empirische Bedingungen zu entwickeln, die die Unterscheidung zwischen Zustand und Eigenschaft ermöglichen. Generell werden Zustände als abhängig von zeitlichen Bedingungen angesehen, während Eigenschaften als Manifestationen von dauerhaften Dispositionen verstanden werden (Cattell & Scheier, 1961). Im Fall der besitzergreifenden Liebe würde ein Zustand dadurch angezeigt, daß das erlebte Niveau dieser Liebe von dem spezifischen Partner abhängt. Hingegen wäre eine Eigenschaft angezeigt, wenn das erlebte Niveau der besitzergreifenden Liebe über unterschiedliche Partner stabil ist.

Zwei empirische Ansätze beziehen sich direkt auf die Unterscheidung von Zustand und Eigenschaft. In beiden wird die Liebesreaktion im Hinblick auf den gegenwärtigen Partner und einen früheren Partner gemessen. Amelang (1992) bat die Beurteiler, die Items der deutschen Version der Skala Mania in bezug auf den gegenwärtigen und früheren Partner zu beantworten. In der ersten von drei Untersuchungen wurde gezeigt, daß die besitzergreifende Liebe in ähnlicher Weise gegenüber dem gegenwärtigen und dem früheren Partner zum Ausdruck gebracht wird. Das spricht dafür, daß besitzergreifende Liebe eine Eigenschaft darstellt. Außerdem fanden sich in Studie 2 und 3 Hinweise darauf, daß besitzergreifende Liebe auch Charakteristika eines Zustands besitzt, da sie gegenüber unähnlichen Partnern unterschiedlicher eingeschätzt wurde als gegenüber ähnlichen Partnern.

Ein zweiter methodischer Ansatz besteht darin, die Forschung zu Personen-Situations-Interaktionen auf Liebesbeziehungen anzuwenden (Bringle, Renner, Terry & Davis, 1983, Studie 2). Auf der Grundlage eines speziellen varianzanalytischen Versuchsplans wurde die Größe der Varianzkomponenten geschätzt, die sich auf die Person, die Situation und deren Interaktion beziehen. Bringle et al. fragten ihre (ausschließlich weiblichen) Probanden, wie bedrohlich sie drei Ereignisse in drei unterschiedlichen Beziehungen einschätzten. Die Ereignisse wurden danach ausgewählt, daß sie Eifersucht auslösen können (Beispiel: „Eine attraktive Frau beginnt eine Tätigkeit an dem Arbeitsplatz, an dem der Partner der befragten Person arbeitet. Der Partner der befragten Person geht häufig gemeinsam mit seiner Kollegin essen und freundet sich mit ihr an."). Obwohl in einer solchen Situation die tatsächliche Bedrohung der Beziehung unklar ist, besteht doch die Möglichkeit, das Ereignis als bedrohlich zu interpretieren. Die Daten wurden im Hinblick auf die Varianzkomponenten analysiert. Generell fand sich, daß die Person eine bedeutsame Quelle der Varianz darstellte, da sie etwa 35% der Reaktionen aufklärte. Diese Ergebnisse sprechen für eine relativ stabile internale Disposition der Eifersucht. Außerdem fand sich, daß die Varianzkomponente Person x Partner relativ groß ausgeprägt war. Sie erklärte etwa 35% der Varianz. Das bedeutet, daß die Probanden unterschiedlich auf verschiedene Beziehungsdarstellungen reagierten. Das verweist auf die Partnerabhängigkeit von Eifersuchtsreaktionen.

Diese Ergebnisse über Eifersucht stimmen mit denen von Amelang (1992) über besitzergreifende Liebe überein. Beide Ansätze legen den Schluß nahe, daß besitzergreifende Liebe einen beträchtlichen Zustandsanteil hat, obwohl auch Eigenschaftsmerkmale erkennbar sind.

Ob besitzergreifende Liebe als Eigenschaft oder Zustand aufgefaßt wird, hängt von der theoretischen Orientierung ab. Wir stellen die Sichtweisen von Hendrick & Hendrick (1991) und Shaver & Hazan (1988) gegenüber:

Hendrick & Hendrick (1991) spekulieren darüber, ob die Liebesdimensionen in der Evolution des Menschen bestimmte Funktionen widerspiegeln. Im Hinblick auf besitzergreifende Liebe argumentieren sie, daß Mania als ein Such- und Anregungsmechanismus funktioniere, der dazu diene, eine sichere Beziehung aufzubauen. Mania diene der Funktion der Anregung einer vollständigen Beziehungsentwicklung, ausgehend von der Unsicherheit der frühen Phase der Initiierung der Beziehung, und Mania fördere Verhalten zur Aufrechterhaltung der Beziehung, wenn es Anzeichen einer unmittelbaren Bedrohung durch Verlust gebe. In dieser Sichtweise wird besitzergreifende Liebe als ein Beziehungszustand verstanden, der besonders in der ersten Phase der Beziehungsentwicklung als Reaktion auf Bedrohung durch Verlust bedeutsam ist. Besitzergreifende Liebe wird als situationsspezifische motivationale Kraft aufgefaßt, die durch Unsicherheit und potentielle Bedrohung der Beziehung ausgelöst wird.

Die Bedeutung der besitzergreifenden Liebe ist in der Sichtweise der Bindungstheorie eine andere (Shaver & Hazan, 1988). Da die positive Korrelation mit ängstlich-ambivalenter Bindung nahelegt, daß besitzergreifende Liebe ein Ausdruck eines bestimmten Bindungsstils ist, und da die Bindungsstile als Eigenschaftsmerkmale aufgefaßt werden, wird besitzergreifende Liebe als dispositionale Liebe verstanden. Die positive Korrelation zwischen leidenschaftlicher Liebe und Angst, die von Hatfield, Brinton & Cornelius (1989) berichtet wird, steht mit dieser Interpretation in Übereinstimmung. Besitzergreifende Liebe wird als Resultat einer inkonsistenten Beziehung zwischen Kind und Beziehungsperson verstanden, die die Entwicklung eines unsicheren Arbeitsmodells fördert, in dem Angst eine bedeutsame Rolle spielt.

Beide Ansätze, die besitzergreifende Liebe als Zustand oder als Eigenschaft auffassen, beziehen valide Merkmale der besitzergreifenden Liebe ein. Auf der einen Seite fungiert besitzergreifende Liebe als situationsspezifische Reaktion auf die Bedrohung durch Verlust und auf Unsicherheit im allgemeinen. Auf der anderen Seite schließt besitzergreifende Liebe eine starke Eigenschaftskomponente ein, die sich am ehesten auf der Grundlage des ängstlich-ambivalenten Bindungsstils und der Angst in der Beziehung verstehen läßt. Es ist bemerkenswert, daß die Zustandsinterpretation funktionale Aspekte der besitzergreifenden Liebe betont, während die Eigenschaftsinterpretation klarmacht, daß besitzergreifende Liebe dysfunktional sein kann, weil sie zu übertriebenen Reaktionen auf der Grundlage früher Frustrationen des Bindungsstrebens führen kann. Daher können wir von den zwei Gesichtern der besitzergreifenden Liebe sprechen, die leicht übersehen werden, wenn nur der Persönlichkeitsblickwinkel oder der Blickwinkel der gegenwärtigen Beziehung betont wird. Als Folgerung liegt nahe, daß besitzergreifende Liebe die Entwicklung einer Beziehung fördern oder hemmen kann, je nachdem, welcher Aspekt im Vordergrund steht.

Eine ähnliche Unterscheidung wurde von Buunk (1991) vorgenommen, der reaktive Eifersucht mit selbstgenerierter Eifersucht kontrastierte. Während reaktive Eifersucht eine Reaktion auf spezifische Ereignisse des Vertrauensbruchs in der Beziehung ist, stellt selbstgenerierte Eifersucht einen generalisierten Typ von Reaktionen dar, der durch übertriebene Ängstlichkeit und Sorge charakterisiert ist, die bis hin zu paranoidem Denken gehen kann.

*Feststellung 3: Ängstlich-ambivalente Bindung*

Es ist naheliegend anzunehmen, daß die Messung der besitzergreifenden Liebe ein Zustandsmaß ergibt, während die Messung des ängstlich-ambivalenten Bindungsstils ein Eigenschaftsmaß darstellt. In ihren Studien über die Beziehung zwischen Liebesstilen und Bindungsstilen fanden Davis & Latty-Mann (1987) eine signifikante Korrelation zwischen Mania und ängstlich-ambivalenter Bindung. Außerdem stellten Collins & Read (1990) fest, daß der ängstliche Bindungsstil signifikant mit der Skala Mania von Hendrick & Hendrick (1986) korrelierte ($r = .52$, $p < .001$). Die verwendete Angstskala ist nahezu identisch mit der der ängstlich-ambivalenten Bindung, wie sie von Hazan & Shaver (1987) beschrieben wird, und enthält Items wie „Ich möchte mit dem Partner vollständig verschmelzen“. Hendrick & Hendrick (1989) berichten über eine signifikante Korrelation von $r = .29$ zwischen Mania und dem ängstlich-ambivalenten Bindungsstil.

In unserer eigenen Studie (Grau & Bierhoff, 1994) mit 61 Paaren, die im Durchschnitt 23 Monate zusammen waren, korrelierten Mania und der ängstlich-ambivalente Bindungsstil mit $r = .41$ ($p < .001$) bei Männern und $r = .51$ ($p < .001$) bei Frauen. Es besteht eine konsistente Tendenz in Richtung einer signifikanten Beziehung zwischen Mania und dem ängstlich-ambivalenten Bindungsstil.

*Feststellung 4: Emotionale Aspekte*

Besitzergreifende Liebe und Eifersucht beziehen sich auf Erfahrungen, die mit starken Emotionen gekoppelt sein können. Untersuchungen zur Eifersucht haben gezeigt, daß diese Emotionen in die negative Richtung gehen. Sharpsteen (1991) nahm an, daß Eifersucht mehrere Emotionen wie Ärger, Trauer und Furcht einschließt. Im Gegensatz dazu ist viel weniger über die emotionalen Begleiterscheinungen von besitzergreifender Liebe bekannt. Wir nehmen an, daß Mania als Zustandsmerkmal sowohl mit positiven als auch mit negativen Emotionen gepaart ist. Wir erwarten, daß Mania positive Korrelationen mit positiven Emotionen wie Faszination und Begeisterung aufweist. Die negativen Emotionen, die mit Mania im Zusammenhang stehen, ergeben sich aus der Bindungstheorie und schließen Angst, Traurigkeit, Zurückweisung und Trübsal ein (Sharpsteen, 1991).

In der Untersuchung von Grau & Bierhoff (1994) wurden die Emotionen, die in einer Beziehung erlebt werden, durch eine deutsche Version des Frequency of Emotion-Index (Simpson, 1990) erfaßt. Die Befragten sollten angeben, wie häufig sie jede von 28 Emotionen in der Beziehung erlebten (von 1 für niemals bis 7 für sehr häufig). Der Frequency of Emotion-Index umfaßt 14 positive und 14 negative Adjektive. Die Ergebnisse einer Faktorenanalyse bestätigten die zweidimensionale Struktur der Emotions-Items in der Stichprobe von 61 Paaren. Nur das Adjektiv 'aufgeregt', das als eine positive Emotion gedacht war, wies eine unerwartete Ladung auf dem negativen Faktor von .40 auf, die höher war als die Ladung auf dem positiven Faktor (.32). Außerdem hatte das Adjektiv 'ruhig' eine sehr niedrige positive Ladung auf dem positiven Faktor und eine negative Ladung auf dem negativen Faktor, während das Adjektiv 'gelassen' keine substantiellen Ladungen auf den beiden Faktoren aufwies. Daher wurden diese drei Adjektive bei der Bildung des positiven Emotionsindex nicht berücksichtigt. Es wurden zwei intern konsistente Maße auf der Grundlage der Emotionsbeurteilungen konstruiert: positive und negative Emotionen. Verschiedene Studien (Warr, Barter & Brownbridge, 1983; Watson, Clark & Tellegen, 1988) weisen darauf hin, daß die Erfahrung von positiven und negativen Emotionen voneinander relativ unabhängig ist. In unserer Untersuchung korrelierten die beiden Skalen negativ mit $r = -.39$ ($p < .001$).

Ein erster Hinweis auf die emotionale Qualität der besitzergreifenden Liebe ergibt sich durch die Berechnung der Korrelation zwischen den Emotionsmaßen auf der einen Seite und der Skala Mania auf der anderen Seite. Diese Korrelationen von $r = .14$ und $r = .06$ waren für Männer nicht signifikant, während für Frauen Korrelationen von r = .32 (p < .05) und r = .09 gefunden wurden, die Korrelationen mit den positiven Emotionen fielen also höher aus als mit den negativen.

Im nächsten Schritt berechneten wir Korrelationen für jede einzelne Emotion. Diese sind in Tabelle 5.1 zusammengefaßt, die außerdem die partiellen Korrelationen enthält, bei denen die romantische Liebe konstantgehalten wird. Die Auspartialisierung der romantischen Liebe bedeutet, daß der Anteil der Varianz von Mania, der durch die Beschäftigung mit dem Partner aufgrund romantischer Attraktion zustande kommt, eliminiert wird. Die partiellen Korrelationen werfen Licht auf die Frage, wie Mania mit den Emotionen zusammenhängt, wenn die positive Komponente der besitzergreifenden Liebe, die durch die Überschneidung mit Eros charakterisiert ist, unberücksichtigt bleibt.

*Tabelle 5.1:* Korrelationen zwischen besitzergreifender Liebe und Emotionen (Daten nur für Frauen)

| | Korrelation | Partialkorrelation | | Korrelation | Partialkorrelation |
|---|---|---|---|---|---|
| ruhig | -.14 | -.14 | befriedigt | .11 | -.09 |
| ärgerlich | -.09 | -.10 | gereizt | -.15 | -.12 |
| aufgeregt | .16 | .04 | feindselig | -.25 | -.12 |
| zurückgewiesen | .20 | .16 | glücklich | .27 * | .17 |
| begeistert | .29 * | .18 | enttäuscht | .04 | .09 |
| überrascht | .17 | .16 | umsorgt | .27 * | .17 |
| traurig | .22 | .28 * | entzückt | .18 | .08 |
| schuldig | -.02 | .02 | niedergeschlagen | .12 | .18 |
| gebraucht | .17 | .10 | leidenschaftlich | .35 ** | .14 |
| gelassen | -.37 ** | -.41 ** | genervt | -.19 | -.15 |
| ängstlich | .34 ** | .26 | einsam | .05 | .10 |
| beunruhigt | .03 | .07 | zufrieden | .21 | .06 |
| eifersüchtig | .47 *** | .40 ** | empört | -.11 | -.18 |
| froh | .17 | .03 | optimistisch | .13 | -.03 |

Anmerkung. N = 61, * p < .05, ** p < .01, *** p < .001.

Die einfachen Korrelationen zeigen, daß der Zusammenhang der besitzergreifenden Liebe mit den Emotionen nur für Frauen signifikant wird. Daher enthält Tabelle 5.1 nur die Ergebnisse der Frauen. Dasselbe Korrelationsmuster ist auch bei Männern erkennbar, allerdings weniger ausgeprägt. Die signifikanten Korrelationen von Mania bei Frauen schließen 'begeistert', 'glücklich', 'umsorgt' und 'leidenschaftlich' ein. Diese Korrelationen unterstützen die Schlußfolgerung, daß besitzergreifende Liebe positiv mit einer Reihe von positiven Emotionen bei Frauen zusammenhängt. Außerdem hat das Adjektiv 'ängstlich' eine signifikant positive Korrelation mit Mania, was darauf hinweist, daß besitzergreifende Liebe auch emotionale Probleme anzeigt, die sich auf das Problem der Furcht vor Zurückweisung konzentrieren.

Schließlich korreliert das Adjektiv 'eifersüchtig' positiv mit besitzergreifender Liebe, womit die vorhergesagte Beziehung zwischen besitzergreifender Liebe und Eifersucht bestätigt wird (siehe Feststellung 1).

Die Ergebnisse ändern sich, nachdem die romantische Liebe kontrolliert worden ist. Die signifikanten Korrelationen zwischen besitzergreifender Liebe und positiven Emotionen verschwinden. In der Analyse der partiellen Korrelationen sind drei Emotionen signifikant: 'gelassen', 'traurig' und 'eifersüchtig'. Die Korrelation mit 'eifersüchtig' weist darauf hin, daß der Zusammenhang zwischen besitzergreifender Liebe und Eifersucht von der romantischen Liebe unabhängig ist. Die negative Komponente der besitzergreifenden Liebe ist auch mit Traurigkeit verbunden. Schließlich weist die signifikant negative Korrelation mit 'gelassen' darauf hin, daß die Restkomponente der besitzergreifenden Liebe einen Mangel an Gelassenheit umfaßt. Diese Ergebnisse bestätigen die Annahme, daß besitzergreifende Liebe sich zwar auf verschiedene Gefühlsqualitäten bezieht, aber die Restkomponente der besitzergreifenden Liebe (ohne Eros) unabhängig von den positiven Emotionen ist, während die Assoziationen mit negativen Emotionen - z.B. Traurigkeit - erhalten bleiben. Außerdem bleibt die starke Assoziation mit Eifersucht auch in der partiellen Korrelation stabil.

*Feststellung 5: Beziehungszufriedenheit*

Da besitzergreifende Liebe als Zustand einen Liebesstil darstellt, der sowohl von positiven als auch von negativen Emotionen begleitet wird, nehmen wir an, daß sie von der Beziehungszufriedenheit weitgehend unabhängig ist. In mehreren Studien ergaben sich keine Zusammenhänge. Davis und Latty-Mann (1987) berichteten eine Korrelation von r = .08 zwischen besitzergreifender Liebe und Beziehungszufriedenheit. In der Studie von Hendrick, Hendrick & Adler (1988) waren die Korrelationen mit der Zufriedenheit niedrig und sowohl für Männer als auch für Frauen nicht signifikant.

Grau & Bierhoff berichteten eine tendenziell positive Korrelation von r = .17 für Männer und r = .13 für Frauen zwischen Mania und Beziehungszufriedenheit. Auch diese Ergebnisse legen die Schlußfolgerung nahe, daß beide Merkmale weitgehend unabhängig voneinander sind. In einer früheren Studie (Bierhoff, 1991b) fand sich keine signifikante Korrelation. Mania scheint weder von Vorteil noch von Nachteil im Hinblick auf die Beziehungszufriedenheit zu sein.

Diese Schlußfolgerung wird unterstützt durch die Analyse der Daten auf Paarebene. In der Studie von Hendrick, Hendrick & Adler korrelierte die Mania-Skala der Männer mit r = .07 mit der Beziehungszufriedenheit der Frauen, während die Mania-Skalen der Frauen mit r = -.03 mit der Beziehungszufriedenheit der Männer zusammenhing. In der Studie von Grau & Bierhoff wurden die Ergebnisse bestätigt, wobei sich Korrelationen von r = -.07 für die Beziehungszufriedenheit der Frauen und r = -.06 für die Beziehungszufriedenheit der Männer fanden.

Außerdem nehmen wir an, daß der ängstlich-unsichere Bindungsstil ein negatives Korrelat der Beziehungszufriedenheit darstellt. Die Korrelationen, die in diesem Zusammenhang von Grau & Bierhoff (1994) berichtet wurden, sind zwar negativ, aber nur sehr gering (r = -.10 für Männer und r = -.16 für Frauen), während Davis & Latty-Mann (1987) eine signifikante Korrelation von r = -.18 für ihre Versuchsteilnehmer feststellten. In einer Studie mit einer verbesserten Skala zur ängstlich-ambivalenten *Bindungsdimension* (vgl. Kapitel 2) und einer differenzierten Zufriedenheitsskala von Simpson (1990) fand sich eine deutlich höhere Korrelation von r = -.47. Die Häufigkeit glücklicher Momente in der Partnerschaft (Hatfield, Walster & Traupmann, 1979) korrelierte mit der Angst in der Bindung zu r = -.30.

Weitherhin berichteten Collins & Read (1990) und Kirkpatrick & Davis (1994), daß der ängstlich-ambivalente Bindungsstil der Frauen mit geringer Beziehungszufriedenheit der Männer zusammenhängt. Grau & Bierhoff (1994) fanden eine entsprechende signifikante Korrelation von r = .37. Außerdem wird eine negative Assoziation zwischen der ängstlich-ambivalenten Bindung des Mannes und der Beziehungszufriedenheit der Frau in verschiedenen Studien deutlich (Collins & Read, 1990; Grau & Bierhoff, 1994). Insgesamt kann festgestellt werden, daß ein ängstlich-ambivalenter Bindungsstil in der Tendenz dazu beiträgt, daß die Beziehungszufriedenheit reduziert wird.

### *Zusammenfassung*

Ein Thema, das die Literatur zur besitzergreifenden Liebe durchzieht, besteht darin, daß Mania sowohl positive als auch negative Aspekte beinhaltet (Hendrick & Hendrick, 1992). Der positive Aspekt der besitzergreifenden Liebe scheint sich zumindest teilweise mit romantischer Liebe zu überschneiden. Unsere Analyse der emotionalen Korrelate weist darauf hin, daß Mania sowohl positive als auch negative Gefühlskorrelate aufweist (entsprechend der vierten Feststellung). Die weiteren Ergebnisse zeigen, daß der positive Aspekt von Mania aus der Komponente der romantischen Zuneigung stammt, die in romantischer und besitzergreifender Liebe gleichermaßen vorhanden ist. Mania kann teilweise als Spezialfall von Eros verstanden werden, da sie durch Liebe auf den ersten Blick, physiologische Erregung und sexuelles Interesse gekennzeichnet ist.

Wir haben zwischen einer situationalen und einer dispositionalen Quelle der besitzergreifenden Liebe unterschieden, indem wir auf die Trennung zwischen Zustandsmerkmalen und Eigenschaftsmerkmalen Bezug genommen haben. Die dispositionale Seite der besitzergreifenden Liebe, die durch den ängstlich-ambivalenten Bindungsstil dargestellt wird, scheint tief in den frühen Erfahrungen des Kindes mit primären Bezugspersonen verwurzelt zu sein (Hindy & Schwartz, 1994; Rothbard & Shaver, 1994). Dutton et al. (1994) argumentieren, daß Menschen, die durch einen ängstlich-ambivalenten oder furchtsamen Bindungsstil gekennzeichnet sind, sich durch chronische Angst vor Zurückweisung und Verlassenwerden in engen Beziehungen auszeichnen. Daher sollte der ängstliche Bindungsstil mit negativen Affekten wie Ärger in engen Beziehungen verbunden sein. Die Ergebnisse einer Untersuchung zur Aggression gegen Frauen belegen, daß der ängstlich-ambivalente Bindungsstil der Männer mit psychologischem Mißbrauch von Frauen in Zusammenhang steht. Diese Ergebnisse führen zu der Schlußfolgerung, daß das negative Modell des Selbst, das eine Basis des ängstlich-ambivalenten und des furchtsamen Bindungsstils zu sein scheint, mit Ärger über die Partnerschaft assoziiert ist und die Wahrscheinlichkeit der Aggression gegenüber einer Intimpartnerin erhöht.

Die Frage der divergierenden Ergebnisse für Mania und ängstlich-unsichere Bindung im Zusammenhang mit Beziehungszufriedenheit (siehe Feststellung 5) kann beantwortet werden, wenn berücksichtigt wird, daß Mania als Zustandsvariable von aktuellen Ereignissen abhängig ist. Im Gegensatz dazu sollte der ängstlich-unsichere Bindungsstil weniger durch alltägliche Ereignisse beeinflußt werden.

Andere Probleme bleiben bestehen. So ist z.B. weitere Forschung zur angenommenen Asymmetrie der Geschlechtsrollen notwendig (Frazier & Esterly, 1990). Stimmt besitzergreifende Liebe mit der Geschlechterrolle von Frauen überein, während sie mit der Geschlechterrolle von Männern weniger konsistent ist (vgl. Kapitel 3)? Oder ist der Ausdruck besitzergreifender Liebe bei Männern und Frauen unterschiedlich, während die grundlegende Motivation in beiden Geschlechtern die gleiche ist (wie wir vermuten)? Außerdem bleibt die Frage bestehen, welche Konsequenzen die Verletzung von geschlechtsspezifischen Rollenerwartungen im Hinblick auf besitzergreifende Liebe hat.

# 6. Gleich und gleich gesellt sich gern: Ähnlichkeit und Gegensätzlichkeit

Ähnlichkeit in engen Beziehungen ist in der Alltagserfahrung präsent. Partner haben häufig ähnliche Einstellungen zu politischen Fragen oder ähnliche Freizeitinteressen. Manchmal unterscheiden sie sich aber auch, z.B. wenn ein Partner mit dem Geld verschwenderisch umgeht und der andere eher sparsam ist.

Im folgenden wird das Thema Ähnlichkeit unter zwei Gesichtspunkten betrachtet:

- In bezug auf welche Merkmale sind sich Partner ähnlich? Oder ziehen sich auch Gegensätze an?
- Welche Auswirkungen hat Ähnlichkeit zwischen Partnern auf die Beziehung? Sind ähnliche Paare glücklicher? In welchen Merkmalen sollte man sich ähnlich sein, und in welchen ist Ähnlichkeit nicht wichtig?

## *6.1 Gleich und gleich gesellt sich gern*

Es gibt eine Reihe von Studien, nach denen Partner eines Paares in vielen Bereichen ähnlicher sind als Zufallspaare. Zunächst ist die Übereinstimmung groß in demographischen Merkmalen, wie Alter, Bildung, sozioökonomischer Status (Kandel, 1978).

Auch in der physischen Attraktivität ähneln sich sehr viele Paare, d.h. sehr attraktive Menschen haben meist auch attraktive Partner, während die weniger attraktiven unter sich bleiben (Price & Vandenberg, 1979). Außerdem wurde gezeigt, daß Ähnlichkeit besteht in Werten und Interessen (Johnson, 1989). Burleson & Denton (1992) untersuchten die Ähnlichkeit in der kognitiven Komplexität, d.h. ob man in einfachen oder komplizierten Strukturen denkt und redet. Auch dabei wurde Ähnlichkeit bei Paaren festgestellt.

Wie kommen diese Übereinstimmungen zustande? Mehrere Möglichkeiten sind zu unterscheiden (Mikula & Stroebe, 1991):

- Erstens ist eine gezielte Partnerwahl in dem Sinne „Gleich und gleich gesellt sich gern" möglich. Das würde bedeuten, daß man bei der Möglichkeit, zwischen einem ähnlichen und einem unähnlichen Partner frei zu wählen, den ähnlichen aktiv bevorzugt. So läßt sich erklären, warum Paare sich in der kognitiven Komplexität ähneln. Jemand, der zur Vereinfachung neigt, versteht sich besser mit jemandem, der die gleiche Neigung hat. Ein komplex denkender Mensch findet Gespräche mit einem in einfachen Strukturen denkenden Menschen unergiebig, während er von letzterem als Haarspalter empfunden wird. Auch wenn kognitive Komplexität als Bestandteil von Intelligenz eigentlich ein erwünschtes Merkmal darstellt, ist es nicht für jeden gleichermaßen attraktiv. Man sucht sich Menschen, mit denen man so reden kann, daß die Gespräche angenehm und erfreulich sind (Burleson & Denton, 1992).
- Walster et al. (1966) testeten die Hypothese, daß sich Partner von ähnlicher physischer Attraktivität anziehen. Sie ließen eine Reihe von Studenten und Studentinnen durch Beurteiler auf ihre Attraktivität hin einschätzen und organisierten einen Tanzabend, bei dem Paare mit ähnlicher und unähnlicher Attraktivität zusammengestellt wurden. Nach dem Tanzabend wurde überprüft, ob sich ähnlich attraktive Paare mehr mochten als unähnliche und ob sie nach 6 Monaten noch Kontakt hatten. Die Erwartung wurde nicht bestätigt. Statt dessen wurden die attraktiven Personen generell am meisten gemocht. Damit wird eine zweite Möglichkeit angesprochen, vorhandene Ähnlichkeit zu erklären, die darin besteht, daß sich zwar jeder den optimalen Partner wünscht, aber „nur" den bekommt, der ihm ähnlich ist. Dieser Gedanke stammt aus der Equity-Theorie (vgl. Kapitel 7), nach der jeder den Partner bekommt, den er „verdient". Jemand, der selbst nur mäßig attraktiv ist, hat auf dem „Partnerschaftsmarkt" keine Chance auf einen sehr attraktiven Partner.
- Eine dritte Erklärung besagt, daß sich unähnliche Personen gar nicht erst kennenlernen. Ein großer Teil von Beziehungen wird im Arbeitsbereich oder bei Freizeitaktivitäten begonnen. Damit ergeben sich automatisch Ähnlichkeiten in der Berufssparte bzw. in den Freizeitinteressen. Studenten z.B. kennen sehr viele andere Studenten und Leute, die studiert haben, aber vergleichsweise wenige Auszubildende oder ungelernt Beschäftigte. Damit erklären sich die Übereinstimmungen in der Bildung und teilweise auch im sozioökonomischen Status.

- Eine letzte Erklärung bezieht sich auf die Verträglichkeit. Es ist denkbar, daß sich zwar unähnliche Paare bilden, sich aber schnell wieder trennen, weil sie nicht miteinander auskommen. Das kann vor allem bei den Merkmalen auftreten, die man nicht sofort bemerkt, z.B. bei Einstellungen und Wertvorstellungen, die erst im Laufe der Beziehung offenbar werden und dann an Wichtigkeit zunehmen. Auch die möglicherweise erhöhte Trennungsrate unähnlicher Paare trägt zu der Erklärung bei, warum in den untersuchten Stichproben die ähnlichen Paare dominieren.

Es kann kein Zweifel daran bestehen, daß in romantischen Partnerschaften keine Zufallszuteilung der Partner stattfindet. Vielmehr finden sich systematische Beziehungen zwischen den Eigenschaften und Fähigkeiten der beiden Partner. Es findet eine assortative Partnerwahl (assortative mating) statt, worunter allgemein jede systematische Abweichung von einer Zufallspaarung verstanden wird (Vandenberg, 1972). Im folgenden wenden wir uns zunächst der Frage zu, ob die Ähnlichkeit unter den Partnern eines Paares nur durch die Tatsache bestimmt wird, daß in der Anfangsphase der Beziehungsentwicklung eine Auswahl nach Ähnlichkeit stattfindet, so daß unähnliche Personen sich entweder von Anfang an aus dem Weg gehen oder sich aber nach kurzer Zeit trennen. Eine andere Möglichkeit besteht darin, daß die Ähnlichkeit unter den Partnern zunimmt, je länger die Beziehung dauert. Diese Annahme geht davon aus, daß sich die Partner gegenseitig so beeinflussen, daß sie sich ähnlicher werden.

In einer Längsschnittstudie über 7, 14 und 21 Jahre (Gruber-Baldini, Schaie & Willis, 1995) wurde überprüft, ob die Ähnlichkeit von Ehepartnern über die Zeit zunimmt. Diese Analyse wurde im Bereich von Intelligenzaspekten und Persönlichkeitsmerkmalen wie Rigidität und Flexibilität durchgeführt. Es zeigte sich von vornherein, daß Alter und Bildung zwischen den Partnern hoch korreliert sind. Daher wurden die Einflüsse dieser beiden Faktoren in einigen Analysen kontrolliert.

Generell läßt sich feststellen, daß im Bereich von Intelligenzfaktoren eine deutliche Tendenz zur Ähnlichkeit vorliegt. Das gilt mehr für Wortverständnis und schlußfolgerndes Denken als für räumliche Vorstellung und den Umgang mit Zahlen. Auch im Bereich der Flexibilität manifestierte sich eine deutliche Ähnlichkeitstendenz. Diese Ähnlichkeiten waren zum ersten Meßzeitpunkt niedriger als zu späteren Meßzeitpunkten. Das bedeutet, daß über die Zeit eine weitere Angleichung der Partner stattfindet. Dabei läßt sich nicht sagen, daß sich das eine oder das andere Geschlecht stärker verändert oder daß die Intelligenteren mehr Einfluß ausüben als die weniger Intelligenten.

Wenn Bildung und vor allem Alter kontrolliert werden, bleibt die Ähnlichkeitstendenz bestehen. Sie wird aber abgeschwächt, und der Zuwachs über die Zeit wird weniger deutlich. Das deutet darauf hin, daß der Zuwachs an Ähnlichkeit z.T. über das Alter und somit über die damit hoch korrelierte Dauer der Beziehung vermittelt wird. Diese Ergebnisse verweisen auf die gegenseitige Auswahl der Partner als einen Beitrag zur Strukturierung der eigenen Umwelt. Außerdem kann festgestellt werden, daß die Auswahl des Ehepartners langfristig einen deutlichen Effekt auf die Entwicklung der eigenen kognitiven Fähigkeiten ausübt.

### *6.2 Gegensätze ziehen sich an*

Vor einigen Jahren erreichte eine Aufnahme von Paula Abdul mit dem Titel „Opposites attract“ die Nummer 1 der amerikanischen Charts. Die Ansicht, daß Gegensätze sich anziehen, ist weit verbreitet. In der sozialpsychologischen Forschung hat diese Meinung aber so gut wie keine Bestätigung gefunden.

Die Theorie der komplementären Bedürfnisse von Winch (1958) besagt, daß sich Partner aufgrund komplementärer Bedürfnisse wie zum Beispiel Dominanz-Unterordnung oder Fürsorglichkeit-Fürsorgebedürfnis einander zuwenden. Diese Theorie konnte nicht empirisch unterstützt werden. Nur im Bereich von Geschlechtsrollenorientierungen gibt es vereinzelte Hinweise auf Komplementarität (D'Agostino & Day, 1991; Seyfried & Hendrick, 1973). In Laborstudien mit fiktiven Fremden wurde gezeigt, daß Männer, die selbst eine männliche Geschlechtsrollenorientierung haben, weiblich orientierte Frauen mögen und umgekehrt. In anderen Studien wurden aber keine entsprechenden Effekte (McCutcheon, 1988) oder sogar gegenteilige Effekte aufgezeigt (Antill, 1983).

Komplementarität kann auch verstanden werden als Wahl eines Partners, der wünschenswerte Eigenschaften besitzt, die man selbst nicht hat. Mathes und Moore (1985) wiesen nach, daß eine fiktive Person des anderen Geschlechts dann gemocht wird, wenn deren Eigenschaften dem Ich-Ideal der Versuchsperson entsprechen. Nur wenn das eigene Selbstbild dem eigenen Ich-Ideal entspricht, resultiert ein Zusammenhang zwischen realer Ähnlichkeit und Attraktion. Bei Personen mit niedrigem Selbstwertgefühl hängt das romantische Interesse für einen Partner nicht von der Ähnlichkeit mit den eigenen Merkmalen ab, sondern von der Ähnlichkeit mit dem Ich-Ideal. Mit realen Freundschaftsbeziehungen wurde dieses Ergebnis von LaPrelle et al. (1990) bestätigt. Dies ist einer der wenigen sozialpsychologischen Hinweise auf Komplementarität.

Dagegen wird in der tiefenpsychologischen Literatur häufig über gegensätzliche Paare berichtet. Der Unterschied zwischen tiefenpsychologischer und sozialpsychologischer Forschungsstrategie liegt zum einen darin, daß in ersterer häufig Einzelfallstudien berichtet werden. Wenn sich viele Paare sich in irgendeinem Merkmal widersprechen, der Gegensatz aber bei jedem Paar woanders liegt, findet man überwiegend Gleichheit, wenn man eine Variable bei vielen Paaren untersucht, findet aber Gegensätzlichkeit, wenn man einzelne Paare direkt danach fragt. Zum anderen stammen die Beobachtungen von Tiefenpsychologen häufig aus der klinischen Praxis, so daß man einen erhöhten Anteil gegensätzlicher Eigenschaften bei problembelasteten Paaren vermuten kann.

Riemann (1986) beschreibt eine erhöhte Anziehung zwischen depressiv und schizoid orientierten Personen (ebenfalls zwischen zwanghaften und hysterischen Personen). Depressive haben eine tief verwurzelte Angst vor Autonomie und Trennung, während Schizoide starke Bindungsängste zeigen sowie Bedenken, in Beziehungen ihre persönliche Freiheit und Selbstbestimmung aufzugeben. Willi (1975) beschreibt eine häufig beobachtbare Ungleichheit der Paare in der äußerlich beobachtbaren Macht. Einer der Partner scheint für andere sichtbar die meisten Entscheidungen zu treffen, mehr zu reden und sich mehr darzustellen (progressiv), während der andere Partner als untergeordnet und kindhafter erscheint (regressiv). Der regressive Partner wirkt abhängiger von der Partnerschaft, mehr auf den Partner orientiert und sucht die Nähe des Partners, während der progressive selbständiger erscheint und Distanz sucht. Weitere Beziehungsthemen, die die Entwicklung von Unausgewogenheit begünstigen, sind Selbstaufgabe und Individualität, umsorgen und sich umsorgen lassen, Führung und passive Abhängigkeit sowie Bewunderung und Darstellung als männlich stark.

Denkbar ist, daß gestörte Personen einen gegensätzlichen Partner wählen, während seelisch gesunde Personen Ähnlichkeit bevorzugen, aber auch, daß die Gegensätzlichkeit selbst Störungen in der Beziehung verursacht, mit denen die Paare dann in einer psychologischen Praxis vorstellig werden. Speziell im Nähe-Distanz-Verhalten kann sich eine anfänglich nur geringe Unähnlichkeit in eine Komplementarität ausdehnen, in der ein Partner die Rolle des Nähesuchenden und der andere die des Distanzsuchenden innehat. Je mehr der eine Partner den anderen bedrängt, desto mehr zieht sich dieser zurück. Je mehr er sich zurückzieht, desto mehr wird er bedrängt (Willi, 1975; Delis & Philipps, 1992; Scarf, 1989). Ursachen für eine solche Entwicklung können Persönlichkeitsmerkmale sein, die schon vor Beginn der Partnerschaft bestanden haben (Einzelgänger geraten häufig in die Position des Distanzsuchers), das Geschlecht (Frauen suchen häufig mehr Nähe als Männer), Lebensereignisse (ein Partner, der z.B. durch Arbeitslosigkeit akut belastet ist, braucht mehr Nähe oder geht - je nach Persönlichkeit - auf Distanz), Ereignisse in der Beziehung (ein Partner, der Grund zur Eifersucht hat, klammert sich an die Beziehung) oder Unterschiede in der Anziehungskraft (der attraktivere und beliebtere Partner ist weniger von der Beziehung abhängig und gerät in die Distanz-Position).

Zusammenfassend läßt sich sagen, daß in sozialpsychologischen Untersuchungen regelmäßig eine große Ähnlichkeit aufgefunden wird. Bei problembelasteten Paaren wird eher Komplementarität beobachtet. Dabei gleichen sich die komplementären Partner jedoch in dem Thema, das sie beschäftigt. Paare ähneln sich im Grad der seelischen Gesundheit, wenn aber die Partnerschaft problembelastet ist, agieren sie ihr gemeinsames Beziehungsthema häufig auf gegensätzliche Weise aus. Eine Überprüfung dieser Annahme anhand der Bindungstheorie wird in Box 6.1. dargestellt.

*Box 6.1:* Bindung, Ähnlichkeit, und Komplementarität: Eine Studie an Paaren

Die Bindungstheorie (s. Kapitel 2) bietet einen guten Ansatzpunkt, um zu überprüfen, ob sich Paare in der Bindungssicherheit gleichen und im Falle der Unsicherheit Komplementarität auftritt. Unterscheidet man zwischen sicher, ängstlich-ambivalent, gleichgültig-vermeidend und ängstlich-vermeidend gebundenen Personen, läßt sich eine Rangreihe der seelischen Gesundheit aufstellen:

- Sichere Personen suchen Nähe und fühlen sich geliebt, sie haben die glücklichsten Beziehungen.
- Ängstlich-ambivalente Personen befürchten stets Ablehnung oder Trennung, haben aber keine Defizite im Zeigen ihrer Nähewünsche.
- Gleichgültig-vermeidende erleben wenig Nähe zum Partner, haben aber nicht das Problem, sich vom Partner abgelehnt zu fühlen. Ängstlich-ambivalente und gleichgültig-vermeidende Personen zeigen ein ähnliches Maß an seelischer Gesundheit, das erheblich niedriger liegt als bei den sicheren.
- Ängstlich-vermeidende Personen zeigen das niedrigste Maß an seelischer Gesundheit, sie können weder selbst Nähe herstellen noch die fehlende Nähe durch Betonung ihres Autonomiegefühls kompensieren, sondern vermissen das Gefühl, vom Partner geliebt zu sein.

Wenn man davon ausgeht, daß sich Paare in der seelischen Gesundheit ähneln, müßten folgende Paarkonstellationen überzufällig häufig auftreten:

1. Beide Partner sind sicher,
2. beide Partner sind ängstlich-ambivalent oder gleichgültig-vermeidend,
3. beide Partner sind ängstlich-vermeidend.

Eine zweite Hypothese bezieht sich darauf, daß unsichere Paare mit gleichem Niveau an seelischer Gesundheit ihre Unsicherheit gegensätzlich ausleben. Ängstlich-ambivalente vermeiden Distanz, gleichgültig-vermeidende vermeiden Nähe. Daher müßte außerdem folgende Paarkonstellation besonders häufig auftreten:

4. Ein Partner ist ängstlich-ambivalent, der andere gleichgültig-vermeidend.

Um diese Annahmen zu überprüfen, klassifizierten wir die Personen aus 175 Paaren in die vier Bindungsstile (Grau, 1997a). Die Befragten waren zur Hälfte berufstätig und zur Hälfte Studenten. Sie waren zwischen 18 und 61 Jahren alt (Mittelwert 28 Jahre), ihre Beziehungen dauerten zwischen 2 Monaten und 36 Jahren (Mittelwert 2,5 Jahre). Sie beantworteten den Bindungsfragebogen von Grau (1994).

Tabelle 6.1 zeigt die Paarkonstellationen im Vergleich zu den bei Unabhängigkeit des männlichen und weiblichen Bindungsstils erwarteten Häufigkeiten (in Klammern). Die erwarteten Konstellationen stellen sich als besonders häufig heraus, sichere mit sicheren, ängstlich-ambivalente mit gleichgültig-vermeidenden und ängstlich-vermeidende mit ängstlich-vermeidenden. Der signifikante Chi-Quadrat-Wert zeigt, daß es nicht zufällig ist, welche Paare zusammen sind, sondern daß die Bindungsstile innerhalb der Paare systematisch zusammenhängen. Somit können wir die Frage nach der Ähnlichkeit in den Bindungsrepräsentationen damit beantworten, daß Ähnlichkeit in der Bindungssicherheit besteht. Sind Paare aber unsicher gebunden, läßt sich Komplementarität beobachten.

*Tabelle 6.1:* Zusammenhang der Bindungsstile innerhalb der Paare

| Mann \ Frau | sicher | ängstlich-ambivalent | gleichgültig-vermeidend | ängstlich-vermeidend | *Summe* |
|---|---|---|---|---|---|
| sicher | 60 (42) | 9 (16) | 11 (15) | 3 (11) | 83 |
| ängstlich-ambivalent | 10 (15) | 4 (6) | 11 (5) | 4 (4) | 29 |
| gleichgültig-vermeidend | 13 (19) | 15 (7) | 4 (7) | 6 (5) | 38 |
| ängstlich-vermeidend | 5 (13) | 5 (5) | 5 (4) | 10 (3) | 25 |
| *Summe* | 88 | 33 | 31 | 23 | 175 |

Anmerkung. In Klammern die bei Unabhängigkeit erwarteten Häufigkeiten.
Pearson $Chi^2(9) = 56.2$, $p < .001$.

## *6.3 Die Bedeutung von Ähnlichkeit für die Entstehung von Sympathie und für den Beziehungserfolg*

Der Zusammenhang zwischen Ähnlichkeit und einer positiven Beurteilung derjenigen Person, die einem ähnlich ist, ist hinreichend bestätigt: Eine Person, die ähnliche Einstellungen wie der Beurteiler hat, wird positiver beurteilt als eine Person, die unähnliche Einstellungen hat. Die meisten Untersuchungen beziehen sich auf fiktive Personen, von denen man nur weiß, daß sie eine ähnliche oder unähnliche Einstellung zu bestimmten Themen haben wie man selbst (Byrne & Nelson, 1965). Bei diesen Studien werden Personen nach ihren Einstellungen befragt, dann werden ihnen Fragebögen vorgelegt, die angeblich ein anonymer Fremder ausgefüllt hat. Diese werden so konstruiert, daß sie den Antworten der Versuchsperson ähnlich oder unähnlich sind. Die daraufhin eingeschätzte Sympathie für den Fremden hängt in hohem Maße von der Einstellungsähnlichkeit ab. Wenn allerdings jede andere Information über diese Person fehlt, kann man sein Urteil nur auf der Grundlage der Ähnlichkeit fällen, so daß deren Bedeutung vermutlich überschätzt wird. Man kann an den Studien mit künstlichen Situationen kritisieren, daß sie bestenfalls etwas über die Entstehung von Sympathie beim ersten Eindruck aussagen, nicht aber auf langjährige Partnerschaften übertragbar sind. Jedoch ist zu bedenken, daß in der Regel der erste Eindruck bereits wesentlich zu der Entscheidung beiträgt, ob es überhaupt zu weiteren Kontakten und dem Aufbau einer engeren Beziehung kommt.

In diesem Zusammenhang sind vor allem Studien interessant, in denen romantische Paare untersucht wurden (Burleson & Denton, 1992; Hassebrauck, 1990). Sowohl in der kognitiven Komplexität als auch in Freizeitinteressen und Einstellungen hängt Ähnlichkeit mit der Beziehungszufriedenheit zusammen. Burleson und Denton erklären die attraktionsfördernde Wirkung der Ähnlichkeit in der kognitiven Komplexität damit, daß sie erfreuliche Interaktionen fördert. Dazu muß einem weder das eigene Ausmaß an kognitiver Komplexität noch die Ähnlichkeit zum Partner bewußt sein, sondern nur, daß der Kontakt mit der ähnlichen Person Freude bringt. Ähnlichkeit in Freizeitinteressen und Hobbys ermöglicht gemeinsame Unternehmungen und wirkt direkt beziehungsfördernd. Die positive Wirkung von Einstellungsähnlichkeit wird von Byrne (1971) damit erklärt, daß die Wahrnehmung, daß jemand anderes die gleiche Einstellung wie man selbst vertritt, belohnend wirkt. Da Einstellungen nicht objektiv sind, bestätigt eine andere Person durch dieselbe Einstellung deren Richtigkeit. Da sich Partner mit vielen ähnlichen Einstellungen im wahrsten Sinne des Wortes gut verstehen, kommen sie wahrscheinlich auch gut miteinander aus.

Rosenbaum (1986) betont dagegen, daß Unähnlichkeit zu einer Zurückweisung führt. Das bedeutet, daß man nicht deshalb mit ähnlichen Personen zusammen ist, weil man diese auswählt, sondern weil man die unähnlichen ablehnt. Die Verstärkungshypothese und die Zurückweisungshypothese schließen sich nicht gegenseitig aus. Möglicherweise spielen sie zu verschiedenen Zeitpunkten des Kennenlernens in Freundschaften und Partnerschaften eine Rolle. In einem ersten Schritt werden aus dem Kreis der potentiellen Partner diejenigen mit unähnlichen Einstellungen zurückgewiesen. In einem zweiten Schritt werden die Personen für den Aufbau enger Beziehungen ausgewählt, die durch ähnliche Einstellungen verstärkend wirken.

Ein weiterer wichtiger Grund dafür, daß man Personen mag, die eine ähnliche Einstellung wie man selbst vertreten, liegt darin, daß man auch von ihnen Sympathie erwartet. Der Zusammenhang zwischen Ähnlichkeit und Attraktion sinkt unter die Signifikanzgrenze, wenn man den Grad der Sympathie konstant hält, die man von der Zielperson antizipiert (Condon & Crano, 1988).

Nicht nur die Ähnlichkeit fördert die Attraktion, sondern umgekehrt fördert das Mögen einer Person auch die Beurteilung der Ähnlichkeit. LaPrelle et al. (1990) manipulierten das Mögen einer Person durch ein fiktives positives oder negatives Statement dieser Person nach einem kurzen Gespräch. Personen, die angeblich eine freundliche Einschätzung der Versuchsperson geäußert hatten, wurden in verschiedenen Bereichen ähnlicher beurteilt. In solchen Studien wird die Ähnlichkeit nicht als unabhängige Variable behandelt, die irgend etwas anderes vorhersagen soll, sondern als abhängige Variable, die aus etwas anderem folgt. Wahrgenommene Ähnlichkeit bewirkt nicht nur die Attraktion, sondern folgt auch aus ihr. Somit vermuten wir oft bei Personen, die wir mögen, daß sie uns ähnlicher sind, als sie es tatsächlich sind. In einer Studie von Bierhoff, Grau & Ludwig (1993a) konnten wir zeigen, daß die Einstellungsähnlichkeit mit dem Partner in allen untersuchten Merkmalen drastisch überschätzt wurde.

Hassebrauck (1990) befragte Paare nach ihren Einstellungen zu Themen wie Hausarbeit, Eifersucht, Pünktlichkeit, Geld, Emanzipation, Politik u.a. Die Befragten sollten außerdem den Fragebogen so ausfüllen, wie sie dachten, daß ihr Partner antworten werde. Damit lassen sich die tatsächliche und die subjektiv wahrgenommene Ähnlichkeit unterscheiden. Außerdem kann man ein Maß daraus ableiten, wie gut sich die Partner gegenseitig kennen. In dieser Studie wurde festgestellt, daß die subjektiv wahrgenommene Einstellungsähnlichkeit wichtiger für die momentane Beziehungsqualität ist als die tatsächliche. Anders sieht das jedoch in der langfristigen Perspektive aus. Wir untersuchten die tatsächliche und wahrgenommene Ähnlichkeit in den Einstellungen zur romantischen Liebe und Bindungsbereitschaft und erfragten ein Jahr später das Glück in der Beziehung. Dabei wurde auch die tatsächliche Ähnlichkeit bedeutsam. Bei der Vorhersage, welche Paare sich nach einem Jahr getrennt hatten und welche noch zusammen waren, wurden nur die tatsächliche Ähnlichkeit und das gegenseitige gute Kennen der Partner signifikant (Grau & Bierhoff, 1998). Kurzfristig genügt eine wahrgenommene Ähnlichkeit, die vielleicht in Wirklichkeit nicht vorhanden ist, um sich glücklich zu fühlen. Damit die Beziehung stabil bleibt, müssen sich die Partner tatsächlich ähnlich sein.

*Wann ist Ähnlichkeit besonders wichtig?*

Bei welchen Merkmalen ist es besonders wichtig, daß sich Paare ähnlich sind? Die Antwort auf diese Frage hängt von der Dauer der Beziehung ab. Zu Beginn des Kennenlernens erfährt man viel über die Meinungen und Einstellungen des Partners, während man länger braucht, um etwas über seine Persönlichkeitsstruktur zu erfahren. Dementsprechend stellten Neimeyer und Mitchell (1988) fest, daß zu Beginn einer Beziehung besonders die Einstellungsähnlichkeit mit Attraktion zusammenhängt, in späteren Phasen Ähnlichkeiten der Persönlichkeit und der kognitiven Struktur, Merkmale also, die erst bei näherer Bekanntschaft offenbar werden. Je subtiler ein Merkmal ist, desto später im Prozeß des Kennenlernens wird dessen Ähnlichkeit bedeutsam (Neimeyer & Neimeyer, 1983). Verschiedene Ähnlichkeitsbereiche hängen auch mit verschiedenen positiven Bewertungen der Zielperson zusammen. Während Ähnlichkeit von Einstellungen Respekt und eine positive intellektuelle Beurteilung auslöst, bewirkt Ähnlichkeit von Freizeitinteressen eher Mögen bzw. eine positive soziale Beurteilung (Lydon et al., 1988).

Man kann davon ausgehen, daß die Bereiche, in denen Ähnlichkeit wichtig ist, von Paar zu Paar unterschiedlich sind, weil sie von der persönlichen Bedeutsamkeit abhängen. Wenn wir wissen, daß ein Mann gerne Tennis spielt, seine Partnerin jedoch nicht, wissen wir noch nichts darüber, ob es ihm wichtig ist, das mit seiner Partnerin gemeinsam zu tun. Er kann seinem Hobby mit anderen Bekannten nachgehen, er kann aber auch endlose Streitereien mit seiner Partnerin über die Unterschiedlichkeit in den Interessen führen. Wenn wir wissen, daß sich eine Frau in einer politischen Partei engagiert, wissen wir ebenfalls nichts darüber, ob es ihr wichtig ist, daß ihr Partner die damit verbundene Einstellung oder das Engagement teilt. Da die Bedeutsamkeit von Eigenschaften individuell variiert, streiten manche Paare über Dinge, die anderen unwichtig erscheinen (z.B. die vielzitierte Zahnpastatube), während andere glücklich zusammenleben, die nach außen hin in wichtigen Einstellungen oder in der Persönlichkeitsstruktur so gegensätzlich erscheinen, daß sich jeder fragt, wie ein solches Paar zusammen sein kann. Den Nachweis dafür, daß der Zusammenhang zwischen Ähnlichkeit und Attraktion von der Wichtigkeit des erfragten Themas abhängt, führten Leitner und Klion (1986), die zeigten, daß Personen Unähnlichkeit in für sie unwichtigen Merkmalen tolerieren können.

In welchen Bereichen Ähnlichkeit wichtig ist, kann neben der subjektiven Bedeutsamkeit des Bereichs auch von Persönlichkeitsmerkmalen abhängen. Personen unterscheiden sich in der Selbstbeobachtung, dem sogenannten Selfmonitoring (Snyder, 1974). Niedrige Selfmonitorer reden und handeln ihren Einstellungen entsprechend, während hohe Selfmonitorer je nach Situation ihren Gesprächspartnern nach dem Mund reden und ihre Meinung chamäleonartig zu ändern scheinen. Sie versuchen sich immer positiv darzustellen und durch Anpassung einen guten Eindruck zu machen. Auch bei der Partnerwahl achten sie darauf, daß der Partner „vorzeigbar" ist. Ihnen ist physische Attraktivität sehr wichtig, während niedrige Selfmonitorer mehr auf Charaktereigenschaften des Partners achten (Glick, 1985; Bierhoff & Grau, 1993). Auch in der Ähnlichkeit haben hohe und niedrige Selfmonitorer unterschiedliche Vorlieben: Niedrige Selfmonitorer fühlen sich von einer fiktiven Person angezogen, wenn diese ihnen in den Einstellungen ähnelt, hohe Selfmonitorer mögen Personen, die ihnen in den Freizeitinteressen ähnlich sind (Jamieson et al., 1987).

Insgesamt läßt sich feststellen, daß Ähnlichkeit in den Interessen, Einstellungen und in der Persönlichkeit grundsätzlich positiv mit der Beziehungsqualität zusammenhängt, aber die Größe dieses Zusammenhangs von Person zu Person und von Merkmal zu Merkmal individuell variiert. Wir vermuten aber, daß es ein Merkmal gibt, in dem Ähnlichkeit vorhanden sein sollte, nämlich in dem, was man von der Beziehung erwartet. Jemand, der eine Affäre für eine Nacht sucht, sollte sich keinen Partner suchen, der heiraten und Kinder bekommen möchte. Beim Ausmaß der Bindungsbereitschaft und der Zeitperspektive in der Gestaltung der Partnerschaft erscheint es uns nahezu unmöglich, daß Unähnlichkeit toleriert werden kann. Zu dieser Frage wird in Box 6.2 Stellung genommen.

*Box 6.2:* Ähnlichkeit in der Bindungsbereitschaft

Den Zusammenhang zwischen der Ähnlichkeit in der Bindungsbereitschaft und der Stabilität der Beziehung zeigten wir in einer Studie (Grau & Bierhoff, 1998), in der wir 130 Paare im Alter zwischen 19 und 51 Jahren (MW=29 J.) befragten, deren Partnerschaften im Durchschnitt 5 Jahre andauerten. Die Stichprobe bestand etwa je zur Hälfte aus Studenten und Erwerbstätigen. Die Paare wurden mit einem Fragebogen von Lund (1985) unter anderem nach ihrer Bereitschaft gefragt, ihre Beziehung dauerhaft zu gestalten. Ein Jahr nach der Erstbefragung erfuhren wir von 8 Paaren, daß sie sich inzwischen getrennt hatten, und von 106 weiterhin zusammenlebenden Paaren. Die Ähnlichkeit in der Bindungsbereitschaft zum ersten Meßzeitpunkt wurde ermittelt, indem die absoluten Differenzen zwischen Mann und Frau in jedem Item zu einem Gesamtwert addiert wurden. Je kleiner dieser Differenzwert ist, desto größer ist die Ähnlichkeit. Die getrennten Paare hatten zum ersten Meßzeitpunkt eine mittlere Differenz von 12.9 Skalenpunkten, die Paare, die zusammengeblieben waren, eine Differenz von 7.7 Punkten. Der Unterschied ist signifikant; $F(1,112) = 8.3$, $p < .01$. Die stabilen Partnerschaften wiesen also eine größere Ähnlichkeit in der Bindungsbereitschaft auf. Wir untersuchten auch die Auswirkung der Ähnlichkeit in anderen Merkmalen, in den Liebesstilen nach Lee (1976) mit einem Fragebogen von Bierhoff, Grau & Ludwig (1993c), in der kommunalen Orientierung nach Clark & Mills (1979), d.h. die Bereitschaft, dem Partner zu helfen und bei ihm Unterstützung zu suchen, mit einem Fragebogen von Güttler und Karger (1989), und im Ausmaß des Investments, d.h. wie stark man sich in der Partnerschaft engagiert, mit einem Fragebogen von Lund (1985).

Wir stellten fest, daß die Ähnlichkeit in der Bindungsbereitschaft besser die Stabilität der Partnerschaft vorhersagen konnte als jede andere untersuchte Variable. Außerdem untersuchten wir die Höhe der Ähnlichkeiten in den untersuchten Merkmalen, indem wir die Angaben des Mannes und der Frau miteinander korrelierten. Tabelle 6.2 zeigt diese Korrelationen. Die Ähnlichkeit in der Bindungsbereitschaft ist von allen Merkmalen am größten, allerdings ist der Unterschied zur nächstkleineren Ähnlichkeit (Agape) nicht signifikant ($z=1.14$). Da die Ähnlichkeit in der Bindungsbereitschaft besonders groß und besonders bedeutsam für die Beziehungsstabilität ist, nehmen wir an, daß sich Paare, die unterschiedliche Vorstellungen über die Zeitperspektive der Beziehung haben, gar nicht erst zusammenfinden bzw. sich bevorzugt wieder trennen. Wir schließen daraus, daß eine Übereinstimmung in der Zukunftsperspektive der Partnerschaft entscheidend zum Beziehungserfolg beiträgt.

*Tabelle 6.2:* Korrelationen zwischen den Angaben des Mannes und der Frau: Ähnlichkeit

| | | | |
|---|---|---|---|
| Eros | .47 *** | Agape | .56 *** |
| Ludus | .38 *** | Hilfe suchen | .09 |
| Storge | .06 | Hilfe geben | .28 ** |
| Pragma | .38 *** | Bindungsbereitschaft | .65 *** |
| Mania | .31 *** | Investment | .48 *** |

Anmerkung. ** $p < .01$, *** $p < .001$.

*Zusammenfassung*

Sozialpsychologische Untersuchungen mit überwiegend zufriedenen Paaren ergeben übereinstimmend, daß ähnliche Partner häufiger zusammen sind als unähnliche. Möglicherweise spielt die Ähnlichkeit bereits bei der Partnerwahl eine Rolle, vielleicht lernen sich unähnliche Personen häufig gar nicht erst kennen, vielleicht ist die

Trennungsrate bei unähnlichen Paaren besonders hoch. Beobachtungen aus der klinischen Praxis zeigen, daß problembelastete Paare häufig ihr gemeinsames Problem in gegensätzlicher Weise ausleben. Das gleichzeitige Auftreten von Ähnlichkeit und Komplementarität läßt sich anhand der Bindungsstile verdeutlichen. Partner gleichen sich in der Bindungssicherheit; sind sie aber unsicher, sind Personen, die nach Nähe streben, häufig mit Personen zusammen, die nach Distanz streben.

Ähnlichkeit ist bei flüchtigen Kontakten wichtig für die Entstehung von Sympathie. Bei engen Beziehungen ist sie bedeutsam für die Beziehungsqualität. Dabei kommt es besonders auf die Aspekte an, die den jeweiligen Partnern wichtig sind. Besonders wichtig ist die Ähnlichkeit in der Bindungsbereitschaft. Personen, die von einer Langzeitperspektive in ihrer Beziehung ausgehen, leben natürlich selten mit Personen in einer Partnerschaft, die nur eine kurze Affäre anstreben. Die Ähnlichkeit in diesem Merkmal kann die Stabilität der Beziehung vorhersagen.

## 7. Wie du mir, so ich dir: Austauschbeziehungen und Equity-Theorie

Die Equity-Theorie befaßt sich damit, wann es in einem sozialen Kontakt gerecht zugeht und wann nicht. Eine weitere Frage lautet: Welche Reaktionen treten auf, wenn eine Person Ungerechtigkeiten feststellt? Die Equity-Theorie läßt sich auf Geschäftsbeziehungen, Bekanntschaften und Nachbarschaftskontakte anwenden. Walster, Walster & Berscheid (1978) gehen davon aus, daß man die Equity-Theorie auf das Erleben in Partnerschaften übertragen kann.

Im folgenden wird der Begriff *Ausgewogenheit* synonym mit *Equity* verwendet. Aus Gründen des Sprachflusses verwenden wir auch den Begriff *Gerechtigkeit*, auch wenn Equity nicht das einzige Gerechtigkeitsprinzip ist. Es gibt verschiedene Regeln von Gerechtigkeit, zu denen Equity, Gleichheit und Bedürfnisprinzip zählen (Lerner, 1977). In manchen Situationen wird eine gleiche Aufteilung von Belohnungen als gerecht empfunden (jedem das Gleiche), in anderen erscheint es gerechter, wenn jeder das bekommt, was er braucht (jedem das Seine). Ein Beispiel für letzteres bezieht sich darauf, daß in einer Familie der Vater eine größere Portion zu essen bekommt als ein kleines Kind.

Equity bedeutet dagegen, daß es dann zwischen zwei Personen gerecht zugeht, wenn der Quotient aus dem, was man bekommt, und dem, was man eingebracht bzw. geleistet hat, bei allen beteiligten Personen gleich ist. Zum Beispiel ist es im Sinne von Equity gerecht, wenn eine Person bei doppelter geleisteter Stundenzahl bei einer Arbeit auch doppelt so viel verdient wie ihr Kollege.

Man mag sich fragen, was solche Nutzen-Kosten-Berechnungen mit Liebe zu tun haben. Es wurde betont, daß das Streben nach Gerechtigkeit nicht das einzige oder wichtigste menschliche Motiv sei (Leventhal, 1980). Außerdem ist Equity nicht das einzige Gerechtigkeitsprinzip (Lerner, 1977). Besonders die Anwendung der Equity-Theorie auf intime Beziehungen ist umstritten, da in engen Partnerschaften eine hilfsbereite und auf das Wohl des Partners bedachte Orientierung im Vordergrund stehe (Clark & Mills, 1979). Wahre Liebe wurde von Austauschbeziehungen abgegrenzt (Fromm, 1982), wenn auch eingestanden wurde, daß wahre Liebe in unserer Gesellschaft eher die Ausnahme darstelle. Auf Überlegungen, die den Geltungsbereich der Equity-Theorie betreffen, kommen wir am Schluß des Kapitels zurück.

## *7.1 Input und Outcome*

Man unterscheidet zwischen dem, was man in die Partnerschaft einbringt (Input), und dem, was man durch die Partnerschaft bekommt (Outcome). Der Outcome wird berechnet durch die Differenz Nutzen minus Kosten. In einer Partnerschaft zählen zum Nutzen beispielsweise das Geliebtwerden vom Partner, sexuelle Befriedigung, soziale Anerkennung, finanzielle Vorteile und die Belohnung, die durch positive Eigenschaften des Partners vermittelt wird. Zu den Kosten zählen alle Anstrengungen, die man für den Partner und die Partnerschaft unternimmt, in Form von Zeit, von Energie oder vom Verzicht auf mögliche andere Partner. Zum Input zählen alle positiven und negativen Eigenschaften und Verhaltensweisen, die man im Rahmen der Beziehung zeigt.

In Fragebögen zur Messung von Equity in Partnerschaften werden häufig nur die positiven Eigenschaften und Verhaltensweisen sowie der Nutzen, den man aus positiven Eigenschaften und Verhaltensweisen des Partners erfährt, berücksichtigt. Betrachtet man nur die positive Seite, geht es in einer Partnerschaft dann gerecht zu, wenn der Quotient aus Nutzen und eigenen positiven Inputs bei beiden Partnern gleich ist.

Die Equity-Theorie besteht aus vier Thesen (Walster, Berscheid & Walster, 1973):

- Jeder ist bestrebt, aus einer Beziehung möglichst viel Nutzen zu ziehen und durch möglichst wenige Kosten belastet zu werden.
- Wenn jeder aber auf diese Weise egoistische Ziele verfolgt, ist ein soziales Leben kaum möglich. Daher besteht die Norm, andere gerecht zu behandeln. In der Gesellschaft gibt es allgemein akzeptierte Systeme der gerechten Verteilung von Belohnungen und Kosten. Mitglieder, die andere gerecht behandeln, werden belohnt, andere bestraft.
- Wenn Menschen wahrnehmen, daß sie sich in einer ungerechten Beziehung befinden, erleben sie Streß. Je ungerechter die Beziehung ist, desto mehr Streß erleben sie.
- Menschen, die sich in einer ungerechten Beziehung befinden, versuchen, den Streß abzubauen, indem sie die Ausgewogenheit wiederherstellen. Je größer die Unausgewogenheit, desto stärker versuchen sie, die Equity wiederherzustellen.

### *7.2 Beurteilung von Gerechtigkeit*

Die Entscheidung, ob es in einer Beziehung ausgewogen zugeht oder nicht, liegt im Auge des Betrachters. Über den Wert und die Relevanz verschiedener Inputs kann man sehr geteilter Meinung sein. Eine Eigenschaft des Partners, wie z.B. die Herkunft, ist für den einen von großer Bedeutung und für einen anderen völlig belanglos. Somit resultieren verschiedene Beurteilungen der Equity, je nachdem, ob man den einen Teilnehmer, den anderen Teilnehmer oder einen neutralen Beobachter befragt, wobei die Befragung einer involvierten Person natürlich sinnvoller erscheint. Damit deutet sich bereits ein Problem bei der Messung von Equity an: Was auch immer in einem Fragebogen beurteilt werden soll, wir wissen nie, ob damit wirklich die Punkte angesprochen sind, die für das Paar selbst relevant sind, anhand derer das Paar selbst die Gerechtigkeit beurteilen würde.

Um welche Dinge geht es, wenn man in Partnerschaften von Austausch spricht? Intime Beziehungen unterscheiden sich von flüchtigen dadurch, daß eine größere Bandbreite von Ressourcen ausgetauscht wird (z.B. Liebe, Status, Information, Geld, Güter, Serviceleistungen; vgl. Foa & Foa, 1980). In engen Beziehungen werden Ressourcen ausgetauscht, die in flüchtigen Beziehungen nicht vorkommen (Liebe), und für die Belohnung einer Leistung des Partners gibt es mehrere Möglichkeiten: eine Serviceleistung kann mit einem Geschenk, einem Lob, einer Liebeserklärung oder einer anderen Serviceleistung u.a. belohnt werden. Die Belohnung muß nicht unmittelbar erfolgen. Eine Unausgewogenheit in einer engen Beziehung ist daher weitaus schwieriger festzustellen als in einer flüchtigen Beziehung.

Ein Problem an der Equity-Theorie ist folgendes. Die Theorie betont die Bedeutung der Ausgewogenheit anstelle der Maximierung der eigenen Ergebnisse, insbesondere der eigenen Belohnungen. Bei Zutreffen der Theorie müßten auch die Paare glücklich sein, bei denen überhaupt keine positiven Eigenschaften und Verhaltensweisen ausgetauscht werden. Eine oberflächliche Beziehung, die zwar gerecht ist, aber in der beide kaum etwas geben oder bekommen, dürfte jedoch ebenso unglücklich verlaufen wie eine ungerechte, denn in glücklichen Beziehungen werden grundsätzlich mehr Ressourcen ausgetauscht als in unglücklichen.

Cate, Lloyd & Henton (1985) verglichen den Effekt von Ausgewogenheit und der puren Anzahl von Belohnungen auf die Stabilität von vorehelichen Liebesbeziehungen und stellten fest, daß die Anzahl der Belohnungen, die man durch die Partnerschaft erhält, mit der Beziehungsstabilität stärker zusammenhängt als die Ausgewogenheit. Um glücklich zu sein, reicht Equity nicht aus, sondern der Absolutwert des Nutzens sollte möglichst hoch sein.

### *7.3 Partnerwahl*

Die Theorie führt zu der Annahme, daß jeder den Partner bekommt, den er verdient (Walster, Berscheid & Walster, 1973). Wenn Gerechtigkeitsüberlegungen bei der Partnerwahl eine Rolle spielen, sollte jeder einen Partner bevorzugen, der in etwa die gleiche soziale Wünschbarkeit hat wie er selbst. Andererseits wünscht man sich natürlich einen möglichst „tollen“ Partner, der viele gute Eigenschaften hat und einen gut behandelt. Vermutlich wird bei der Partnerwahl zwischen diesen beiden Motiven ein Kompromiß geschlossen.

Eine Überprüfung von Equityüberlegungen beim ersten Kontakt mit einer potentiellen Partnerin stammt von Kiesler & Baral (1970). Sie führten mit männlichen Teilnehmern einen Intelligenztest durch und gaben ihnen eine falsche Rückmeldung über das Ergebnis, in der sie entweder gelobt oder getadelt wurden. Dadurch wurde ihr aktuelles Selbstwertgefühl entweder erhöht oder erniedrigt. Danach wurden die Männer mit einer Frau zusammengebracht, die entweder durch Kleidung, Make-up und Frisur attraktiv oder nicht attraktiv zurechtgemacht war. Es handelte sich in beiden Bedingungen um dieselbe Frau. Die Männer, deren Selbstwertgefühl gestärkt worden war, näherten sich der Frau häufiger, wenn sie attraktiv war, durch Komplimente oder Einladungen, getadelte Männer näherten sich der Frau hauptsächlich in der unattraktiven Bedingung. Eine Frau mit ähnlicher sozialer Wünschbarkeit wurde also bevorzugt angesprochen.

In einer Studie mit Personen in bestehenden Beziehungen fragten Berscheid, Walster & Bohrnstedt (1973), wer in der Beziehung der attraktivere/reichere/liebevollere Partner sei. Je mehr die Attraktivität des einen Partners die des anderen Partners übersteigt, desto reicher bzw. liebevoller ist der andere. Auch diese Studie zeigt, daß Paare mit ähnlicher sozialer Wünschbarkeit zusammen sind. Unterscheiden sie sich in einem Merkmal, wird das durch ein anderes Merkmal ausgeglichen.

## *7.4 Entstehung von Ungerechtigkeit*

Wenn man davon ausgeht, daß bei der Partnerwahl potentielle Partner bevorzugt werden, die genauso viele positive und negative Eigenschaften in die Beziehung einbringen wie man selbst, müßte es vorwiegend gerechte Partnerschaften geben. Dabei spielt es keine Rolle, ob ausgewogene Partnerschaften attraktiver sind oder ob man zwar eigentlich einen optimalen Partner wünscht, aber „nur“ den bekommt, den man verdient, da andere nicht verfügbar sind. Wie kommt es dann aber zur Entstehung unausgewogener Partnerschaften?

- Erstens ist es möglich, daß bestimmte Eigenschaften und Verhaltensweisen beider Partner erst nach längerer Zeit offenbar werden.
- Zweitens kann eine Partnerschaft, die lange Zeit ausgewogen verlaufen ist, durch Veränderungen ins Ungleichgewicht kommen. Durch starke Gewichtszunahme oder -abnahme ändert sich z.B. die Attraktivität, durch Arbeitslosigkeit oder Arbeitsantritt ändern sich Status, Einkommen und Selbstwertgefühl (Hatfield, Traupmann, Sprecher, Utne & Hay, 1985).
- Drittens kann es Eigenschaften geben, die Personen von vornherein zu einer Vorteil- oder Nachteil-Position prädestinieren. Grau & Doll (in Vorb.) zeigten, daß Personen, die im Sinne der Bindungstheorie ängstlich-ambivalent gebunden sind,

dazu neigen, ihre eigene Position als nachteilig zu empfinden. Jemand, der ständig Angst hat, den Partner zu verlieren oder nicht genug geliebt zu werden, wird kaum die Meinung vertreten, daß er mehr bekommt, als er verdient. Es wurde auch gezeigt, daß vermeidende Personen dazu tendieren, sich im Vorteil zu sehen, vermutlich weil ihnen ihre eigenen geringen Bemühungen um die Partnerschaft durchaus bewußt sind. Die Bindungstheorie liefert also einen Hinweis darauf, warum es bei manchen Paaren ungerecht zugeht. Die Paare, die aus einer ängstlichen und einer vermeidenden Person bestehen, sind besonders gefährdet, unausgewogene Beziehungen zu erleben.

### *7.5 Equity und Beziehungsqualität*

Unter Beziehungsqualität verstehen wir zum einen die Stabilität der Partnerschaft und zum anderen die Zufriedenheit mit der Partnerschaft. Eine bestehende Liebesbeziehung sollte um so wahrscheinlicher fortbestehen, je ausgewogener sie ist (Walster, Walster & Berscheid, 1978). Von *unverheirateten Paaren*, die miteinander ausgehen, gehen die ausgewogenen Paare eher eine sexuelle Beziehung ein als die unausgewogenen. Ein Grund dafür dürfte sein, daß diese Partnerschaften für stabiler gehalten werden als unausgewogene und auch tatsächlich nach drei Monaten in mehr Fällen andauern als unausgewogene (Hatfield, Walster & Traupmann, 1979).

Neben höherer Stabilität sollten gerechte Beziehungen auch mit größerer Beziehungszufriedenheit der Partner einhergehen. Derjenige Partner, der mehr in die Beziehung einbringt, ist unzufrieden, weil er nicht das bekommt, was er verdient. Wer weniger in die Beziehung einbringt, ist sich schmerzlich bewußt, daß sein Partner wenig Grund hat, bei ihm zu bleiben. Die Equity-Theorie sagt voraus, daß sowohl der Partner, der mehr sozial wünschbare Eigenschaften in die Beziehung einbringt (der im Nachteil), als auch der, der weniger einbringt (der im Vorteil), unzufrieden ist. Hatfield, Walster & Traupmann (1979) zeigten, daß unverheiratete Personen in ausgeglichenen Partnerschaften glücklicher und zufriedener sind als unausgeglichene. Überlegene Partner fühlen sich außerdem schuldig, weil sie ihren Partner übervorteilen. Unterlegene empfinden mehr Ärger, weil sie nicht das bekommen, was sie verdienen. Ein ähnliches Ergebnis berichten Hatfield, Utne & Traupmann (1979).

Die Beziehungsqualität *verheirateter Paare* in Abhängigkeit von der Equity untersuchten Hatfield, Greenberger, Traupmann & Lambert (1982). Sie verwendeten eine Einschätzung über die Häufigkeit der Gefühle Zufriedenheit, Glück, Ärger und Schuld, eine allgemeine Einschätzung der Beziehungs- und Lebenszufriedenheit sowie die Zufriedenheit mit der Sexualität. Zur Sexualität wurde außerdem erfragt, wie liebend und verbunden (vs. distanziert und ärgerlich) und wie befriedigt (vs. frustriert) man sich selbst nach dem Sex mit dem Partner fühlt bzw. wie man die Gefühle des Partners einschätzt.

Insgesamt berichten die Personen, in deren Partnerschaft Equity besteht, erwartungsgemäß die beste Beziehungsqualität. Die benachteiligten Personen zeigen sich wesentlich gestreßter als die im Vorteil, auch die Lebenszufriedenheit hängt in dieser

Weise mit der Equity zusammen. Auch in der Sexualität ist die benachteiligte Gruppe die unzufriedenste, während sich die beiden anderen Gruppen nicht unterscheiden. Je detaillierter die Fragen zur Sexualität, desto unklarer werden allerdings die Ergebnisse.

Die Zusammenhänge zwischen Gerechtigkeit und Zufriedenheit bzw. Ungerechtigkeit und Unzufriedenheit wurden, zumindest in Querschnittstudien, mehrfach repliziert (wenn auch nicht in allen Studien, z.B. Lujanski & Mikula, 1983), wobei die Position im Nachteil mit noch größerer Unzufriedenheit einhergeht als die Position im Vorteil. Eine ungerechte Beziehung kann zu Unzufriedenheit führen. Möglich ist auch, daß - mit umgekehrter Kausalität - unglückliche Partner nach Gründen für ihr Unglück suchen und daraufhin ihre Partnerschaft als ungerecht beurteilen. Eine Längsschnittstudie von VanYperen & Buunk (1990) deutet darauf hin, daß eher die Gerechtigkeit ursächlich verantwortlich für die Zufriedenheit ist als umgekehrt.

## *7.6 Reduzierung von Unausgewogenheit*

Nach der Equity-Theorie versucht man in einer unausgewogenen Beziehung, den damit verbundenen Streß durch Wiederherstellung der Equity zu reduzieren. Dazu gibt es mehrere Möglichkeiten. In einer Partnerschaft kann derjenige, der sich in der Vorteil-Position befindet, seinem Partner einen Gefallen tun oder auf Zugeständnisse des Partners verzichten. Der Partner, der sich in der nachteiligen Position befindet, kann seinen Nutzen erhöhen und seine Kosten reduzieren, indem er sich egoistischer verhält, weniger rücksichtsvoll ist, weniger auf sein Äußeres achtet, Dinge mit anderen Personen unternimmt usw. Mit einem solchen Verhalten werden gleichzeitig der Nutzen des Partners reduziert und unter Umständen die Kosten des Partners erhöht, indem man ihn ärgert oder ausnutzt.

Eine Möglichkeit besteht darin, außereheliche Beziehungen einzugehen und vom Partner entsprechende Toleranz zu erwarten. Hatfield, Traupmann & Walster (1979) zeigten, daß Personen, die sich im Nachteil befanden, früher und mit mehr Personen außerehelichen Sex hatten als Personen im Vorteil oder in ausgeglichenen Beziehungen. Das Risiko, dabei die eigene Beziehung zu gefährden, scheint für diese Personen weniger bedrohlich zu sein, da sie möglicherweise einen Partner finden, der ihnen das gibt, was sie zu verdienen meinen.

Neben tatsächlicher Veränderung des eigenen Verhaltens besteht auch die Möglichkeit, die Situation psychologisch umzuinterpretieren (Hatfield, Traupmann & Walster, 1979). Der Partner kann die psychologische Equity wiederherstellen, indem er die Meinung vertritt, daß die Beziehung doch ausgewogen verläuft. Der Partner, der weniger bekommt, als er verdient, kann eigene Beiträge herabwürdigen und die Beiträge des Partners höher bewerten. Für Versäumnisse des Partners kann er Entschuldigungen formulieren oder sie als einmaligen Ausrutscher einordnen. Er kann die Hoffnung haben, daß die Unausgewogenheit in Zukunft ausgeglichen wird, da in einer Partnerschaft im Unterschied zu Geschäftsbeziehungen nicht jede Leistung gleich mit einer Gegenleistung beantwortet werden muß. In Partnerschaften kann man aufgrund der erwarteten längeren Zeitperspektive der Beziehung Unausgewogenheit länger tolerieren als in flüchtigen Beziehungen (Walster, Walster & Berscheid, 1978). Der Partner, der sich im Vorteil befindet, kann das umgekehrte Verhalten zeigen, eigene positive Beiträge oder Kosten überbewerten und die positiven Beiträge oder Kosten des Partners unterbewerten.

Welches Verfahren man zur Minimierung der Unausgewogenheit wählt, hängt davon ab, welches erfolgversprechender bzw. einfacher zu bewerkstelligen ist (Hatfield, Utne & Traupmann, 1979). Ist die Unausgewogenheit besonders groß bzw. läßt sich die Equity nicht wiederherstellen, bleibt nur die Möglichkeit, die Beziehung zu beenden (Walster, Walster & Berscheid, 1978).

### *7.7 Ähnlichkeitshypothese und Equity*

Die Ergebnisse aus einigen Studien, die mit der Equity-Theorie vereinbar sind, lassen sich teilweise auch anders erklären. Betrachtet man die Neigung, eine Person mit ähnlicher Attraktivität als Partner zu erwarten (Walster, Aronson, Abrahams & Rottmann, 1966), ist dies mit der gut belegten Bevorzugung ähnlicher Partner zu erklären (vgl. Kapitel 6). Partner sind sich häufig ähnlich in der Attraktivität, dem sozioökonomischen Status, in Interessen und Einstellungen. Eine hohe Ähnlichkeit hängt auch mit der Partnerschaftszufriedenheit zusammen (Hassebrauck, 1990). Somit können sich Effekte von Equity und Ähnlichkeit überlappen, denn ein Paar, das sich in allen wichtigen Eigenschaften ähnlich ist, erlebt gleichzeitig Gerechtigkeit.

Die Equity-Theorie betont die angestrebte Ähnlichkeit in der sozialen Wünschbarkeit ungeachtet des Inhalts der einzelnen Beiträge. Die Theorie erlaubt auch das „Erkaufen“ einer positiven Eigenschaft des Partners durch eine ganz andere eigene positive Eigenschaft. Beispiel: Eine attraktive Frau heiratet einen wenig attraktiven, dafür aber reichen Mann. Wenn sich ein Paar in den wichtigen Bereichen ähnlich ist, besteht gleichzeitig Equity, aber bei bestehender Equity muß nicht unbedingt Ähnlichkeit bestehen. Daher ist es möglich, den Effekt der Equity und den Effekt der Ähnlichkeit gegeneinander abzutesten. Ähnlichkeit in einzelnen Merkmalen und Ähnlichkeit in der gesamten sozialen Wünschbarkeit lassen sich unabhängig voneinander variieren. Wenn ein Partner schön und intelligent ist und der andere reich und beliebt, besteht Equity, aber keine Ähnlichkeit.

Sussman & Reardon (1987) variierten Ähnlichkeit und Equity anhand dieser vier Merkmale unabhängig voneinander, indem sie Beschreibungen von fiktiven Paaren vorgaben. Die Probanden beurteilten den zu erwartenden Beziehungserfolg der Paare. Es zeigte sich, daß nur die Ähnlichkeit, nicht aber die Equity einen Einfluß auf den eingeschätzten Beziehungserfolg hatte. Auch wenn dies eine Studie mit fiktiven anstatt mit echten Paaren war, kann man davon ausgehen, daß die Zufriedenheit von Paaren, in deren Beziehungen Equity besteht, teilweise auf Effekte der Ähnlichkeit zurückzuführen ist.

### *7.8 Messung von Equity*

Gemessen wird die Equity in einer Partnerschaft entweder durch ein globales Maß oder durch differenzierte Fragebögen (Hatfield, Utne & Traupmann, 1979).

Bei dem globalen Maß sollen die Befragten insgesamt die Gerechtigkeit in der Partnerschaft beurteilen, indem sie einschätzen, wieviel jeder in die Partnerschaft einbringt und aus ihr bekommt. Sie sollen die zutreffendste der folgenden Aussagen ankreuzen:

- Ich schneide viel besser ab als mein Partner.
- Ich schneide um einiges besser ab als mein Partner.
- Ich schneide etwas besser ab als mein Partner.
- Wir schneiden beide gleich gut ab.
- Ich schneide etwas schlechter ab als mein Partner.
- Ich schneide um einiges schlechter ab als mein Partner.
- Ich schneide viel schlechter ab als mein Partner.

Bei den differenzierten Fragebögen werden eine Vielzahl von Ressourcen (z.B. Attraktivität, Intelligenz, Mögen, Gefühle zeigen usw.) angesprochen und dann nach einer Formel zu einem Gesamtwert zusammengefaßt. In einer Version des Fragebogens (Druschel, 1983) wird zu jeder der genannten Ressourcen erfragt, wie sehr der Partner diese Eigenschaft besitzt (A) und wie sehr man davon profitiert (B). Umgekehrt wird gefragt, ob man selbst die Eigenschaft besitzt (C) und wie der Partner davon profitiert (D). Der Partner muß dazu nicht befragt werden, jeder gibt alle vier Maße an.

Beispiel:
A: „Mein Partner hat Humor.“ (stimmt nicht-stimmt)
B: „Das wirkt sich auf mich aus:“ (sehr schlecht-sehr gut)
C: „Ich habe Humor.“
D: „Das wirkt sich auf meinen Partner aus:“
Das weitere Vorgehen sieht wie folgt aus:

- Zu jeder der 22 Eigenschaften wird nach Adams (1965) folgendes Maß berechnet: (B/C) - (D/A).

Das heißt: Vom Verhältnis zwischen dem eigenen Outcome und Input wird das entsprechende Verhältnis des Partners abgezogen.

- Diese 22 Maße werden zu einem Gesamt-Equity-Quotienten gemittelt.
- Wenn der Equity-Quotient deutlich über Null liegt, betrachtet man sich dem Partner gegenüber im Vorteil, liegt er unter Null, im Nachteil. Liegt der Wert um Null, betrachtet man das Geben und Nehmen in der Partnerschaft in den untersuchten Merkmalen als ausgeglichen.

Bei dem globalen Maß beurteilen die Personen die Gerechtigkeit insgesamt. Aus den Antworten geht hervor, ob sich jemand gerecht oder ungerecht behandelt fühlt. Jedoch bleibt im Dunkeln, anhand welcher Merkmale die Personen das beurteilen. Die Befragten suchen sich die Dimensionen, die sie zur Beurteilung heranziehen, selbst aus.

Umgekehrt verhält es sich mit differenzierten Fragebögen. In diesen werden die zu beurteilenden Merkmale vom Untersucher vorgegeben, es ist also bekannt, welche Variablen herangezogen werden. Andererseits bleibt unklar, ob damit die subjektive Gerechtigkeit erfaßt wird, weil unbekannt ist, ob die Merkmale für die einzelnen Personen relevant sind. Beide Meßmethoden haben somit Vor- und Nachteile, und sie scheinen etwas völlig Verschiedenes zu messen. Wenn man in einer Stichprobe nämlich beide Verfahren benutzt, hängen diese kaum miteinander zusammen (Lujanski & Mikula, 1983).

### *7.9 Equity, Glück und sexuelle Zufriedenheit*

Im folgenden wird eine Untersuchung dargestellt, die sich mit den Zusammenhängen zwischen Equity, Glück in der Beziehung und sexueller Zufriedenheit befaßt. Anschließend werden methodische Probleme aufgezeigt, die mit dieser Analyse zu tun haben. Schließlich wird eine weitergehende Auswertung berichtet, die diesen Problemen Rechnung trägt.

Wir befragten 53 Paare, die im Mittel seit vier Jahren in einer Beziehung lebten (Grau, 1997b). Die Befragten waren zwischen 20 und 61 Jahren alt und überwiegend Studenten. Jede Person bearbeitete die Equity-Kurzmessung und den differenzierten Fragebogen in der Version von Druschel (1983). Festgestellt werden sollte, ob beide Meßmethoden miteinander zusammenhängen, ob sie das Glück (Wie glücklich sind Sie in Ihrer Partnerschaft?) und die sexuelle Zufriedenheit (Wie zufrieden sind Sie mit der Sexualität in Ihrer Partnerschaft?) vorhersagen können und ob diese Zusammenhänge für Männer und Frauen gleich hoch ausfallen.

In beiden Messungen wurden die Probanden in Personen unterteilt,

- die ihre Beziehung ausgewogen,
- sich selbst im Vorteil oder
- im Nachteil einschätzen.

Beim globalen Maß wurden die Personen als gerecht behandelt eingestuft, die die Aussage „Wir schneiden beide gleich gut ab" angekreuzt hatten, bei der differenzierten Skala wurde ein kleines Intervall um Null (-.04 bis .04) als ausgewogen definiert. Abweichungen in die eine oder andere Richtung wurden dementsprechend als im Vorteil oder im Nachteil eingestuft.

Tabelle 7.1 zeigt den Zusammenhang zwischen beiden Messungen der Equity. Es stellt sich heraus, daß beide Fragemethoden Unterschiedliches messen, nur 44 von

106 Personen befinden sich bei beiden Methoden in der gleichen Kategorie. Der Zusammenhang zwischen beiden Verteilungen ist nicht signifikant.

Korreliert man den Equity-Quotienten mit der Angabe aus der Kurzbefragung, resultiert ein Wert von r = .28. Dieser Wert ist zwar auf dem 1%-Niveau signifikant, beide Messungen haben aber mit weniger als 8% zu wenig gemeinsame Varianz, als daß man davon sprechen könnte, daß sie dasselbe messen. Die Kurzskala erfaßt das Gerechtigkeitsempfinden direkt anhand von Merkmalen, die die Probanden selbst wählen, die differenzierte Skala dagegen anhand von im Fragebogen vorgegebenen Merkmalen, wobei die Anwendung der Formel von Adams nicht unumstritten ist (s.u.).

*Tabelle 7.1:* Zusammenhang zwischen Kurzskala (1) und differenzierter Skala (2)

| | Nachteil (1) | gleich (1) | Vorteil (1) |
|---|---|---|---|
| Nachteil (2) | 5 | 12 | 5 |
| gleich (2) | 2 | 24 | 3 |
| Vorteil (2) | 6 | 34 | 15 |

Anmerkung. Chi-Quadrat (4)=7.06, n.s.

Im folgenden soll überprüft werden, ob Personen im Vorteil, in einer ausgewogenen Position oder im Nachteil unterschiedliches Glück und eine unterschiedliche sexuelle Zufriedenheit berichten. Tabelle 7.2 zeigt die entsprechenden Mittelwerte und Standardabweichungen dieser Merkmale.

Zunächst ist auffällig, daß nur bei den Männern Unterschiede signifikant werden. Nur sehr wenige Männer befinden sich in der Nachteil-Position (was bei anderen vergleichbaren Untersuchungen auch der Fall ist). Diese Männer berichten jeweils eine niedrigere sexuelle Zufriedenheit und in der differenzierten Skala außerdem weniger Glück als Männer in der ausgewogenen und Vorteil-Position.

Wegen der geringen Anzahl von Männern im Nachteil ist die Aussagefähigkeit des Ergebnisses gering, allerdings liegt eine weitere Studie vor (Grau, 1994, Studie 4), in der die Gerechtigkeit in der Kurzmessung bei den Männern ebenfalls mit der allgemeinen und sexuellen Zufriedenheit sowie mit der Häufigkeit positiver Emotionen zusammenhängt und bei den Frauen nicht. Daher läßt sich spekulieren, daß Gerechtigkeit für Männer wichtiger ist als für Frauen. Die Variable sexuelle Zufriedenheit hängt in der vorliegenden Studie stärker mit der Equity zusammen als das Glück. Hier besteht auch bei den Frauen eine deutliche Tendenz. Möglicherweise ist dieses Ergebnis auf die größere Varianz in der sexuellen Zufriedenheit zurückzuführen. Ein fehlender Zusammenhang mit dem Glück kann damit erklärt werden, daß die Varianz in diesem Merkmal zu gering ist, da in der Stichprobe glückliche Personen überwiegen. Die sexuelle Zufriedenheit variiert hingegen erheblich stärker.

*Tabelle 7.2:* Mittelwerte und Standardabweichungen in den Merkmalen Glück und sexuelle Zufriedenheit in Abhängigkeit von der Equity-Position

| Männer Kurzmessung | | | | | | | | | | |
|---|---|---|---|---|---|---|---|---|---|---|
| | Nachteil n = 3 | | | gleich n = 30 | | | Vorteil n = 14 | | | |
| | M | SD | | M | SD | | M | SD | | F (2, 46) |
| Glück | 7.20 | 1.30 | | 8.17 | 1.34 | | 7.43 | 1.79 | | 1.81 |
| sex. Zufr. | 4.60 | 2.88 | a | 7.57 | 1.55 | b | 6.57 | 2.56 | ab | 5.01 * |

| Frauen Kurzmessung | | | | | | | | | | |
|---|---|---|---|---|---|---|---|---|---|---|
| | Nachteil n = 8 | | | gleich n = 35 | | | Vorteil n = 8 | | | |
| | M | SD | | M | SD | | M | SD | | F (2, 48) |
| Glück | 7.88 | 0.84 | | 8.31 | 1.28 | | 8.13 | 1.13 | | 0.46 |
| sex. Zufr. | 5.63 | 2.26 | | 7.49 | 1.79 | | 6.88 | 2.36 | | 3.01 + |

| Männer differenzierte Skala | | | | | | | | | | |
|---|---|---|---|---|---|---|---|---|---|---|
| | Nachteil n = 3 | | | gleich n = 13 | | | Vorteil n = 33 | | | |
| | M | SD | | M | SD | | M | SD | | F (2, 46) |
| Glück | 6.00 | 2.45 | a | 8.54 | 0.78 | b | 7.76 | 1.43 | b | 4.40 * |
| sex. Zufr. | 3.33 | 2.32 | a | 7.62 | 1.90 | b | 7.06 | 2.02 | b | 5.68 ** |
| **Frauen differenzierte Skala** | | | | | | | | | | |
| | Nachteil n = 19 | | | gleich n = 16 | | | Vorteil n = 16 | | | |
| | M | SD | | M | SD | | M | SD | | F (2, 48) |
| Glück | 8.00 | 0.94 | | 8.38 | 1.75 | | 8.31 | 0.70 | | 0.50 |
| sex. Zufr. | 6.32 | 2.21 | | 7.81 | 2.17 | | 7.31 | 1.35 | | 2.64 + |

Anmerkung. + $p < .10$, * $p < .05$, ** $p < .01$. Verschiedene Buchstaben kennzeichnen signifikante Unterschiede im Newman-Keuls-Test.

Zusammenfassend ist festzustellen, daß

- beide Equity-Maße kaum miteinander, aber in ähnlicher Weise mit Außenkriterien zusammenhängen,
- die Zusammenhänge für die sexuelle Zufriedenheit größer sind als für die allgemeine,
- die Zusammenhänge bei Männern größer sind als bei Frauen,
- insgesamt die Zusammenhänge geringer ausfallen als in vergleichbaren amerikanischen Studien.

Gründe für die eher geringen Zusammenhänge können in der Messung der Zufriedenheit vermutet werden, die nur durch ein Item erfaßt wurde, dasselbe gilt für die Equity-Kurzmessung. Der differenzierte Fragebogen ist ebenfalls erheblich kritisiert worden. Offenbar führt die Equity-Formel nicht immer zu sinnvollen Ergebnissen. Teilweise wurden alternative Formeln vorgeschlagen, in denen auch negative Inputs berücksichtigt werden können (Anderson, 1976), teilweise die Quantifizierung durch eine Formel unter bestimmten Bedingungen als gänzlich unsinnig abgelehnt (Müller & Hassebrauck, 1993). Ein Problem ist sicherlich, daß die Divisionen ein Verhältnisskalenniveau erfordern, das nicht als gegeben betrachtet werden kann. Analysen mit den Daten der oben berichteten Studie zeigen jedoch, daß eine Ersetzung der Divisionen durch Subtraktionen zu nahezu identischen Ergebnissen führt. Beide Maße korrelieren dann zu $r = .95$. Viele der vorgeschlagenen Formeln führen zu Werten, die sowohl untereinander hoch korrelieren (Lujanski & Mikula, 1983) als auch mit Außenkriterien in ähnlicher Höhe zusammenhängen.

Außerdem kann die Auswahl der Merkmale im differenzierten Fragebogen kritisiert werden. Welche Variablen in solchen Fragebögen berücksichtigt werden und welche nicht, hängt häufig von der Vorstellung des Forschers ab, was zu einer erfolgreichen Beziehung gehört (Sedikides et al., 1994). Ein Versuch, dieses Problem zu verringern, besteht darin, in Voruntersuchungen Probanden zu befragen, welche Attribute sie persönlich in Partnerschaften für wichtig halten (Lujanski & Mikula, 1983; VanYperen & Buunk, 1990; Sedikides et al., 1994). Das führt jedoch nicht dazu, daß die wichtigen Attribute jeder einzelnen Person ausreichend repräsentiert sind, zumal die Gewichtungen individuell verschieden sind.

Schließlich sind generell Männern und Frauen unterschiedliche Kosten und Nutzen in der Beziehung wichtig (Sedikides et al., 1994), demnach wäre zu fordern, daß „männliche" und „weibliche" Eigenschaften zu gleichen Teilen berücksichtigt werden müssen. Der oben berichtete höhere Zusammenhang des differenzierten Fragebogens mit der Zufriedenheit bei den Männern kann bedeuten, daß in den Items vorwiegend Eigenschaften angesprochen werden, die Männer bei ihren Partnerinnen bevorzugen (z.B. auf das Äußere achten, gut aussehen), während Dinge, auf die Frauen achten (z.B. Intimität), vernachlässigt wurden. Dieser Schluß ist allerdings nicht zwingend, da auch bei der Kurzmessung die Zusammenhänge bei Männern größer ausfallen als bei Frauen.

Ein weiteres Problem wird in psychometrischen Überlegungen deutlich, die in Box 7.1 dargestellt sind.

*Box 7.1:* Wenn Äpfel mit Birnen in einen Topf geworfen werden

Die differenzierte Skala der Equity-Messung erreicht in der dargestellten Studie einen niedrigen Wert der internen Konsistenz (alpha = .47), der anzeigt, daß die einzelnen Urteile nur mäßig hoch zusammenhängen. Wer also in einem Bereich (z.B. Attraktivität) sein Ergebnis in Relation zum Partner hoch einschätzt, kann ohne weiteres in anderen Bereichen (z.B. Humor) sein Ergebnis niedrig einschätzen.

Bei der Berechnung des Equity-Gesamtwerts werden die Einzelquotienten, die nach den oben genannten oder anderen Formeln für jedes Item berechnet worden sind, über alle Items (Attraktivität, Mögen, Humor usw.) gemittelt. Dabei wird nicht berücksichtigt, daß die einzelnen Testteile nicht miteinander korrelieren, so daß im Sinne der inneren Konsistenz unreliable Gesamtquotienten entstehen. Ein Equity-Test ist dann im Sinne der inneren Konsistenz reliabel, wenn die Quotienten aus den einzelnen Items hoch interkorrelieren, d.h. wenn eine Person in der Attraktivität unterlegen ist, muß sie auch in der Intelligenz, im Zeigen von Zuneigung usw. unterlegen sein.

Der Grund für die Testkonstruktion aus unkorrelierten Einzelquotienten besteht darin, daß man nach der Equity-Theorie eine fehlende positive Eigenschaft (z.B. Attraktivität) durch eine andere positive Eigenschaft (z.B. Intelligenz) ausgleichen kann. Ist also der eine Partner schön und der andere intelligent (bei Gleichheit aller anderen berücksichtigten Variablen), besteht Equity, also für beide Personen ein mittlerer Gesamt-Equity-Quotient um Null. Die Testkonstruktion durch Summierung unkorrelierter Subskalen steht also nicht im Widerspruch zur Equity-Theorie. Jedoch kann ein solcher Gesamtwert zu einer Einschränkung der Validität führen (Grau, 1997b).

Bei anderen Konstrukten, wie z.B. der Intelligenz, die sich ebenfalls aus unkorrelierten Einzelfähigkeiten zusammensetzt, behilft man sich zusätzlich zum Gesamtwert (IQ) mit Subskalen (sprachliche und mathematische Intelligenz), die in sich homogen sind und differenziertere Vorhersagen über weitere Merkmale ermöglichen als der Gesamtwert. Ein solches Vorgehen könnte sich auch bei Equity-Fragebögen durchsetzen. Grau (1997b) zeigte, daß sich die einzelnen Bestandteile des Fragebogens in vier Faktoren gruppieren lassen, nämlich

- Aussehen,
- Beliebtheit,
- Vermittlung von Wärme und Geborgenheit sowie
- Anpassungsfähigkeit.

Die Subskalen sind reliabler und valider als die Gesamtskala und korrelieren nicht miteinander. Sie bieten den zusätzlichen Vorteil, daß sich die Effekte von Ähnlichkeit und Equity wie oben beschrieben gegeneinander abtesten lassen.

Weitere Bedenken gegen die Summierung der unkorrelierten Einzelwerte beziehen sich darauf, daß die in sich homogenen Testteile aus unterschiedlich vielen Items bestehen: Die Attraktivitätsskala besteht aus 3 Items, die Wärme-Skala aus 9. Außerdem hat eine Unterlegenheit oder Überlegenheit in der Beliebtheitsskala verglichen mit der Wärme-Skala unterschiedliche Implikationen. Darauf wird in Abschnitt 7.10 eingegangen.

### *7.10 Zwei Typen von Ressourcen*

Man sollte grundsätzlich zwischen zwei Arten von Inputs unterscheiden, die die Partner in eine Beziehung einbringen (VanYperen & Buunk, 1990):

- Zum einen gibt es die Dinge, die man für den Partner tut und die vor allem dem Partner zugute kommen (Liebe zeigen, Geld geben, sexuelle Wünsche erfüllen, Verständnis zeigen, bei der Hausarbeit helfen). Hier entspricht der Beitrag des einen Partners dem Gewinn des anderen.
- Zum anderen gibt es die sozial wünschbaren Eigenschaften, die man unabhängig vom Partner besitzt und die primär einem selbst zugute kommen (Attraktivität, Intelligenz, Beliebtheit).

Dies soll an den beiden Merkmalen *Rücksichtnahme* und *Attraktivität* verdeutlicht werden. Beides sind positive Eigenschaften und führen nach der Equity-Theorie dazu, daß sich der Partner, der diese Eigenschaften in größerem Maße in die Beziehung einbringt, im Nachteil befindet, und sich der Partner, der diese positiven Eigenschaften in geringerem Maße einbringt, im Vorteil befindet, da er mehr vom Partner bekommt, als er bei Berücksichtigung der eigenen Eigenschaften verdient. Beide Merkmale führen aber zu gegensätzlichen Situationen in der Partnerschaft.

Beispiel: Bei Paar 1 ist der Mann erheblich rücksichtsvoller als die Frau, bei Paar 2 ist der Mann viel attraktiver als die Frau (bei Gleichheit aller anderen wichtigen Eigenschaften). Bei beiden Paaren müßte man nach der Equity-Theorie eine Überlegenheit der Frau konstatieren.

Bei Paar 1 schneidet die Frau in der Tat besser ab als der Mann. Wenn er sich rücksichtsvoll verhält, profitiert sie davon, während sie selbst es sich leisten kann, rücksichtslos zu sein. Ähnlich verhält es sich bei finanzieller Großzügigkeit. Wenn der Mann der Frau ein wertvolles Geschenk macht, gibt er es her, und sie nimmt es an. Der Beitrag des Mannes entspricht dem Gewinn der Frau.

Bei Paar 2 kann man schwerlich nachvollziehen, warum die Frau besser abschneidet als der Mann. Er selbst gibt seine Attraktivität nicht her wie ein Geschenk, so daß sein Beitrag nicht dem Gewinn der Frau entspricht, sondern er selbst hat mit Sicherheit den größten Vorteil davon und kann sich aufgrund seiner größeren Attraktivität überlegen fühlen, sogar überheblich verhalten. Vermutlich hat er es leichter, gegebenenfalls eine andere Partnerin zu finden. Derjenige, der mehr Anziehungskraft hat, dürfte eher derjenige sein, der unabhängiger von der Partnerschaft ist, weniger investieren muß und den Verlauf und den Fortbestand der Beziehung diktiert (Delis & Phillips, 1992).

Die Equity-Theorie ist sehr plausibel, solange es um Eigenschaften wie Rücksichtnahme, Liebe usw. geht, gerät aber in Schwierigkeiten bei Merkmalen wie Intelligenz, Beliebtheit und Reichtum. Eine Person, deren Partner mehr sozial wünschbare Eigenschaften hat als sie selbst, befindet sich in einer viel ungünstigeren Situation als eine Person, deren Partner mehr liebt als sie selbst.

Die oben berichtete Studie legt den Schluß nahe, daß die Position, sich im Vorteil, im Nachteil oder in einer ausgewogenen Beziehung zu befinden, für die Frauen keinerlei Auswirkungen auf die berichtete Qualität der Beziehung hat. In Box 7.1 wurde jedoch argumentiert, daß eine Summierung der 22 Items zu einem Gesamtwert dazu führt, daß ein unreliables Meßinstrument entsteht. Unreliable Werte können auch keine hohe Validität haben, so daß ihre Zusammenhänge mit anderen Variablen von vornherein limitiert sind. Neben diesem methodischen Problem wurde die unterschiedliche inhaltliche Bedeutung der einzelnen Items aufgezeigt. Eine Überlegenheit in der Attraktivität ist nicht nur etwas anderes als eine Überlegenheit in solchen Merkmalen, bei denen es um Wärme und Zuneigung geht, sondern kann sogar zu einer entgegengesetzten Situationen in der Partnerschaft führen.

Im folgenden wird die Studie wieder aufgegriffen, um die Ergebnisse für die Einzelvariablen zu berichten. Der verwendete Equity-Fragebogen spricht 22 Aspekte an, davon hängen 10 signifikant mit dem Glück in der Beziehung oder mit der sexuellen Zufriedenheit zusammen. Ein Aspekt, dessen Mittelwertunterschied nur auf eine einzige Person zurückgeht, wird vernachlässigt, so daß 9 Variablen berichtet werden. In den Tabellen 7.3 und 7.4 werden die Zusammenhänge zwischen Equity und Zufriedenheit getrennt für Männer und Frauen auf Einzeldimensionen dargestellt.

*Tabelle 7.3:* Mittelwerte in den Merkmalen Glück und sexuelle Zufriedenheit in Abhängigkeit von der Equity-Position bei den Männern

| | | Nachteil | gleich | Vorteil | F (2, 48) |
|---|---|---|---|---|---|
| Intelligenz | Glück | 7.22 | 8.26 | 7.53 | 2.43 + |
| | Sex | 6.44 | 7.74 | 5.93 | 4.23 * |
| auf Äußeres achten | Glück | 6.67 | 8.56 | 7.67 | 5.11 * |
| | Sex | 7.50 | 7.44 | 6.56 | 1.13 |
| Zuneigung zeigen | Glück | 7.43 | 8.03 | 7.70 | 0.61 |
| | Sex | 4.71 | 7.32 | 7.39 | 5.29 ** |
| auf Wünsche eingehen | Glück | 7.38 | 8.33 | 7.71 | 1.81 |
| | Sex | 5.25 | 7.57 | 7.24 | 4.17 * |
| Gefühle zeigen | Glück | 6.40 | 7.96 | 8.11 | 3.15 + |
| | Sex | 4.20 | 7.22 | 7.37 | 5.50 ** |
| sexuelles Bemühen | Glück | 7.90 | 8.00 | 7.50 | 0.50 |
| | Sex | 5.50 | 7.41 | 7.17 | 3.28 * |
| Treue | Glück | 7.56 | 8.11 | 6.25 | 3.57 * |
| | Sex | 6.22 | 7.40 | 4.75 | 3.80 * |
| Bindung | Glück | 7.29 | 8.03 | 7.57 | 0.94 |
| | Sex | 5.86 | 7.27 | 6.57 | 1.44 |
| gut auskommen | Glück | keine Vp | 7.87 | 7.85 | 0.00 |
| | Sex | keine Vp | 7.08 | 6.69 | 0.31 |

Anmerkung. + $p < .10$, * $p < .05$, ** $p < .01$.

*Tabelle 7.4:* Mittelwerte in den Merkmalen Glück und sexuelle Zufriedenheit in Abhängigkeit von der Equity-Position bei den Frauen

| | | Nachteil | gleich | Vorteil | F (2, 48) |
|---|---|---|---|---|---|
| Intelligenz | Glück | 7.67 | 8.39 | 8.12 | 0.64 |
| | Sex | 6.33 | 7.22 | 7.08 | 0.25 |
| auf Äußeres achten | Glück | 8.00 | 8.40 | 8.63 | 1.12 |
| | Sex | 6.50 | 7.67 | 8.13 | 3.05 + |
| Zuneigung zeigen | Glück | 8.08 | 8.49 | 7.00 | 4.65 * |
| | Sex | 7.08 | 7.24 | 6.33 | 0.50 |
| auf Wünsche eingehen | Glück | 8.00 | 8.57 | 7.86 | 1.93 |
| | Sex | 7.00 | 7.30 | 6.86 | 0.23 |
| Gefühle zeigen | Glück | 8.00 | 8.24 | 8.33 | 0.17 |
| | Sex | 6.25 | 7.21 | 7.44 | 0.87 |
| sexuelles Bemühen | Glück | 7.63 | 8.57 | 7.87 | 3.14 + |
| | Sex | 5.50 | 7.86 | 6.53 | 6.00 ** |
| Treue | Glück | 8.67 | 8.32 | 6.75 | 3.81 * |
| | Sex | 8.67 | 7.09 | 6.00 | 1.51 |
| Bindung | Glück | 8.10 | 8.42 | 7.00 | 3.49 * |
| | Sex | 6.90 | 7.33 | 6.80 | 1.33 |
| gut auskommen | Glück | 6.00 | 8.43 | 7.50 | 8.72 ** |
| | Sex | 4.67 | 7.32 | 6.50 | 2.76 + |

Anmerkung. + $p < .10$, * $p < .05$, ** $p < .01$.

Zunächst fällt auf, daß bei den Frauen in der Einzelauswertung fast so viele Zusammenhänge signifikant werden wie bei den Männern. Interessanterweise hängt die Gerechtigkeit bei den Männern vorwiegend mit der sexuellen Zufriedenheit zusammen, bei den Frauen vorwiegend mit dem Glück in der Beziehung. Die sexuelle Zufriedenheit hängt bei den Männern mit sechs Merkmalen der Gerechtigkeit zusammen, bei den Frauen nur mit einem.

Umgekehrt verhält es sich mit dem Glück, bei dem vier Zusammenhänge bei den Frauen und nur zwei bei den Männern auftreten. Offenbar sind Männern und Frauen nicht nur unterschiedliche Aspekte der Gerechtigkeit wichtig, was oben bereits angesprochen wurde, sondern diese sind auch für die Vorhersage unterschiedlicher Kriterien wichtig. Damit verbietet sich eine gemeinsame Auswertung der Daten beider Geschlechter.

Im einzelnen hängt bei den Männern die Ausgewogenheit im Achtgeben auf das Äußere und in der Treue mit dem Glück zusammen. Die Ausgewogenheit in der Intelligenz, dem Zeigen von Zuneigung, dem Eingehen auf Wünsche des Partners, dem Zeigen von Gefühlen, dem Bemühen um eine gute sexuelle Beziehung und der Treue sagen die sexuelle Zufriedenheit vorher. Damit dominieren die Merkmale, die etwas mit dem Vermitteln von Zuneigung zu tun haben. Überraschend ist das Ergebnis, das die Intelligenz betrifft. Männer, die in der Intelligenz im Vorteil sind, d.h. von der

Intelligenz ihrer Partnerinnen profitieren, sind am wenigsten zufrieden mit ihrer Sexualität. Daraus darf jedoch nicht geschlossen werden, daß Männer sexuelle Probleme mit intelligenten Frauen haben, denn die von den Männern eingeschätzte Intelligenz der Partnerin korreliert hoch signifikant positiv mit der sexuellen Zufriedenheit ($r = .47$).

Bei den Frauen spielt die Ausgewogenheit in den Merkmalen Intelligenz und Aussehen für die Zufriedenheit keine Rolle, es werden nur Merkmale zum Themenkreis Zuneigung und Bindung signifikant. Das Glück hängt bei Frauen zusammen mit der Gerechtigkeit in Zuneigung, Treue, Bindung und der Eigenschaft, jemand zu sein, mit dem man gut auskommt. Die sexuelle Zufriedenheit hängt lediglich mit der Gerechtigkeit im Bemühen um eine gute sexuelle Beziehung zusammen, ein nachvollziehbares Ergebnis, das dadurch zustandekommt, daß Frauen im Nachteil (die sich selbst mehr bemühen) am wenigsten zufrieden sind.

Auffällig ist der große Unterschied in den Ergebnissen der Männer und der Frauen. Bei acht signifikanten Zusammenhängen bei den Männern und fünf bei den Frauen stimmen nur zwei Zusammenhänge überein, nämlich die zwischen sexuellem Bemühen und sexueller Zufriedenheit einerseits und zwischen Treue und Glück andererseits. Bei der Treue sind diejenigen Männer und Frauen am unglücklichsten, die im Vorteil sind, d.h. von der Treue des Partners profitieren. Daraus darf man aber keinesfalls schließen, daß die Partner untreuer Personen zufrieden sind. Vermutlich geht die Kausalität in die andere Richtung, indem jemand, der selbst unzufrieden ist, mit dem Gedanken an Untreue spielt und daher im Fragebogen eine Ungerechtigkeit zum eigenen Vorteil zum Ausdruck bringt.

Ein weiterer Unterschied zwischen Männern und Frauen betrifft die Frage, wer am unglücklichsten ist. In den Merkmalen Zuneigung zeigen, auf Wünsche eingehen und Bindung sind die Männer am unglücklichsten und am wenigsten zufrieden mit der Sexualität, wenn sie im Nachteil sind, die Frauen, wenn sie im Vorteil sind. Wir haben gezeigt, daß ein Vorteil in diesen Merkmalen einen echten Vorteil in der Beziehungsdynamik bedeutet. Frauen, deren Männer sich mehr um Zuneigung bemühen, bekommen zwar unverdient viel Liebe, sind damit aber unzufrieden. Möglicherweise ist das eigene Bemühen um die Partnerschaft bei Frauen ein besserer Indikator für vorhandene Zufriedenheit, d.h. eigenes geringes Bemühen ist ein Indikator für eine nicht zufriedenstellende Partnerschaft. Bei den Männern ist das umgekehrt. Sie sind dann unzufrieden, wenn sie im Nachteil sind, d.h. sich selbst mehr bemühen. Bei ihnen ist das relativ geringe Bemühen der Partnerin ein Zeichen für Unzufriedenheit.

Betrachten wir den Zusammenhang zwischen Intelligenz und dem Achten auf das Äußere einerseits und die sexuelle Zufriedenheit andererseits. Männer im Vorteil und Frauen im Nachteil sind am wenigsten zufrieden. Wir haben aber argumentiert, daß ein Nachteil in diesen Merkmalen (der Partner achtet weniger auf sein Äußeres und ist weniger intelligent) tatsächlich eine Position zur Folge hat, die für einen selbst eher vorteilhaft ist, da man mehr günstige Eigenschaften aufweist als der Partner. So betrachtet sind auch hier die benachteiligten Männer am wenigsten zufrieden. Dies Ergebnis steht in Übereinstimmung mit einer Studie von Walster, Walster &

Traupmann (1978). Generell waren in dieser Studie gerecht behandelte Personen am glücklichsten mit ihrer Beziehung, benachteiligte am unglücklichsten. Die Vorteil-Position hing nur bei den Frauen mit Unzufriedenheit zusammen, bei den Männern nicht. Frauen dachten dann eher an eine Trennung, wenn sie selbst im Vorteil waren, Männer, wenn sie sich im Nachteil sahen (vgl. Hatfield, Traupmann, Sprecher, Utne & Hay, 1985).

Zusammenfassend läßt sich festhalten:

- Die Unterschiede zwischen Männern und Frauen in bezug auf die Zusammenhänge einzelner Gerechtigkeitsaspekte mit einzelnen Merkmalen der Beziehungsqualität sind erheblich, so daß es sich empfiehlt, Männer und Frauen getrennt zu betrachten.
- Die Vermutung, daß Gerechtigkeit für Männer wichtiger ist als für Frauen, läßt sich nicht aufrechterhalten. Bei den Männern ist sie vor allem wichtig für die sexuelle Zufriedenheit, während sie bei den Frauen für das Glück in der Beziehung bedeutsam ist.
- Gerechtigkeit in Merkmalen, die einem vorwiegend selbst zugute kommen (Intelligenz, Äußeres), zeigt nur bei den Männern Zusammenhänge, Gerechtigkeit in den Dingen, die man für den Partner tut, bei beiden Geschlechtern.
- Eine Summierung der einzelnen Gerechtigkeitsaspekte zu einem Gesamtwert, wie es allgemein üblich ist, führt zumindest bei den Frauen dazu, daß sich sämtliche Ergebnisse gegeneinander aufheben. Erstens bedeutet Überlegenheit in der Attraktivität etwas anderes als Überlegenheit im Zeigen von Zuneigung. Zweitens unterscheiden sich die Merkmale darin, ob eine Vorteil- oder Nachteil-Position mit größerer Unzufriedenheit einhergeht (zumindest bei den Frauen, während bei den Männern in den meisten Merkmalen ein Nachteil mit Unzufriedenheit verbunden ist), so daß in einer gemeinsamen Analyse die Vorteil- und Nachteil-Personen einen ähnlichen Gesamtwert bekommen. Bei der Treue sind sogar die Frauen, die im Nachteil sind, am glücklichsten und zufriedensten, d.h. diejenigen, die selbst relativ zum Partner besonders treu sind, bringen viel Glück und sexuelle Zufriedenheit zum Ausdruck. Vermutlich geht die Kausalität in die Richtung, daß eine glückliche Beziehung zu einem hohen Ausmaß an eigener Treue führt.

Wir haben uns bei der Darstellung unserer Studie auf methodische Aspekte konzentriert. Zum Abschluß soll die Frage nach der Bedeutung von Equity in Paarbeziehungen, die am Anfang des Kapitels bereits angedeutet wurde, nachgegangen werden. Unglücklicherweise lassen sich weder Studien, in denen ein Zusammenhang zwischen Equity und Beziehungsqualität festgestellt wird, noch solche, in denen er nicht festgestellt wird, eindeutig interpretieren. Ein aufgezeigter Zusammenhang kann auch auf Effekte der Ähnlichkeit zurückzuführen sein (vgl. Abschnitt 7.7). Außerdem muß vorhandene Gerechtigkeit nicht auf einer Austauschorientierung beider Partner beruhen. Auch Partner, die sich gegenseitig aus altruistischen Motiven belohnen und unterstützen, können dadurch Gerechtigkeit herstellen, ohne daß diese das Ziel ihrer Aktivitäten sein muß.

Auf der anderen Seite beweisen fehlende Zusammenhänge nicht die Bedeutungslosigkeit von Equity. Wie oben demonstriert, gibt es eine Reihe von Problemen bei der Messung von Equity. So kann die Summierung unkorrelierter Items zu unreliablen und unvaliden Gesamtwerten führen, wobei sich einzelne Ergebnisse gegeneinander aufheben. Die Formulierung von in sich homogenen Subskalen wäre eine Möglichkeit, dieses Problem zu lösen, wobei zwischen den oben angesprochenen zwei Typen von Ressourcen unterschieden werden sollte.

Die Equity-Theorie ist insofern plausibel, als es natürlich beiden Partnern unangenehm ist, wenn nur einer von der Beziehung profitiert, und es liegen etliche empirische Hinweise vor, die die Theorie stützen. Es stellt sich weniger die Frage, ob Equity eine Rolle spielt, sondern unter welchen Bedingungen sie das tut (Hatfield, Traupmann, Sprecher, Utne & Hey, 1985):

- Welche Personen sind besonders austauschorientiert?
- In welchen Beziehungen sind Personen besonders austauschorientiert?
- In welchen Situationen sind Personen besonders austauschorientiert?

Offenbar unterscheiden sich Personen danach, wie austauschorientiert sie sind (Buunk & Van Yperen, 1991). Nur bei den Personen, die viel Wert auf Gerechtigkeit legen, stehen Gerechtigkeit in der Partnerschaft und Zufriedenheit mit der Beziehung in Zusammenhang. Personen mit einer starken Austauschorientierung sind außerdem generell weniger glücklich in ihrer Beziehung als Personen mit einer geringen Austauschorientierung.

Weiterhin unterscheiden sich Beziehungen danach, inwieweit sie eine Austauschorientierung der Beteiligten fördern. Clark & Mills (1979) unterscheiden zwischen austauschorientierten Beziehungen (z.B. zwischen Geschäftspartnern) und kommunalen Beziehungen (in der Familie, in der Partnerschaft und zwischen guten Freunden). Bei kommunalen Beziehungen sollte das Wohl der anderen Person und nicht der eigene Nutzen im Vordergrund stehen. Die Bedeutung von Gerechtigkeit ist sicherlich bei engen Beziehungen geringer als bei instrumentell orientierten Beziehungen, läßt sich jedoch auch bei diesen nachweisen. Wie oben bereits angesprochen, ist Equity nicht das einzige Gerechtigkeitsprinzip. Je nach Beziehung und Situation können alternativ das Prinzip der Gleichheit oder das Bedürfnisprinzip für Aufteilungsentscheidungen und zur Beurteilung der Gerechtigkeit herangezogen werden. Rabin (1993) zeigte, daß gleichberechtigte Paare das Prinzip der Gleichheit bevorzugen und Paare, die sich im Übergang von einer traditionellen Lebensweise zu mehr Gleichberechtigung befinden, häufig das Equity-Prinzip anwenden. Den Paaren, die ihre Aufgabenverteilung und ihre Kompetenzen noch aushandeln müssen, ist ihre Orientierung an Gerechtigkeitsprinzipien bewußt, während sich egalitäre Paare nicht als regelgeleitet empfinden, sie befolgen die Prinzipien, ohne sich dessen unbedingt bewußt zu sein.

Es gibt Hinweise darauf, daß Gerechtigkeit keine große Rolle spielt, solange eine Beziehung problemlos funktioniert, daß jedoch bei Konflikten Gerechtigkeitsüberlegungen zum Tragen kommen. In Konfliktsituationen wird Ungerechtigkeit bewußt, und Gerechtigkeitsprinzipien dienen sowohl als Begründung der eigenen Position als auch als Problemlösestrategie. „Im allgemeinen werden sich die Menschen der Normen erst bewußt, wenn sie gebrochen werden... Normalerweise wird Equity aufrechterhalten, und wir sind uns ihrer normativen Gebote nicht bewußt. Wenn eine Unausgewogenheit erlebt wird, so erleben wir definitionsgemäß etwas, 'das nicht den Regeln entspricht'. Dies wiederum nötigt uns zu definieren, was sein *sollte* und erzwingt somit ein *Equity*-Bewußtsein (Utne & Kidd, 1980, S. 100; Hervorhebungen im Original).

Ist die Bedeutung von Equity und generell von Gerechtigkeit auch moderiert von Merkmalen der Personen, Beziehungen und Situationen, kann man doch festhalten, daß wir uns auch dann an Gerechtigkeitsprinzipien orientieren, wenn wir uns dessen nicht bewußt sind. Auch wenn die Behauptung, Menschen seien auch in engen Beziehungen an ihrem eigenen Nutzen orientiert, vielfach Unbehagen auslöst, wird die Bedeutung von Equity-Normen - oder allgemeiner - Gerechtigkeitsnormen spätestens dann deutlich, wenn sie gebrochen werden.

*Zusammenfassung*

Die Equity-Theorie geht davon aus, daß Menschen, die ihre Beziehungen als ungerecht einschätzen, Streß erleben und versuchen, Gerechtigkeit herzustellen. Aus der Theorie läßt sich ableiten, daß bereits bei der Partnerwahl Gerechtigkeitsüberlegungen eine Rolle spielen. Einige Studien deuten darauf hin, daß Partner mit der gleichen Anzahl wünschenswerter Eigenschaften bevorzugt zusammen sind. Das läßt sich jedoch auch mit der Tendenz zur Ähnlichkeit erklären, die im vorigen Kapitel besprochen wurde. Ergebnisse, nach denen das Fehlen einer positiven Eigenschaft durch eine andere ausgeglichen wird, lassen sich dagegen nicht alternativ mit der Bevorzugung ähnlicher Partner erklären. Gerechtigkeit in Beziehungen steht mit der Zufriedenheit und der Beständigkeit in Zusammenhang.

Gemessen wird die subjektive Gerechtigkeitseinschätzung entweder mit einem globalen Maß oder mit differenzierten Fragebögen, in denen eine Vielzahl einzelner Aspekte angesprochen wird. Diese Fragebögen sind aber in psychometrischer Hinsicht problematisch. Da die einzelnen Testteile nicht miteinander korrelieren (was mit der Theorie nicht in Widerspruch steht), ergeben sich Einbußen in der Validität, was an einer Studie demonstriert wurde, in der sich durch die Summierung der Einzelitems sämtliche Ergebnisse (bei den Frauen) gegeneinander aufheben. Weiterhin bestehen theoretische Einwände gegen diese Art der Skalenkonstruktion: Eine Überlegenheit in Merkmalen wie Intelligenz und Attraktivität (d.h. der Partner ist intelligenter oder attraktiver) stellt keine echte Überlegenheit dar, da der Partner mit den positiveren Eigenschaften weniger abhängig von der Beziehung ist. Eine Überlegenheit in Merkmalen wie Wärme und Liebe (der Partner liebt mehr) bedeutet dagegen, daß man selbst die Position größerer Macht innehat. Beide Gruppen von Ressourcen sollten nicht vermischt ausgewertet, sondern getrennt betrachtet werden.

## 8. Der Partner als Puffer gegen Belastungen: Psychisches Wohlbefinden, Depression und Erfahrungen in der Partnerschaft

Jeder von uns hat einmal Tage, an denen er oder sie sich schlecht und elend fühlt. Die meisten von uns erinnern sich auch daran, schon einmal aus Verzweiflung geweint zu haben und tief deprimiert gewesen zu sein. Manchmal sind solche negativen Gefühlsausbrüche scheinbar grundlos, ohne erkennbare Ursache. Häufig lassen sich aber auch konkrete Umstände nennen, die die Verstimmung ausgelöst haben könnten, wie eine schlechte Klassenarbeit in der Schule oder eine unglückliche Liebesgeschichte. Diese alltäglichen Tiefs sind nicht zu verwechseln mit der klinisch bedeutsamen Depression.

Depressionen stellen eine weit verbreitete Form der psychischen Störung dar (Davison & Neale, 1996). Sie lassen sich als emotionaler Zustand beschreiben, der durch große Traurigkeit, Antriebslosigkeit, Schuldgefühle und Gefühle der Wertlosigkeit, Rückzug von anderen sowie teilweise durch Schlaf- und Appetitstörungen gekennzeichnet ist. Im allgemeinen wird zwischen zwei Formen der Depression unterschieden (vgl. DSM IV Klassifikation): unipolare und bipolare Depression. Während unipolare Depressionen durch Schlafstörungen gekennzeichnet sind und eher im Alter zwischen 40 und 50 Jahren auftreten, sind bipolare Depressionen durch einen Wechsel mit Hochgefühlen und durch mehr Schlafbedürfnis sowie durch ein früheres Auftreten in den Dreißigern gekennzeichnet. Generell sind unipolare Depressionen wesentlich häufiger als bipolare. Schätzungen gehen davon aus, daß etwa 1% der Bevölkerung irgendwann eine bipolare Depression erleidet, aber 4-5% eine unipolare Depression.

Im englischen wie im deutschsprachigen Bereich werden Fragebogen zur Erfassung der Neigung zu depressiven Verstimmungen verwendet. Ein Beispiel ist das Beck-Depressionsinventar (BDI; vgl. die deutsche Version von Kammer, 1983) sowie der CES-D (für Center for Epidemiologic Studies - Depression) Fragebogen (Radloff, 1975), die beide die Häufigkeit von etwa 20 depressiven Symptomen abfragen (z.B. Ich bin so traurig und unglücklich, daß es mich quält; wenn ich auf mein Leben zurückblicke, sehe ich eine Menge Fehlschläge). Sie dienen der quantitativen Abschätzung subjektiver Beeinträchtigungen durch körperliche Beschwerden und Allgemeinbeschwerden.

Zwar wird häufig bei Vergleichen von Fragebogendaten festgestellt, daß Frauen depressiver als Männer sind (Davison & Neale, 1996;. Nolen-Hoeksema, 1987), aber dieser Unterschied beruht darauf, daß bei Frauen einige Fälle von besonders hoher Depression zu finden sind, die bei Männern seltener auftreten. Wenn die Daten so transformiert werden, daß die Extremwerte weniger stark zu Buche schlagen, verschwindet der Geschlechtsunterschied weitgehend und ist in einer großen Stichprobe von mehr als 1300 Befragten in zwei Wohnbereichen von Los Angeles nicht mehr signifikant (Golding, 1988). Extremfälle können also den generellen Vergleich zwischen Männern und Frauen verzerren. Daher ist eine Korrektur der Daten vor einem Vergleich der Mittelwerte von Männern und Frauen sinnvoll.

Aber auch ein weiteres Argument verdeutlicht, daß die Geschlechtsunterschiede in der Depression zwischen Männern und Frauen „unecht" sind (Golding, 1988). Verschiedene demographische Merkmale wie Ausbildung und Einkommen hängen mit der gemessenen Depression zusammen. Je höher die Ausbildung und je höher das Einkommen, desto geringer die Depression. Diese demographischen Merkmale, die mit der Depression zusammenhängen, hängen gleichzeitig mit dem Geschlecht zusammen. Sowohl das durchschnittliche Einkommen als auch der durchschnittliche Ausbildungsstatus lagen bei den 623 befragten Männern höher als bei den 693 Frauen.

Das legt die Vermutung nahe, daß die Geschlechtsunterschiede in der Depression verschwinden, wenn vorher eine statistische Kontrolle von Einkommen, Bildungsstand und anderen demographischen Merkmalen stattfindet, die sowohl mit Geschlecht als auch mit Depression zusammenhängen, was auch belegt wurde (Golding, 1988). Das gilt auch für die Gruppe der Personen, die extrem hohe Depressionswerte aufweisen.

Die Depression eines Partners und die Zufriedenheit des anderen Partners hängen zusammen. In Box 8.1 wird ein Beispiel dafür gegeben, das eine plausible Erklärung dafür beinhaltet, wie dieser Zusammenhang entsteht.

*Box 8.1:* Arbeitslosigkeit, Depression und partnerschaftliche Zufriedenheit

Es ist bekannt, daß Arbeitslosigkeit mit erhöhten Depressionswerten zusammenhängt (Feather & Barber, 1983). Insbesondere zeigt sich, daß mit der Anzahl der Versuche, eine Arbeit zu finden, die Depression, die durch den BDI gemessen wird, zunimmt. Außerdem korreliert die Höhe des Einkommens negativ mit Depression (Golding, 1988). Das spricht dafür, daß Arbeitslosigkeit, die mit finanziellen Problemen einhergeht, die Auslösung von depressiven Symptomen wahrscheinlich macht.

In romantischen Beziehungen ist aber nicht nur die Depression der arbeitslosen Person zu berücksichtigen, sondern auch die des Partners oder der Partnerin. Denn die Depression des Partners oder der Partnerin kann ungünstige Interaktionsmuster in Gang setzen, die die Beziehungszufriedenheit der arbeitslosen Person beeinträchtigen.

Vermutlich macht sich die finanzielle Belastung dabei als zusätzlicher Negativfaktor bemerkbar. Wenn eine Person ihren Lebensstandard einschränken muß, dürfte die Erfahrung der Arbeitslosigkeit besonders bedrückend sein. Ökonomische Belastungen können sich auf die ganze Familie ausdehnen und auch wieder auf die arbeitslose Person zurückwirken (Conger et al., 1990).

Vinokur, Price und Caplan (1996) befragten 815 Arbeitslose in Michigan, die nach einer neuen Arbeit suchten, und ihre Partner bzw. Partnerinnen. Die Befragten waren weitgehend repräsentativ für die Gruppe der Arbeitslosen in den USA. Sie waren zwischen 1 und 13 Wochen arbeitslos, und ihre letzte Beschäftigung hatte etwa 4 Jahre gedauert. Ihr mittleres Alter lag bei etwa 36 Jahren.

Auf der Basis von Fragebogen wurden latente Faktoren für Depression beider Partner und der partnerschaftlichen Zufriedenheit der Arbeitslosen gebildet. Die geschätzte Korrelation zwischen der Depression des Partners oder der Partnerin und dem Glück in der Beziehung (eingeschätzt durch die arbeitslose Person) betrug zum ersten Meßzeitpunkt $r = -.30$. Depression ging also mit einer geringeren Zufriedenheit des Partners einher. Nach sechs Monaten wurden dieselben Angaben zum zweiten Mal erhoben. Die Korrelation betrug erneut $r = -.30$.

Die Studie zeigt auch, wie die eigene Depression mit Beziehungszufriedenheit zusammenhängt: $r = -.41$ zum ersten Meßzeitpunkt und $r = -.55$ zum zweiten Meßzeitpunkt. Depressivere Personen schätzen sich als weniger glücklich in der Beziehung ein. Beach, Arias & O'Leary (1986) berichten in einer Studie, die 267 verheiratete Männer und Frauen mit einem mittleren Alter von 47 Jahren umfaßte, eine Korrelation von $r = -.26$ zwischen Zufriedenheit, die mit dem Marital Adjustment Test (MAT; Locke & Wallace, 1959) erfaßt wurde, und Depression, die mit dem Beck-Depressionsinventar gemessen wurde.

Schließlich wurde von Vinokur und seinen Mitarbeitern auch die Depression des einen Partners mit der des anderen korreliert. Die Zusammenhänge lagen bei $r = .20$ (1. Messung) und $r = .33$ (2. Messung). Depression kann also eine ansteckende Wirkung ausüben.

Eine wichtige vermittelnde Variable ist das Interaktionsverhalten der Partner. Dieses wurde in zwei Bereichen erfaßt: *Erhalt von sozialer Unterstützung* (im Sinne von Ermutigung, Zuhören, Sorge und Interesse zeigen) und *Opfer von Störmanövern sein* (im Sinne von Schwierigkeiten machen, Ärger zeigen und sich auf die Nerven gehen). Diese Fragen wurden von beiden Partnern beantwortet. Beide Skalen korrelieren hoch negativ.

In einem Modell wurde davon ausgegangen, daß die Einflüsse der Partnerdepression auf die Beziehungszufriedenheit der Arbeitslosen über das Ausmaß der sozialen Unterstützung und der Störmanöver vermittelt wird (Abbildung 8.1). Danach trägt die Depression des Partners zu geringerer Unterstützung und mehr Störmanövern bei, die dann ihrerseits das Glück in der Beziehung positiv bzw. negativ beeinflussen. Schließlich gilt, daß die Depression des Partners (wie die des Arbeitslosen) durch die erlebte finanzielle Belastung beeinflußt wurde.

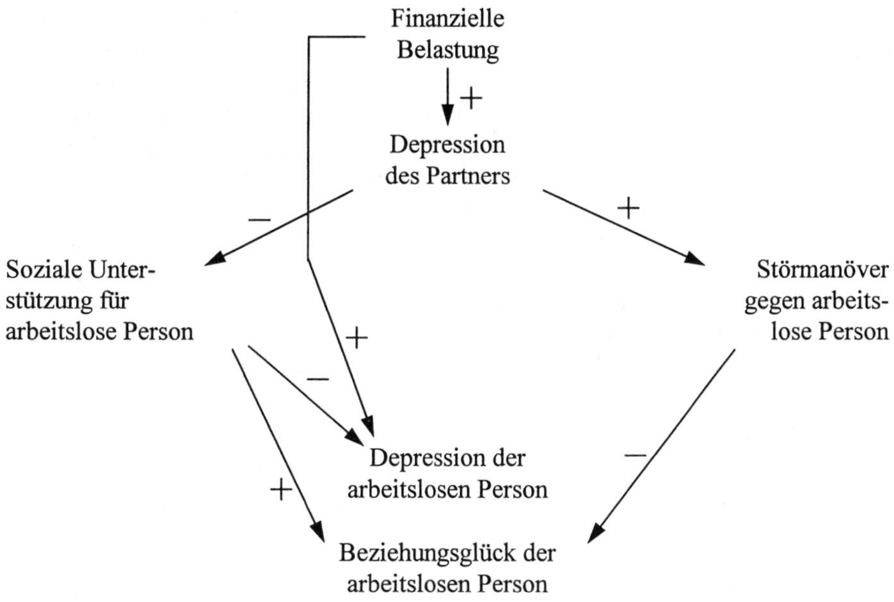


*Abbildung 8.1:* Finanzielle Belastung, Depression und Beziehungszufriedenheit (nach Vinokur, Price & Caplan, 1996)

Eine statistische Prüfung zeigt, daß die korrelativen Daten der Untersuchung durch dieses Modell angemessen beschrieben werden können. Die komplexen Ergebnisse dieser Studie an Arbeitslosen und ihren Partnern bzw. Partnerinnen lassen sich wie folgt zusammenfassen: Finanzielle Belastung führt zu depressiven Gefühlen, die vermittelt über Merkmale der sozialen Unterstützung und der Störmanöver zu geringerem Glück in der Beziehung beitragen. Alle diese Merkmale weisen im übrigen eine beträchtliche Stabilität über 6 Monate auf. Die Korrelationen zwischen Depression und Glück in der Beziehung betragen $r = .52$ bzw. $r = .55$, wenn die Einschätzungen der Personen zugrundegelegt werden, die zum ersten Meßzeitpunkt arbeitslos geworden waren. Davon hatten 6 Monate später etwa 50% wieder einen Arbeitsplatz gefunden.

Das Modell in Abbildung 8.1 scheint im übrigen für Männer und Frauen gleichermaßen Gültigkeit beanspruchen zu können. Es beinhaltet keinen direkten Zusammenhang zwischen Depression und Zufriedenheit. Da solche Zusammenhänge auftreten, ist danach zu fragen, wie sie vermittelt werden. Die vorliegenden Ergebnisse lassen vermuten, daß das Ausmaß der positiven und negativen Interaktion zwischen den Partnern eine entscheidende Rolle spielt und eine ungünstige finanzielle Situation dazu beitragen kann, daß sich depressive Gefühle aufbauen.

In dem Beispiel, das in Box 8.1 dargestellt wurde, wird angenommen, daß Depression zu geringerem Glück in der Beziehung führt (vermittelt über Interaktionsmerkmale, s. Abbildung 8.1). Umgekehrt kann vermutet werden, daß das Auftreten von Depressionen als Folge von gestörten engen Beziehungen zu sehen ist. Streß in der Partnerschaft ist sehr belastend, nicht zuletzt wenn kein Ende des Konflikts abzusehen ist. In Ehen genauso wie in Partnerschaften ohne Trauschein kann das Vorhandensein von Spannungen ein Gefühl von Hilflosigkeit oder Hoffnungslosigkeit auslösen, das sich in depressiven Verstimmungen niederschlägt. Die Erwartung, daß jeden Abend erneut ein heftiger Streit ausbrechen wird, und die Unausweichlichkeit dieser Entwicklung können direkt in die Depression führen. Die Intimität der Beziehung kehrt sich dann in eine hohe Anfälligkeit für psychische Störungen um.

Beide Richtungen des Zusammenhangs zwischen gestörten Beziehungen und Depression eines oder beider Partner sind plausibel. Im folgenden werden wir Argumente für beide Argumentationsrichtungen sammeln. Anschließend gehen wir auf die Bedeutung von Paartherapien ein.

## *8.1 Partnerschaftliche Uneinigkeit als Ursache für die Beeinträchtigung der Befindlichkeit*

Auseinandersetzungen in Ehen sind weiter verbreitet, als gemeinhin angenommen wird (Burman, Margolin & John, 1993; Hahlweg, 1991), wobei Männer wie Frauen gleichermaßen ihren Beitrag leisten. Streit in Beziehungen kann depressive Stimmungen der Partner auslösen. In gestörten Partnerschaften zeigt häufig wenigstens ein Partner depressive Symptome. Wie kann es zu depressiven Reaktionen in Beziehungen kommen? In gestörten Beziehungen entwickelt sich leicht ein Beziehungsmuster, das durch Rückzug der Partner gekennzeichnet ist. Die Häufigkeit von Gesprächen und gemeinsamen Aktivitäten nimmt ab. Zudem treten in den verbleibenden Interaktionen der Partner heftige Auseinandersetzungen auf, die durch Ärger und Wut gekennzeichnet sind (Beach, Sandeen & O'Leary, 1990). Im Endeffekt ist die Gemeinsamkeit der Partner durch das Überwiegen von negativen Gefühlen gekennzeichnet, die starke wechselseitige Ressentiments, aber auch individuelle Stimmungseinbrüche auslösen können.

Der Verlauf einer Partnerschaft folgt häufig einem bestimmten Muster. In der Anfangsphase stehen das Neue, die Erfüllung lang gehegter Wünsche und die emotionale Nähe im Mittelpunkt (Fitness & Strongman, 1991). Der Kontrast zu dem vorherigen Alleinleben führt zu einem besonders intensiven Erlebnis von positiven Emotionen in der ersten Phase einer romantischen Beziehung.

Diese Konstellation ist analog einem Kontrasteffekt in der Wahrnehmung. Positive Erlebnisse werden in die extreme Richtung akzentuiert, weil sie sich so deutlich von der Zeit vor Beginn der Beziehung abheben. Damit wird der Partner oder die Partnerin zu einer besonders wertvollen Quelle von positiven Verstärkungen. Unter diesen glücklichen Umständen wird das Belohnungspotential romantischer Beziehungen weitgehend ausgeschöpft. Die Partner glauben, im siebten Himmel zu sein.

In der nachfolgenden Phase, in der sich die Beziehung konsolidiert, wird das positive Belohnungspotential der Beziehung geringer. Gleichzeitig treten auch Konflikte und Schwierigkeiten auf, die zu negativen Erlebnissen in der Beziehung führen. Diese stehen nun aber im Kontrast zu der anfänglichen Euphorie, die sich nicht wieder einstellen will. Dadurch werden leicht Frustrationen ausgelöst, die auf die Beziehung zurückgeführt werden. Im Endeffekt ist die Bühne aufgebaut, auf der sich dann Dramen partnerschaftlicher Uneinigkeit abspielen können.

Beach, Sandeen & O'Leary (1990) nehmen an, daß Uneinigkeit der Partner zu Angriffen auf den Partner bzw. die Partnerin, Herabwürdigungen seiner/ihrer Person und Schuldzuschreibungen führt. Diese Annahme geht in ihr „Modell der ehelichen Uneinigkeit" ein (Abbildung 8.2). In diesem Modell wird der Prozeß abgebildet, der von Auseinandersetzungen in der Partnerschaft zu negativen Emotionen und Kognitionen der Partner führt. Das Modell unterscheidet zwischen den Bereichen der Partnerschaft, die durch Uneinigkeit unterminiert werden, und denen, die durch Uneinigkeit intensiviert werden.

Welche Bereiche der romantischen Beziehung werden durch Uneinigkeit beeinträchtigt? An erster Stelle sind der Zusammenhalt der Partner und die gegenseitige emotionale Akzeptanz zu nennen. Es fällt schwerer, in schwierigen Situationen zusammenzurücken und gemeinsam an einem Ziel zu arbeiten. Auch die Hilfsbereitschaft läßt nach. Weitere Effekte der Uneinigkeit sind die Beeinträchtigung des Selbstwertgefühls sowie die Reduktion der Verläßlichkeit und der erlebten Intimität.

Was sind andererseits die Merkmale, die durch Uneinigkeit gefördert werden? An erster Stelle steht die Aggressionsbereitschaft der Partner. Diese wird durch gegenseitige Abwertung und Schuldzuweisung gesteigert. Die tägliche Routine der Partnerschaft wird gestört, so daß die Partnerschaft als Belastung erlebt wird. Die Partner können sich nicht mehr so gut auf ihre Aufgaben in anderen Bereichen konzentrieren. Häufig treten als Folge Trennungsabsichten auf.

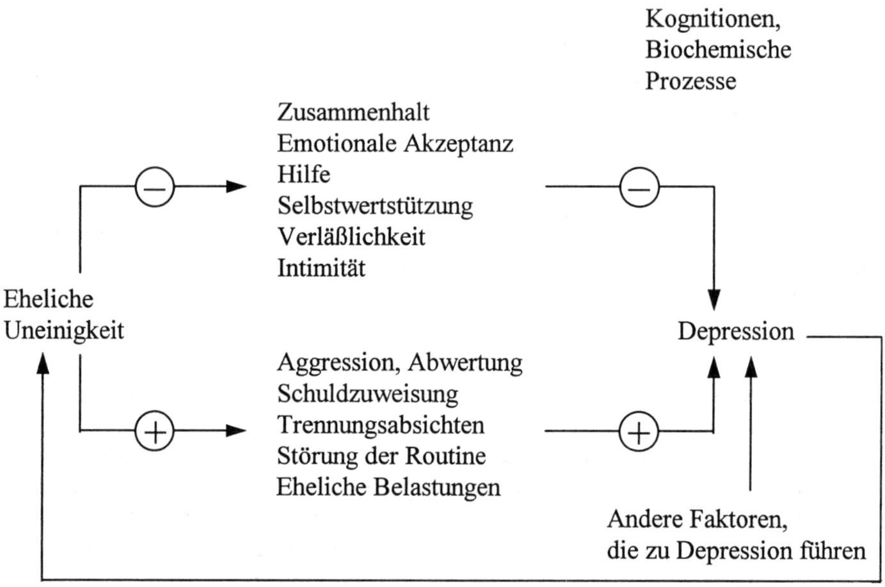


*Abbildung 8.2:* Modell der ehelichen Uneinigkeit (nach Beach, Sandeen & O'Leary, 1990)

Die genannten Effekte tragen insgesamt dazu bei, daß Depressionen ausgelöst werden können. Sie können natürlich auch auf anderen Ursachen als Spannungen in der romantischen Beziehung beruhen. So können biochemische Prozesse mit Stimmungsbeeinträchtigungen zusammenhängen. Weitere Einflußfaktoren, die in Theorien der Depression genannt werden und deren Bedeutsamkeit in Zwillingsstudien nachgewiesen wurde, sind genetische Dispositionen. Außerdem können kognitive Schemata, wie sie z.B. von Beck, Rush, Shaw & Emery (1986) beschrieben werden, depressive Muster erzeugen. Dazu zählen willkürliche Schlußfolgerungen angesichts negativer Gegebenheiten (mein Partner liebt mich nicht), Übergeneralisierungen (ich bin wertlos, weil ich keine gute Beziehung führen kann) und Über- und Untertreibungen (z.B. ein belangloser Streit dient als Beleg dafür, daß die Beziehung am Ende ist, oder eine Aufmerksamkeit des Partners oder der Partnerin wird als bloßer Zufall betrachtet).

Generell besteht eine Tendenz, daß in gestörten Partnerschaften negative Reaktionen wechselseitig auftreten. Der Partner sagt etwas Negatives über die Partnerin, die sich gekränkt fühlt, mit einem Angriff antwortet usw. Dieser Austausch negativer Verhaltensweisen kann stundenlang andauern, ohne daß ein Ausweg aus der Eskalation gefunden wird (Hahlweg, 1991). Er führt zu einer ungünstigen Belohnungsbilanz in der Partnerschaft. Die negativen Ereignisse werden leichter erinnert als die positiven, so daß sie ein besonders großes Gewicht bei rückblickenden Betrachtungen auf den Erfolg der Beziehung haben. Die Partner fügen sich zunehmend gegenseitig Schaden zu, während die positiven Erfahrungen durch den daraus entstehenden Rückzug aus der Beziehung verringert werden (O'Leary & Smith, 1991).

Bei Personen, die in ehelicher Uneinigkeit leben, ist die Depression deutlich erhöht. So berichten z.B. Beach, Arias & O'Leary (1986), daß das Risiko der Depression bei Paaren mit relativ niedriger Zufriedenheit (Paare unterhalb des Medians des MAT) doppelt so hoch lag wie bei Paaren mit hoher Zufriedenheit (Paare oberhalb des Medians). Wenn zusätzlich berücksichtigt wurde, ob die befragten Personen sich auch als sozial isoliert beschrieben (Einordnung unterhalb des Medians aufgrund des Fehlens von Kontakten zu Freunden und Verwandten), ergab sich, daß mit der Beziehung unzufriedene und sozial isolierte Personen das sechsfache Depressionsrisiko aufwiesen im Vergleich zu zufriedenen sozial integrierten Personen.

Diese Vergleiche beruhen auf einer Medianaufteilung der Befragten, bei der sie in eine positive und eine negative Hälfte im Hinblick auf ihre soziale Integration eingeteilt wurden. Wenn die Kriterien für Eheglück und soziale Unterstützung durch die Bildung von Extremgruppen verschärft wurden, wiesen zwei Drittel der Personen, die isoliert und unglücklich waren, depressive Symptome auf, während nur 1/20 der Personen, die besonders glücklich und sozial integriert waren, solche Symptome berichteten. Somit stieg in diesem Extremgruppenvergleich das Risiko der Depression in Abhängigkeit von der Partnerschaftsunzufriedenheit und der sozialen Desintegration um das 13fache.

Prozesse in der Partnerschaft können zur Aufrechterhaltung der Depression beitragen. Partner können die Darstellung negativer Gefühle als Mittel der Beeinflussung verwenden (Patterson, 1982; Tedeschi & Felson, 1995). Wenn sich herausstellt, daß depressive Gefühle zu einer Verringerung der Aggression des Partners oder der Partnerin führen, werden sie zu einer Technik der Interaktion, die benutzt werden kann, um die Aufmerksamkeit und die Zuwendung des Partners oder der Partnerin zu erreichen. Die Depression trägt dann aufgrund günstiger Konsequenzen in der Beziehung zu ihrer eigenen Fortsetzung bei (Coates & Wortman, 1980).

## *8.2 Depression als Ursache für partnerschaftliche Unzufriedenheit*

Empirische Ergebnisse zeigen, daß in Partnerschaften, in denen ein Partner depressiv ist, negative Kommunikation auftritt und das gegenseitige Verständnis der Partner sinkt (Sher & Baucom, 1993). Die Interaktion mit einer depressiven Person ist oft nicht einfach, da sie nach außen als abweisend erscheinen kann. In diesem Sinne verweisen auch Davison und Neale (1996) in ihrer Definition der Depression darauf, daß sie durch einen Rückzug von anderen Menschen gekennzeichnet ist. Depressive suchen weniger soziale Unterstützung als Nicht-Depressive und entwickeln einen relativ ungünstigen interpersonellen Stil, der mögliche Kontaktpersonen vertreiben kann (Beach, Sandeen & O'Leary, 1990).

Die eingangs dargestellte Untersuchung von Vinokur, Price & Caplan (1996) deutet in die gleiche Richtung. Die Autoren berichten, daß eine Umkehrung der Richtung der Pfeile, wie sie in Abbildung 8.1 dargestellt sind, zu einem Modell führt, das den Daten nicht hinreichend angepaßt ist.

Baucom & Weiss (1986) haben auf die Auswirkung der Geschlechtsrollenorientierung hingewiesen. Expressives Verhalten von Frauen führt über die Auslösung von Hilflosigkeits-Episoden und Kontrollverlusten zu der Entwicklung von Depressionen, die sich ihrerseits störend auf das Eheleben auswirken können. Generell besteht die Gefahr, daß die Anpassung an normative Vorgaben der Frauenrolle dazu führt, daß Elemente von Depression gezeigt werden (Rothblum, 1983).

Snyder, Mangrum & Wills (1993) berichteten als Ergebnis einer Paartherapiestudie, daß hohe Depression wenigstens eines Partners zu Beginn der Therapie eine ungünstige Prognose des Therapieerfolgs nahelegte. Bei einer Nachuntersuchung nach vier Jahren bestand diese Spannung eher fort, oder es war eine Scheidung eingetreten.

Die negativen Auswirkungen von Depression auf interpersonelle Beziehungen im allgemeinen und romantische Beziehungen im besonderen sind empirisch gut belegt. Daher kann zusammenfassend festgestellt werden, daß zwischen Depression und ehelicher Uneinigkeit verbunden mit geringer Zufriedenheit ein wechselseitiger Zusammenhang besteht (vgl. Abbildung 8.2). Unzufriedenheit in der Beziehung fördert das Auftreten depressiver Verstimmungen. Diese verstärken dann wiederum die partnerschaftliche Unzufriedenheit. Dieser Kreislauf kann an beiden Endpunkten gleichermaßen in Gang gesetzt werden. Wenn ein Partner depressive Stimmungen entwickelt (z.B. aufgrund ungünstiger kognitiver Schemata), besteht eine hohe Wahrscheinlichkeit, daß dadurch das Glück in der Beziehung beeinträchtigt wird. Umgekehrt kann durch eheliche Uneinigkeit eine depressive Entwicklung verursacht werden.

### *8.3 Paartherapie bei Depressionen*

Weiteren Aufschluß über die Beziehung zwischen Depression und Streit in der Partnerschaft liefern zwei paartherapeutische Studien, in denen unterschiedliche verhaltenstherapeutische Programme eingesetzt wurden. Wie sehen typische Maßnahmen in einer Paartherapie aus? Beach, Sandeen & O'Leary (1990) geben eine detaillierte Beschreibung einer Paartherapie bei Depressionen, die 15 Sitzungen in Anspruch nimmt. In diesem Verfahren spielen folgende Elemente eine Rolle:

- dem Partner oder der Partnerin Aufmerksamkeit zuwenden,
- gemeinsame Aktivitäten ausführen, die beiden Partnern Freude machen,
- Einübung gegenseitiger Fürsorge und Vermeidung von Aggressionen,
- Kommunikationsmuster beobachten und verbessern,
- Erwerb von konstruktiven Techniken der Problemlösung,
- Akzeptanz der Unvermeidbarkeit von Höhen und Tiefen in der Partnerschaft.

Ergebnisse von Therapiestudien werden an zwei Beispielen ausführlicher dargestellt. O'Leary & Beach (1990) berücksichtigten in ihrer Studie nur Partner, deren durchschnittliche Zufriedenheitswerte (gemessen mit der DAS nach Spanier, 1976, deutsche Version: Fragebogen zur Beurteilung der Zweierbeziehung FBZ, in Hank, Hahlweg & Klann, 1990) sehr niedrig waren. Außerdem ließ sich bei allen Paaren die Frau durch hohe Depressionswerte auf dem BDI und die Diagnose Depression kennzeichnen, ohne daß diese so schwer war, daß sie medikamentös behandelt werden mußte.

Zwei Therapieformen wurden eingesetzt: die kognitive Therapie nach Beck et al. (1986), die darauf abzielt, falsche Denkmuster und Selbstschemata zu durchbrechen, und die oben beschriebene Paartherapie. Die Paartherapie hat nur wenige Elemente mit einer individuellen Depressionstherapie gemeinsam.

Im Vergleich mit einer Wartegruppe ergab sich, daß die kognitive Therapie und die Paartherapie gleichermaßen zu einer Verbesserung der depressiven Stimmung führten. Darüber hinaus wirkte sich die Paartherapie positiv auf das Eheglück aus, während die kognitive Therapie keine vergleichbaren Effekte erzielte. Diese Effekte blieben auch ein Jahr nach Beendigung der Therapie stabil.

Der Erfolg der Paartherapie bei der Depression ist besonders beeindruckend, da die Paartherapie nur indirekt Elemente beinhaltet, die sich auf die depressive Stimmung eines Partners beziehen. Diese kommen dann zum Tragen, wenn die Stimmungslage des Partners als Problem erscheint, über dessen Lösung gesprochen wird. Der Erfolg geht vermutlich darauf zurück, daß durch die Ehetherapie die belastenden Spannungen und Auseinandersetzungen zwischen den Partnern reduziert werden, die zu der depressiven Entwicklung beigetragen haben.

Jacobson und seine Mitarbeiter (1991) benutzten in ihrer Studie eine ähnliche Paartherapie, wie sie ursprünglich von Jacobson & Margolin (1979) entwickelt wurde. An ihrer Untersuchung nahmen 60 Paare teil, bei denen die Frau depressive Symptome zeigte (ähnlich wie bei O'Leary & Beach, 1990). Im Unterschied zu O'Leary und Beach war eine hohe eheliche Unzufriedenheit keine Voraussetzung für die Teilnahme an der Studie. Vielmehr wurde im nachhinein auf der Basis des DAS eine Klassifikation in glückliche und unglückliche Paare durchgeführt.

Mit diesen beiden Personengruppen wurde entweder eine Paartherapie, eine kognitive Depressionstherapie der Frau oder eine kombinierte Therapie durchgeführt. Vor der Behandlung unterschieden sich die glücklichen und unglücklichen Paare nicht im Ausmaß der Depression der Frau, die jeweils hoch ausgeprägt war (entsprechend den Auswahlkriterien).

Alle Therapieformen führten zu einer Reduktion der Depression. Die mit dem BDI gemessene Depression unterschied sich in den drei Gruppen nach der Behandlung nicht bedeutsam. In allen Gruppen verbesserte sich auch die eheliche Zufriedenheit. Diese Verbesserungen traten allerdings hauptsächlich bei den unglücklichen Paaren auf, da die glücklichen Paare naturgemäß in dieser Hinsicht weniger profitieren können.

Eine Analyse der Subgruppe der Personen, die analog zu O'Leary & Beach (1990) zusammengestellt wurde (hohe Depression der Frau sowie hohe partnerschaftliche Unzufriedenheit), ergab, daß sich nur die Paartherapie bedeutsam positiv auf die partnerschaftliche Zufriedenheit auswirkte, während die kognitive Therapie nur geringe Verbesserungen im Hinblick auf die Zufriedenheit erbrachte. Diese Ergebnisse entsprechen im wesentlichen denen von O'Leary & Beach (1990), wonach beide Therapieformen erfolgreich die Depression der Frau reduzieren und die Paartherapie bei unglücklichen Paaren zusätzlich zu einer Erhöhung des Eheglücks beiträgt.

In einem späteren Bericht über Nachuntersuchungen nach sechs und zwölf Monaten (Jacobson, Fruzzetti, Dobson, Whisman & Hops, 1993) wurde festgestellt, daß die Rückfallquoten (Rückkehr der depressiven Symptome) in allen drei Therapiebedingungen gering waren. Nach den Kriterien der Autoren war die Therapie bei 68% der Klientinnen erfolgreich. Von diesen waren 80% nach einem Jahr erreichbar. Bei ihnen fanden sich Rückfallquoten von 10 bis 15%. Die BDI-Werte fielen nach einem Jahr in allen drei Therapiegruppen ähnlich aus. Die Erfolgsquoten im Hinblick auf die partnerschaftliche Zufriedenheit liegen in dem Bereich, der allgemein für Paartherapien berichtet wird, wobei allerdings die Verwendung von höheren Standards der partnerschaftlichen Zufriedenheit zu niedrigeren Erfolgsschätzungen im Bereich von 40-55% führt (O'Leary & Smith, 1991).

### *8.4 Integration der Befunde*

In einer Untersuchung (Beach, Nelson & O'Leary, 1988) wurden drei Gruppen von Frauen miteinander verglichen: zwei Gruppen, die eine Eheberatungsstelle aufsuchten, wobei eine der Gruppen hohe depressive Werte aufwies und die andere niedrige, sowie eine dritte Gruppe von verheirateten Frauen, die keine Beratungsstelle aufgesucht hatten. Die drei Gruppen wurden nach vier demographischen Variablen (Alter, Einkommen, Zahl der Kinder, Ausbildung in Jahren) parallelisiert. Das mittlere Alter in den drei Stichproben variierte zwischen 36 und 40 Jahren.

Wie erwartet war der Depressionswert im BDI in der depressiven Gruppe höher ($M = 25.9$) als in der nichtdepressiven Beratungsgruppe ($M = 9.17$). Bemerkenswert war aber, daß der durchschnittliche BDI-Wert in der Kontrollgruppe niedriger ($M = 5.66$) war als in der nichtdepressiven Beratungsgruppe. Das läßt vermuten, daß mit partnerschaftlichen Spannungen eine größere depressive Symptomatik einhergeht. In diesem Zusammenhang ist darauf hinzuweisen, daß die durchschnittlichen Depressionswerte bei Personen auch nach einer erfolgreichen Therapie - sei sie nun auf Beck gestützt und individuell orientiert oder auf Paare bezogen - noch relativ hoch sind. Das legt die Frage nahe, ob eine Ehetherapie im wesentlichen nur dazu beitragen kann, daß es die Partner wieder „miteinander aushalten können“ (vgl. O'Leary & Smith, 1991). Im Hinblick auf die partnerschaftliche Zufriedenheit unterschieden sich die beiden Beratungsgruppen nicht bedeutsam voneinander, während sie gleichzeitig deutlich von der Kontrollgruppe abwichen.

Schließlich wurden auch zwei kognitive Merkmale erfaßt, die sich aus der kognitiven Depressionstherapie von Beck et al. (1986) ergeben: Neigung zu kognitiven Fehlern, wie Übergeneralisierung und Personalisierung bei negativen Ereignissen, sowie dysfunktionale Einstellungen. Die Neigung zu kognitiven Fehlern war bei der depressiven Gruppe stärker ausgeprägt als bei den beiden anderen. Darüber hinaus waren dysfunktionale Einstellungen in der Kontrollgruppe am niedrigsten ausgeprägt und in der depressiven Gruppe am höchsten. Diese Ergebnisse sprechen für die Annahme von Beck et al., daß Depressionen auf fehlerhafter Informationsverarbeitung beruhen.

Bei der Vorhersage der Depression leisteten die kognitiven Fehler und der erlebte Zusammenhalt des Paares, der im Rahmen des Zufriedenheitsfragebogens (DAS von Spanier, 1976) erfaßt wurde, unabhängige Beiträge. Die multiple Korrelation mit der Depression betrug $R = .56$. Wenn die kognitiven Fehler der erste Prädiktor waren, klärte der Zusammenhalt des Paares als zweiter Prädiktor noch zusätzliche Varianz der Depression auf. Umgekehrt klärten die kognitiven Fehler noch zusätzliche Varianz der Depression auf, wenn der erlebte Zusammenhalt der erste Prädiktor war.

Wann ist die Wahrscheinlichkeit besonders groß, daß eine gestörte Beziehung zu depressiven Symptomen führt? Nach dem Marital Discord Model wird ein solcher Effekt besonders dann erwartet, wenn die Person durch eine depressive Tendenz gekennzeichnet ist, bei der negative Affekte relativ zu positiven Affekten dominieren (Beach & O'Leary, 1993). Eine solche Disposition schafft eine gewisse Vulnerabilität für Streß, der u.a. durch partnerschaftliche Auseinandersetzungen entsteht. Daher kann eine entsprechende Disposition als Moderatorvariable für den Einfluß von Beziehungsstörungen auf die Intensivierung der depressiven Symptome angesehen werden.

In einer Untersuchung mit 241 Paaren, die dreimal (vor der Heirat, 6 Monate danach und 18 Monate danach) befragt wurden, fanden sich Belege für diese Hypothese eines Moderatoreffekts: Bei einer ungünstigen Disposition der Person wirkte sich eine ungünstige Ehebeziehung besonders negativ auf die Entwicklung depressiver Symptome aus, so daß bei diesen Personen die Befindlichkeit durch Schwierigkeiten in der Ehe besonders beeinträchtigt wurde (Beach & O'Leary, 1993).

Obwohl diese Untersuchung nicht in jeder Hinsicht eindeutig zu interpretieren ist (anfängliche Depressionswerte auf dem BDI wurden als Klassifikationsmerkmal benutzt, um die Anfälligkeit für Depression zu einem späteren Zeitpunkt, gemessen mit dem BDI, zu prognostizieren), verweist sie doch auf die naheliegende Möglichkeit, daß bestimmte Teilgruppen besonders sensibel auf Belastungen in der Beziehung reagieren. Die Alltagserfahrung zeigt, daß bestimmte Personen mehr oder weniger unempfindlich gegenüber Streit in der Beziehung sind, was sich als eine „coole" Grundeinstellung kennzeichnen läßt. Solche Personen reagieren vermutlich auf Streit mit weniger physiologischer Erregung und fühlen sich nach Auseinandersetzungen mit ihrem Partner oder ihrer Partnerin weniger in ihrem Wohlbefinden beeinträchtigt. Sie können leicht „zur Tagesordnung übergehen", ohne daß sie in ihrem Erleben und in ihren Gefühlen durch die Disharmonie besonders beeinträchtigt werden.

Eine andere Personengruppe reagiert empfindlicher auf interpersonelle Auseinandersetzungen, vermutlich weil sie ängstlicher, unsicherer oder nachgiebiger ist. Diese Personengruppe wird durch Streit stärker in Anspruch genommen, als Folge der Auseinandersetzungen wird ein „sinnloses" Grübeln ausgelöst, das leicht zu einer Verschlechterung der Befindlichkeit führen und depressive Episoden auslösen kann (Nolen-Hoeksema, 1987). Aus dieser Gruppe stammen vermutlich viele der Personen, die sowohl über eine unglückliche Beziehung berichten als auch depressive Symptome zeigen.

*Zusammenfassung*

Die theoretischen und empirischen Analysen führen zu der Schlußfolgerung, daß eine stabile Partnerschaft die Auswirkungen von depressiven Neigungen eines Partners reduzieren kann. Durch eine bedrohte Partnerschaft wird andererseits die Neigung zur Depression verstärkt.

Diese Ergebnisse lassen sich so interpretieren, daß eine funktionsfähige Beziehung als „Puffer" gegenüber den Belastungen wirken kann, die mit Beeinträchtigungen der Befindlichkeit einhergehen. Wir haben in unserer Darstellung zwar das Schwergewicht auf Depressionen gelegt, aber Depressionen fallen vielfach mit anderen Beeinträchtigungen der Befindlichkeit zusammen, z.B. mit erhöhter Ängstlichkeit. Vermutlich können auch diese negativen Befindlichkeiten durch eine Partnerschaft „abgefedert" werden.

Streit und Aggressionen sind Merkmale, die für gestörte Partnerschaften typisch sind. Sie stehen auch mit einer bevorstehenden Trennung in Zusammenhang, was im nächsten Kapitel thematisiert wird. Bei Uneinigkeit wird vielfach nicht nur über Trennung geredet, sondern sie wird häufig auch vollzogen. Wenn die Partnerschaft zu einem Belastungsfaktor geworden ist, kann eine Trennung langfristig auch zu einer Verbesserung des Wohlbefindens der Partner führen. Ob die Partner „es weiter miteinander aushalten können", hängt nicht zuletzt davon ab, ob es gelingt, das potentielle Belohnungspotential, das in Beziehungen vorhanden ist, zu nutzen und die gegenseitige Bewertung der Partner grundlegend zu verändern.

## 9. Woran scheitern Partnerschaften? Vorhersage der Trennung in romantischen Beziehungen

Partnerschaften verlaufen nicht selten unglücklich. Ein Indikator für die Unbeständigkeit von Ehen sind Scheidungen. Obwohl es Scheidungen in der Vergangenheit immer schon gegeben hat, wurde die Scheidungsquote erst im 20. Jahrhundert systematisch erhoben. Box 9.1 faßt Angaben des Statistischen Jahrbuchs zu Scheidungen zusammen. Dabei sind die Ehen, die durch hohe Unzufriedenheit der Partner gekennzeichnet sind und die nicht geschieden werden, nicht berücksichtigt. Die Dunkelziffer solcher belasteten Beziehungen, die „mehr schlecht als recht" fortbestehen, ist vermutlich ziemlich hoch. Außerdem geht die Trennung von Partnerschaften ohne Trauschein nicht in die Statistik ein. Bei unverheirateten Paaren ist die Trennungsquote vermutlich höher als bei verheirateten Paaren.

*Box 9.1:* Scheidungen im Spiegel des Statistischen Jahrbuchs

In westlichen Industrieländern läßt sich eine deutliche Steigerung der Scheidungsraten über die letzten Jahrzehnte feststellen (Statistisches Jahrbuch 1996). Die Entwicklung der Scheidungsquote in Deutschland wird in Tabelle 9.1 dargestellt.

*Tabelle 9.1:* Entwicklung der Scheidungsquote in Deutschland

| | Scheidungen auf 10.000 Ehen | |
|---|---|---|
| | Alte Bundesländer | Alte und neue Bundesländer |
| 1960 | 35.7 | |
| 1970 | 50.9 | |
| 1980 | 61.3 | |
| 1990 | 81.0 | |
| 1992 | 80.4 | 69.5 |
| 1993 | 88.2 | 80.2 |
| 1994 | 91.0 | 85.0 |

Die tabellarischen Angaben zeigen, daß zwischen den sechziger und neunziger Jahren ein deutlicher Anstieg der Scheidungsquote zu verzeichnen ist. Das hängt z.T. mit Änderungen im Scheidungsrecht zusammen, die Scheidungen vereinfacht haben. Andererseits sind ökonomische Hindernisse für eine Scheidung immer noch vorhanden, vor allem was die Frage des sinkenden Lebensstandards nach einer Scheidung betrifft.

Die Scheidungsquoten in der DDR lagen höher als in der BRD. Nach der Wiedervereinigung ist die Scheidungsquote in den östlichen Bundesländern unter die in den westlichen Ländern gesunken.

Die meisten Ehen werden nach einer Ehedauer zwischen 3 und 10 Jahren geschieden. Die höchsten Scheidungsquoten finden sich nach vier- bis sechsjähriger Ehedauer. Bei längerer Ehedauer nehmen die Scheidungsquoten wieder ab, bleiben aber auf einer substantiellen Höhe.

Im Jahre 1994 wurden pro 10.000 Ehen, die geschlossen wurden, 2990 Ehen geschieden. Dieser Wert weist in die Richtung, die auch durch andere Quellen bestätigt wird, daß etwa ein Drittel der Ehen in Deutschland wieder geschieden wird.

In den europäischen Nachbarländern Belgien, Frankreich, Niederlande und Österreich finden sich vergleichbare Scheidungsquoten (bezogen auf 1994), während in Dänemark und Großbritannien höhere und in Spanien und Portugal niedrigere Quoten zu finden sind.

Die statistischen Daten über Ehescheidungen (Box 9.1) lassen erkennen, daß Trennungen von Ehepartnern ein häufiges Ereignis sind. Jeder kennt romantische Beziehungen, die lange Zeit harmonisch waren, sich dann aber verschlechtert haben und schließlich durch Trennung der Partner endeten. Läßt sich eine Trennung vorhersagen? Gibt es schon frühe Warnzeichen, die auf spätere Probleme hindeuten?

Die empirische Beantwortung dieser Fragen setzt voraus, daß zu einem ersten Zeitpunkt bestimmte Merkmale der Partner oder der Beziehung gemessen werden (z. B. die Ähnlichkeit der Einstellungen), die dann mit Stabilitätskriterien der Beziehung in Zusammenhang gebracht werden, die zu einem späteren Zeitpunkt erfaßt werden (z.B. ist die Beziehung intakt oder aufgelöst?). Zur Analyse von Trennungen lassen sich mehrere Ansätze innerhalb dieses allgemeinen Vorgehens unterscheiden (Kurdek, 1993):

- *Demographischer Ansatz*: typische Merkmale sind: Alter, Bildung, Einkommen,
- *Individueller Ansatz*: im Mittelpunkt stehen Merkmale wie Neurotizismus, Extraversion und Offenheit für neue Erfahrungen,
- *Interdependenz-Ansatz*: untersuchte Merkmale sind partnerschaftliche Zufriedenheit, Vertrauen in den Partner bzw. die Partnerin und Bindung zwischen den Partnern,
- *Unähnlichkeits-Ansatz*: auf der Grundlage der Merkmale, die in den drei anderen Ansätzen thematisiert werden, wird das Ausmaß der Unterschiedlichkeit zwischen den Partnern bestimmt (vgl. Grau & Bierhoff, 1998).
- Darüber hinaus ist noch ein fünfter Ansatz zu nennen, der die Art der *Kommunikation* in der Partnerschaft in den Vordergrund rückt: Wie werden Probleme zwischen den Partnern gelöst? Wie gehen die Partner mit Konflikten um? Ein Beispiel ist die Studie von Gaelick, Bodenhausen & Wyer (1985), in der Konfliktgespräche zwischen Partnern auf Video aufgenommen wurden. Bei Problempaaren wird der Ausdruck von negativen Gefühlen zutreffend wahrgenommen und meist erwidert, während der Ausdruck von positiven Gefühlen ungenau wahrgenommen und meist nicht erwidert wird.

Keiner dieser Ansätze kann für sich beanspruchen, den anderen überlegen zu sein. Vielmehr wird durch empirische Ergebnisse im wesentlichen bestätigt, daß jeder Ansatz einen gleichen Beitrag zur Erklärung von Trennungen leisten kann. Wie die Untersuchungsergebnisse von Kurdek (Abschnitt 9.1) zeigen, sind zumindest die vier erstgenannten Ansätze in ihrem Erklärungswert gleichrangig und leisten alle einen substantiellen Beitrag zur Erklärung von Trennungen.

## *9.1 Vorhersage der Trennung über fünf Jahre nach der Heirat*

Um eine möglichst repräsentative Stichprobe zu gewinnen, bat Kurdek (1993) 7899 frisch verheiratete Paare um Mitarbeit bei einer Untersuchung zur Partnerschaft. Davon erklärten sich 18% zur Mitarbeit bereit. Von diesen 1407 Paaren füllten 538 (38%) die Fragebögen der ersten Befragungswelle aus. Im zweiten, dritten, vierten und fünften Jahr folgten weitere Befragungen, an denen schließlich noch 241 Paare teilnahmen. Die Nichtteilnahme hing mit verschiedenen Ursachen zusammen, unter die auch 65 Scheidungen zu zählen sind.

Da eine Fülle von Merkmalen erfaßt wurde, die aus den Bereichen demographisch, individuell und Interdependenz stammen, konnte eine Vielzahl von Trennungsfaktoren berücksichtigt werden. Verglichen wurden u.a. die geschiedenen und nicht-geschiedenen Paare im Hinblick auf die Merkmale, die in der ersten Meßwelle erfaßt wurden. In folgenden Merkmalen unterschieden sich die Geschiedenen von den Nicht-Geschiedenen:

- niedrigere Bildung des Ehemanns und der Ehefrau,
- niedrigeres Einkommen des Ehemanns und der Ehefrau,
- mehr Ehemänner, die einen Stiefvater hatten,
- mehr frühere Scheidungen eines der Partner,
- keine Zusammenlegung der Finanzen,
- kürzere Zeit des Kennenlernens vor der Eheschließung,
- mehr Neurotizismus des Ehemanns und der Ehefrau,
- mehr irrationale Einstellungen zur Partnerschaft des Ehemanns und der Ehefrau,
- weniger Gewissenhaftigkeit der Frau und des Mannes,
- weniger Zufriedenheit mit sozialer Unterstützung aus der Sicht der Frau,
- weniger partnerschaftliche Zufriedenheit von Mann und Frau,
- mehr extrinsische Erklärungen des Mannes (Beispiele: Meine Eltern finden sie gut; sie hat interessante Bekannte) und weniger intrinsische Erklärungen der Frau (Beispiele: weniger Zustimmung zu Aussagen wie: Es macht mir Freude, ihn zu unterstützen; wir sind füreinander die besten Freunde),
- weniger Vertrauen der Frau.

Von diesen Merkmalen ist Neurotizismus vermutlich das Persönlichkeitsmerkmal, das am stärksten mit Trennungen in Zusammenhang steht. Unter den demographischen Merkmalen ist die Höhe des Einkommens besonders zu beachten, die auch mit Depression zusammenhängt (s. Kapitel 8).

Weiterhin zeigte sich, daß die Wahrscheinlichkeit einer Trennung mit größeren Diskrepanzen der Ehepartner in folgenden Merkmalen in Zusammenhang stand:

- Neurotizismus,
- Unterstützung,
- partnerschaftliche Zufriedenheit,

- Autonomiestreben,
- extrinsische Erklärungen (Beispiele s.o.).

Da die Prädiktoren teilweise miteinander zusammenhängen, wurde ein zusammenfassender Test der Trennungsvorhersage durch die erfaßten Merkmale durchgeführt. Dabei zeigte sich, daß demographische und individuelle Merkmale sowie Interdependenz und Unähnlichkeit gleichermaßen gut dazu beitrugen, die Trennung vorherzusagen.

In einer weiteren Auswertung wurde überprüft, ob bestimmte Veränderungen eine Trennung ankündigen. Die Frage lautet: Finden sich unterschiedliche *Veränderungsverläufe* bei stabilen und instabilen Partnerschaften? Dazu wurden die Testwerte über die Zeit von Partnern vor der Trennung mit denen von Partnern in stabilen Beziehungen verglichen.

Tatsächlich lassen sich Unterschiede in den Bereichen Interdependenz und Unähnlichkeit konstatieren. Scheidungspaare sind danach im Unterschied zu stabilen Partnerschaften durch folgende Verläufe gekennzeichnet (gleichermaßen bei beiden Ehepartnern):

- mehr Reduktion der partnerschaftlichen Zufriedenheit,
- mehr Reduktion von Vertrauen,
- mehr Verlust an Bindung,
- zunehmende Diskrepanz in der Bindung,
- mehr Verlust an intrinsischen Motiven,
- zunehmende Diskrepanz in den intrinsischen Motiven,
- mehr Reduktion der instrumentellen Motive (z.B. sich gegenseitig informieren, eine belohnende intellektuelle Beziehung pflegen, emotionale Unterstützung erhalten).

Bei einigen Paaren konnten vor der Trennung drei Meßzeitpunkte stattfinden. Trendanalysen über drei Meßzeitpunkte vor der Trennung zeigten, daß die negativen Veränderungen nicht nur linear zunahmen, sondern z.T. auch sprunghaft vor der Trennung. Das deutet darauf hin, daß es manchmal unmittelbar vor der Trennung „richtig kracht“.

Die Resultate geben Antworten auf die einleitend gestellten Fragen. In einem gewissen Umfang läßt sich die Beständigkeit einer Ehe bei der Hochzeit tatsächlich prognostizieren. Die Ergebnisse sind vielschichtig, lassen sich aber in einigen zentralen Punkten zusammenfassen:

- Schon vor der Ehe bauen sich Risikofaktoren auf, die sich in der kumulativen Lebenserfahrung der Partner niederschlagen. Dementsprechend wirken sich bestimmte demographische Faktoren wie niedrige Bildung und niedriges Einkommen ungünstig aus (sowie Stiefväter bei den Ehemännern und eigene frühere Scheidungen).

- Ein Mangel an Vorbereitung auf die Ehe und sozialer Kompetenz erweist sich ebenfalls als Risikofaktor. Dazu zählen irrationale Meinungen über die Ehe (z.B. Ehepartner verstehen sich immer und streiten sich nie) sowie Neurotizismus.
- Die Struktur der Ehe selbst hängt mit ihrem Erfolg zusammen. Partner, die geminsame Finanzen haben, die sich im Autonomiestreben ähnlich sind und die weniger externale Motive für eine Heirat haben, leben in stabileren Ehen.
- Neben Ausgangsvariablen, die zu Beginn der Ehe vorliegen, spielen auch Veränderungsmuster während der Ehe eine Rolle, z.B. die Veränderungswerte in der Bindung und den intrinsischen Motiven für die Beziehung.
- Partnerschaftliche Zufriedenheit ist zwar ein wichtiger Prädiktor der Beständigkeit der Ehe, sie allein kann aber deren Stabilität nicht ausreichend erklären.
- Sowohl Variablen, die bei Männern erhoben werden, als auch solche, die bei Frauen erhoben werden, lassen sich als Risikofaktoren identifizieren.

Weitere Studien, die sich ebenfalls mit der Prognose von Trennungen befassen, vervollständigen das Bild. An dieser Stelle können nur einige besonders wichtige ausführlicher dargestellt werden, um dann auf unsere eigenen Untersuchungen zu sprechen zu kommen.

Block, Block & Morrison (1981) verwandten den Unähnlichkeits-Ansatz. Sie befaßten sich speziell mit der Übereinstimmung in elterlichen Erziehungseinstellungen und Wertvorstellungen, die mit einem 91-Item-Fragebogen erfaßt wurden. 10 Jahre später wurde bei 57 Familien erfaßt, ob die Beziehung noch intakt war oder nicht. Als „intakt“ wurden auch zwei Familien eingestuft, in der ein Elternteil eines natürlichen Todes gestorben war. Als „nicht intakt“ wurden 16 Ehen eingestuft, die inzwischen geschieden worden waren, sowie eine, in der ein Elternteil eines unnatürlichen Todes gestorben war. Bei den intakten Ehen wies die Übereinstimmung in Erziehungseinstellungen einen bedeutsam höheren Wert auf als bei den nicht intakten Ehen.

### *9.2 Auswirkung von Einstellungen und Persönlichkeit der Partner*

In der Studie von Bentler und Newcomb (1978) standen Einstellungen und Persönlichkeit der Beziehungspartner in den Mittelpunkt der Betrachtung. Daneben wurden auch demographische Merkmale berücksichtigt, die aber für die Vorhersage der Beziehungsstabilität nicht so aussagekräftig waren wie die psychologischen Merkmale.

Bentler und Newcomb (1978) legten 162 jung verheirateten Paaren einen umfangreichen Fragebogen vor, nach vier Jahren konnten noch 77 nachuntersucht werden. Davon waren 53 noch verheiratet, während 24 getrennt lebten oder geschieden waren. Zu Beginn der Untersuchung waren die Männer im Durchschnitt 27 Jahre und die Frauen 24 Jahre alt. Im Mittel kannten sich die Ehepartner vor der Heirat zwei Jahre. Die Ehepartner füllten zum ersten Meßzeitpunkt einen 680 Vorgaben umfassenden Persönlichkeitsfragebogen aus, durch den insgesamt 28 Einstellungen und Persönlichkeitseigenschaften (z.B. Ehrgeiz, Interesse an Kunst, Flexibilität, Großzügigkeit) gemessen wurden. Außerdem wurden demographische Merkmale, wie Alter, Bildung, frühere Scheidungen und Scheidungen der Eltern, erfaßt.

Ein Vergleich mit *Korrelationen* zwischen den verheirateten und getrennten Paaren zeigte, daß die verheirateten Paare durch größere Ähnlichkeit in allen erfaßten Merkmalen gekennzeichnet waren als die getrennten Paare. Dieser Unterschied erwies sich im Einzelvergleich für Interesse an Kunst, selbst eingeschätzte Attraktivität und Extraversion als signifikant, so daß die Verheirateten auf diesen Merkmalen einander ähnlicher waren. Außerdem waren sie sich im Alter ähnlicher.

Ein verblüffendes Ergebnis fand sich bei einem *Mittelwertvergleich* zwischen den Ehepartnern. Die Unterschiede zwischen Ehemann und Ehefrau waren bei den Verheirateten größer als bei den Getrennten. Das bedeutet, daß Noch-Verheiratete einerseits durch korrelative Ähnlichkeit, andererseits durch Niveauunterschiede in der Ausprägung der erfaßten Merkmale gekennzeichnet waren.

Weiteren Aufschluß über den Unterschied zwischen Noch-Verheirateten und Getrennten zum Zeitpunkt der Eheschließung geben Vergleiche, die für Männer und Frauen getrennt durchgeführt wurden:

- Geschiedene Männer hatten häufiger geschiedene Eltern als verheiratete Männer. Außerdem waren sie extravertierter, beschrieben sich als weniger verwundbar und ordnungsliebender.
- Für die Frauen ergaben sich folgende Unterschiede: Geschiedene Frauen waren jünger, weniger gut ausgebildet und weniger beruflich arriviert, hatten weniger Kinder vor der Heirat und mehr Scheidungen der Eltern. Sie legten weniger Wert auf modische Kleidung und waren weniger gutmütig.

Zum zweiten Meßzeitpunkt (vier Jahre nach der ersten Messung) wurden die Versuchsteilnehmer nach der Beziehungszufriedenheit und nach Problemen in der Beziehung befragt. Beide Merkmale korrelierten hoch negativ, so daß ein Gesamtwert für jedes Paar gebildet wurde. Dieser Gesamtwert der Anpassung wurde durch Merkmale der ersten Messung vorhergesagt. Ältere Frauen und Männer erreichten höhere Werte auf diesem Indikator der Qualität ihrer Beziehung. Darüber hinaus fanden sich folgende Prädiktoren für hohe Beziehungsqualität:

*Frauen*

- mehr Vorhandensein von Kindern aus früheren Ehen,
- geringer Ehrgeiz,
- mehr objektive Einstellungen im Sinne wissenschaftlicher Sachlichkeit,
- mehr modisches Bewußtsein,
- mehr maskuline Interessen, z.B. an Sportereignissen,
- weniger intellektuelle Einstellung.

*Männer*

- mehr Besonnenheit,

- weniger Ordentlichkeit,
- mehr Sparsamkeit,
- geringe Flexibilität.

Diese Ergebnisse lassen sich in vier Punkten zusammenfassen:

- Die zum ersten Meßzeitpunkt erhobenen Merkmale können einen großen Anteil der Beziehungsqualität zum zweiten Meßzeitpunkt aufklären (55%).
- Die Antworten der Frauen hängen enger mit der Beziehungsqualität zusammen als die der Männer.
- Persönlichkeits- und Einstellungsmerkmale sind für die Prognose der Beziehungsqualität wichtiger als demographische Merkmale.
- Traditionelle Merkmale, die mit Eheerfolg in Zusammenhang gebracht werden, spielen eine erhebliche Rolle bei der Vorhersage der Ehequalität. Dazu zählen bei den Frauen geringer Ehrgeiz und geringes intellektuelles Interesse sowie größeres Interesse an ihrem Äußeren bei den Noch-Verheirateten. Ebenfalls zu nennen sind die Besonnenheit und Sparsamkeit des Mannes.

Diese Studie ist im Hinblick auf Persönlichkeitsmerkmale vermutlich die bisher umfangreichste zur Stabilität von Beziehungen. Merkmale, die mit traditionellen Geschlechtsrollen zusammenhängen, scheinen die Stabilität der Beziehung positiv zu beeinflussen. Diese Schlußfolgerung ist jedoch in einigen Punkten zu modifizieren:

- Zum einen ist daran zu erinnern, daß die Untersuchung in den siebziger Jahren durchgeführt wurde. Seitdem ist der Einfluß der Frauenbewegung auf die öffentliche Meinung gewachsen, und es ist wahrscheinlich, daß dadurch auch eine Veränderung der Determinanten des Erfolgs von engen Beziehungen eingetreten ist (vgl. Giddens, 1992).
- Zum zweiten ist auffällig, daß Merkmale, die der männlichen Geschlechtsrolle entsprechen, bei den Frauen zu einer stabileren Beziehung beitragen: berufliche Arriviertheit, objektive und sachliche Einstellung sowie eine Orientierung an Interessen, die im Stereotyp den Männern zugeschrieben werden. Das steht mit Untersuchungsergebnissen in Übereinstimmung, die zeigen, daß eine instrumentelle Orientierung, die auf eine zupackende Problemlösung gerichtet ist, mit geringen Depressionssymptomen zusammenhängt (Bierhoff & Ludwig, 1991). Die Depression eines Partners hängt mit ehelicher Uneinigkeit zusammen (s. Kapitel 8).
- Keinesfalls darf der Umkehrschluß gezogen werden, daß eine traditionelle Einstellung der Partner die Ehe stabilisiert oder gar glücklich macht. Ein Ergebnis, nach dem traditionelle Paare sich seltener scheiden lassen, kann damit zusammenhängen, daß eine Scheidung für diese Paare eben wegen ihrer Einstellung nicht in Frage kommt und sie auch dann zusammen bleiben, wenn sie nicht glücklich sind.

### *9.3 Fünf Jahrzehnte im Längsschnitt: Von der Verlobung bis zur Goldenen Hochzeit*

Gegenüber den bisher dargestellten Studien läßt sich anmerken, daß sie keine Langzeitprognosen der ehelichen Stabilität über Jahrzehnte beinhalten. Schließlich wird die Ehe auch als „Bund fürs Leben" bezeichnet. Daher ist das Interesse an Langzeitstudien verständlich. Eine solche Studie wurde von Kelly & Conley (1987) durchgeführt. Wenn heute nach der Stabilität von Partnerschaften über 5 Jahrzehnte gefragt wird, bedeutet das, daß im wesentlichen Aussagen über die Beständigkeit von traditionell angelegten Partnerschaften gemacht werden, die dem Geist der Vorkriegszeit entsprechen. Daher ist Vorsicht im Hinblick auf eine Generalisierung auf den Verlauf von Beziehungen, die in den neunziger Jahren geschlossen werden und die auf das Jahr 2040 projiziert werden müßten, geboten. Die Analyse der vergangenen fünf Jahrzehnte bietet eher Anschauungsmaterial über enge Beziehungen in der Vergangenheit als Hinweise darauf, wie Beziehungen in Zukunft verlaufen werden.

Kelly und Conley (1987) berichten über den Verlauf von Ehen, die in den dreißiger Jahren geschlossen wurden. Die Partner wurden während der Verlobungszeit befragt und erneut in den fünfziger und achtziger Jahren. Für 249 Paare liegen nach 5 Jahrzehnten Angaben über den Ehestatus vor. Während 50 Paare geschieden sind, blieben 199 Paare während der Untersuchungszeit verheiratet (bzw. blieben verheiratet, bis einer der Ehepartner starb).

Die Studie berücksichtigt vier Persönlichkeitsdimensionen, die jeweils über mehrere Eigenschaften erfaßt wurden:

- Neurotizismus (leicht erregt, leicht verärgert, ungeduldig),
- Extraversion (freundlich, bei Gleichaltrigen beliebt, optimistisch),
- Impulskontrolle (verläßlich, ausdauernd, findig),
- Freundlichkeit (großzügig, ehrlich, aufrichtig).

Diese wurden durch fünf Bekannte der Versuchsteilnehmer in den dreißiger Jahren eingeschätzt. Zur Prognose der Erfolgskriterien diente der jeweilige Durchschnitt über die fünf Beurteiler. Neben weiteren Merkmalen wurde auch die partnerschaftliche Zufriedenheit über fünf Jahrzehnte erfaßt.

Der Vergleich zwischen Noch-Verheirateten und Geschiedenen ergab mehrere Unterschiede, die im folgenden im Hinblick auf die Geschiedenen dargestellt werden:

- mehr Neurotizismus der Männer und der Frauen,
- weniger Impulskontrolle der Männer,
- höhere Extraversion der Männer (nur bei denen, die sich relativ spät scheiden ließen).

Weitere Zusammenhänge deuten darauf hin, daß Scheidung bei denjenigen eher auftrat, die vor der Heirat mehr sexuelle Erfahrungen hatten und deren Eltern geschieden waren.

Die Ergebnisse für die partnerschaftliche Zufriedenheit gingen in die gleiche Richtung. Voreheliche sexuelle Erfahrungen korrelierten negativ mit der Zufriedenheit bei Männern und Frauen. Außerdem stand der Neurotizismus bei beiden Geschlechtern negativ mit der Zufriedenheit in Zusammenhang. Wenn die Persönlichkeit in den dreißiger Jahren durch höheren Neurotizismus gekennzeichnet war, wurde die Zufriedenheit Anfang der achtziger Jahre niedriger eingestuft.

Schließlich wurde festgestellt, daß sich ein Index des ehelichen Erfolgs, der sich aus Stabilität und Zufriedenheit zusammensetzt, recht gut durch den Neurotizismus beider Ehepartner und die Impulskontrolle des Mannes vorhersagen läßt (15% erklärte Varianz). Die Einbeziehung aller weiteren Prädiktoren erhöht den Erfolg der Prognose um 9% auf 24%. Diese Ergebnisse verdeutlichen zwei Punkte:

- Persönlichkeitsmerkmale sind bessere Prädiktoren des Beziehungserfolgs als andere Merkmale, die demographische Faktoren, sexuelles Verhalten und Einstellungen zur Ehe einbeziehen.
- Die Prädiktoren erlauben eine Langzeitprognose des Eheerfolgs.

Hier besteht nicht die Möglichkeit, einen umfassenden Überblick über die Forschung zur Auflösung von Beziehungen zu geben (vgl. aber Gottman, 1994; Rusbult & Buunk, 1993). Vielmehr stellen die dargestellten Untersuchungen Meilensteine der Forschung auf diesem Gebiet dar.

## *9.4 Vorhersage der Trennung auf der Grundlage der Investmenttheorie*

Im folgenden stellen wir zwei Untersuchungen aus dem deutschsprachigen Bereich dar, die die Ergebnisse aus dem englischsprachigen Bereich ergänzen. In der ersten Studie (Bierhoff & Grau, 1996) bestand das Ziel darin, interpersonelle Partnermerkmale als Prädiktoren für die Stabilität einer Beziehung im Zeitraum von einem Jahr zu untersuchen: Liebesstile, Bindungsstile, Kommunale Orientierung, Investment, Nähe, Streit, Kommunikation und Zufriedenheit. Diese Skalen wurden auf den fünf grundlegenden Dimensionen zusammengefaßt, die in Kapitel 4 dargestellt wurden. In Box 9.2 wird eine Nachfolgestudie von Ambrosy, Rohmann und Schmohr (1997) besprochen, die sich speziell mit der Bedeutung ausgewählter Liebesstile für die Stabilität einer romantischen Beziehung befaßt.

Ein Problem bei der Vorhersage von Trennungen besteht darin, daß sie in kürzeren Untersuchungszeiträumen relativ selten auftreten. So war in der Langzeitstudie von Kelly und Conley (1987) die Trennungsrate mit 0.5% Trennungen pro Jahr sehr niedrig. In der Studie von Block, Block und Morrison (1981) betrug die Trennungsrate 2.8%. Gottman und Levenson (1992) berichten in ihrer 4-Jahres-Studie über eine jährliche Trennungsrate von 6.2%. In der Studie, die im folgenden dargestellt wird, betrug die Trennungsquote 7.5% und in der nachfolgenden Studie, die in Box 9.2 dargestellt wird, 9.4%.

Wir haben gesehen, daß mit der Stabilität einer Beziehung eine Vielzahl von Merkmalen zusammenhängt, die sich unterschiedlichen Ebenen der Analyse zuordnen lassen. Eine andere Möglichkeit des Vorgehens besteht darin, von sozialpsychologischen Theorien der Aufrechterhaltung von Beziehungen auszugehen. Die bekannteste Theorie in diesem Zusammenhang ist die Austauschtheorie von Thibaut und Kelley (1959). Darin findet sich die Idee, daß die Determinanten der Beständigkeit nicht notwendigerweise mit den Determinanten der partnerschaftlichen Zufriedenheit übereinstimmen müssen.

Eine Weiterentwicklung der Austauschtheorie im Bereich von Beziehungen stellt die Investmenttheorie von Rusbult (1983) dar, die zu den Hypothesen der Untersuchung geführt und die Auswahl der Meßverfahren begründet hat. Nach der Investmenttheorie ist das Bleiben in oder das Verlassen der Beziehung durch das Ausmaß der Bindung (*Commitment*) bestimmt, das als psychologischer Zustand definiert wird, der die Erfahrung der Beziehungsabhängigkeit zusammenfaßt. Commitment betrifft Gefühle der Gebundenheit an den Partner und den Wunsch der Aufrechterhaltung der Beziehung im Guten und im Bösen.

Nach Rusbult wird Commitment durch drei Determinanten bestimmt: Zufriedenheit, Investitionen und Qualität von Alternativen. Glückliche Paare sollten sich gebundener fühlen als unglückliche Paare. Weiterhin sollte auch das Ausmaß, in dem jemand in die Beziehung investiert hat, das Commitment beeinflussen. Je höher die Investitionen liegen, desto größer sollte die Gebundenheit erlebt werden. Das Investment kann sowohl materielle als auch immaterielle Werte umfassen, wie die Beeinflussung der eigenen persönlichen Identität durch die Beziehung oder die Abhängigkeit des positiven emotionalen Erlebens von der Beziehung.

Die dritte Determinante der Bindung ist durch die Qualität alternativer Beziehungen gegeben: Je besser die Qualität alternativer Beziehungen eingeschätzt wird, desto weniger Commitment entwickelt sich. Wenn sich einmal ein hohes Commitment entwickelt hat, besteht die Tendenz der Beibehaltung dieses Zustands. Alternative Partner werden kontinuierlich abgewertet, was die bestehende Beziehung stabilisiert (Johnson & Rusbult, 1989). Diese Feedback-Schleife vom Commitment auf die Qualität der Alternativen läßt es als problematisch erscheinen, von der wahrgenommenen Qualität von Alternativen das Commitment vorherzusagen, so daß wir diese Qualität der Alternativen nicht berücksichtigt haben.

In unserer Untersuchung wurde die Stabilität einer Beziehung über einen Zeitraum von einem Jahr vorhergesagt. Neben Zufriedenheit, Investment und Commitment haben wir noch eine Reihe weiterer Skalen berücksichtigt, die sich insbesondere auf Liebesstile und Bindungsstile beziehen. Rusbult und Buunk (1993) weisen darauf hin, daß Personen Schemata einer idealen Beziehung entwickeln können, die sich durch Liebes- und Bindungsstile beschreiben lassen und die ihr Vergleichsniveau beeinflussen können. Weitere Merkmale, die wir erfaßt haben, beziehen sich auf die Frage, ob die Austauschorientierung der Partner durch eine sozial-motivierte Beziehung ersetzt wird, in der Hilfe und Hilfeerhalt im Vordergrund stehen, und auf die Beschreibung der Beziehungserfahrungen (Streit, Zärtlichkeit, Kommunikation, gemeinsame Zeit, gemeinsame Aktivitäten, wechselseitiger Einfluß).

Die verwendeten Meßinstrumente wurden z.T. schon in früheren Kapiteln angesprochen. Neben den Liebesstilen (s. Kapitel 3) und den Bindungsstilen nach Bartholomew (1990; s. Kapitel 2) wurden folgende Merkmale gemessen:

- Wir legten Fragebögen zu Commitment und Investment vor, deren deutsche Version auf der Grundlage der Arbeit von Lund (1985) entwickelt wurde. Die Skala *Commitment* erfaßt die Bereitschaft, die bestehende Partnerschaft fortzusetzen und sich für sie zu engagieren.
- *Investment*: Wieviel Zeit, Gefühle, Dinge und Interessen haben die Partner in letzter Zeit miteinander geteilt, und welche Anstrengungen und Einschränkungen gingen mit der Partnerschaft einher?
- Partnerschaftliche *Zufriedenheit* im Sinne von Glück in der Beziehung.
- Fehlen von Austauschorientierung und Überwiegen einer sozial motivierten Beziehung wird durch die Bereitschaft, sich für das Wohlergehen anderer verantwortlich zu fühlen, sowie durch die Erwartung, daß andere sich auch an den eigenen Bedürfnissen orientieren, erfaßt (Clark & Mills, 1993; Mills & Clark, 1982). Eine Austauschorientierung beinhaltet demgegenüber die Befolgung der Norm der Gegenseitigkeit. Clark, Ouellette, Powell und Milberg (1987) entwickelten einen Fragebogen zur Erfassung von individuellen Unterschieden in der sozialmotivierten Einstellung, in dem im wesentlichen zwei Inhalte thematisiert werden, Hilfsbereitschaft gegenüber anderen und Erwartung von Hilfe durch andere zum eigenen Vorteil: Wie geht man damit um, Hilfe zu empfangen oder um Hilfe zu bitten (*Hilfe*), und wie steht es mit der eigenen Bereitschaft, anderen Hilfe zu leisten (*Helfen*)? Die beiden Skalen korrelieren positiv (Güttler & Karger, 1989).
- Der Partnerschaftsfragebogen (PFB) von Hahlweg (1979; Hahlweg, Klann & Hank, 1992)
  umfaßt die drei Skalen Streit, Zärtlichkeit und Gemeinsamkeit/Kommunikation.
- Im Hinblick auf die Nähe der Beziehung werden von Berscheid, Snyder & Omoto (1989) drei Aspekte unterschieden: Menge der in der letzten Woche zusammen verbrachten *Zeit*, Anzahl der gemeinsamen *Aktivitäten* und *Beeinflussung* durch den Partner.

130 Paare, von denen 26 verheiratet waren und 72 in einer gemeinsamen Wohnung lebten, nahmen an der Untersuchung teil. Die Dauer der Partnerschaft zum Zeitpunkt der ersten Befragung lag im Mittel bei fünf Jahren. Die Stichprobe umfaßte 130 Erwerbstätige aus unterschiedlichen Berufsgruppen, 122 Studenten, 2 Hausfrauen sowie 6 Schüler und Lehrlinge.

Aufgrund der zweiten Befragung nach 12 Monaten wissen wir von 8 Paaren, daß sie sich im Laufe des Jahres getrennt haben. Die Angaben dieser 16 Personen zum ersten Meßzeitpunkt wurden mit denen der erreichbaren 212 Personen verglichen, die nach einem Jahr nicht getrennt waren.

Die getrennten Personen haben eine geringere Beziehungsdauer vor der Trennung (M = 31.1 Monate) als die nicht-getrennten (M = 64.6 Monate). Außerdem sind die getrennten Personen jünger (M = 25.9 Jahre) als die nicht-getrennten (M = 29.1 Jahre). Daher wurden alle Prognosen der Trennung durch eine statistische Kontrolle von Alter und Beziehungsdauer ergänzt, um zu prüfen, ob die gefundenen Unterschiede durch diese demographischen Merkmale erklärt werden. An dieser Stelle kann schon festgestellt werden, daß das (bis auf eine Ausnahme) nicht der Fall ist.

Wenden wir uns nun der Prognose der Trennung im einzelnen zu. Dazu wurden zunächst einmal Blöcke von Prädiktoren gebildet (z.B. sechs Liebesstile, vier Bindungsstile). Im Anschluß daran wurde versucht, die Trennung durch globale Skalen (vgl. Kapitel 4) vorherzusagen.

Die Ausprägung der Liebesstile erlaubt keine erfolgreiche Prognose der Trennung (s. Tabelle 9.2). Eine multivariate Varianzanalyse über die sechs Liebesstile erweist sich als nicht signifikant. Einzig für romantische Liebe besteht eine Tendenz, nach der eine Trennung bei niedrigem Eros wahrscheinlicher ist als bei hohem Eros.

*Tabelle 9.2:* Liebesstile

| | getrennt | zusammen |
|---|---|---|
| Eros | 5.93 | 6.51 |
| Ludus | 3.43 | 3.36 |
| Storge | 5.18 | 5.40 |
| Pragma | 3.63 | 3.40 |
| Mania | 5.41 | 5.28 |
| Agape | 5.08 | 5.56 |

Anmerkung. m F(6,221) = 1.00, nicht signifikant.

Eine Auswertung mit den vier Bindungsstilen führt zu einem signifikanten Ergebnis. Im Einzeltest erweist sich nur der ängstlich-ambivalente Bindungsstil als bedeutsam: Getrennte Personen erreichen höhere Werte als Nicht-Getrennte (Tabelle 9.3). Dieser Unterschied bleibt auch signifikant, wenn Beziehungsdauer bzw. Alter als Kovariaten in die Analyse einbezogen werden.

*Tabelle 9.3:* Bindungsstile

| | getrennt | zusammen |
|---|---|---|
| sicher | 5.63 | 5.31 |
| gleichgültig-vermeidend | 3.81 | 4.27 |
| ängstlich-ambivalent | 4.47 | 3.52 |
| ängstlich-vermeidend | 4.63 | 4.41 |

Anmerkung. m F(4,223) = 3.40; p < .05.

Die Skalen zur sozial motivierten Einstellung trennen nicht zwischen den beiden Gruppen.

Die Bindung dagegen kann die Trennung vorhersagen. Die Personen, die sich in den nächsten 12 Monaten getrennt haben, haben sich zum ersten Meßzeitpunkt weniger an ihren Partner gebunden gefühlt und es für unwahrscheinlich gehalten, daß die Beziehung dauerhaft ist (Tabelle 9.4).

Bei Personen mit Trennungsabsichten ist auch das Engagement für die Beziehung geringer. Die Investmentskala ist bei den getrennten Personen zum ersten Meßzeitpunkt signifikant niedriger ausgeprägt (Tabelle 9.4). Dieser Effekt wird allerdings verringert, wenn Alter oder Dauer der Beziehung kontrolliert werden.

*Tabelle 9.4:* Hilfe, Helfen, Bindung, Investment

| | getrennt | zusammen |
|---|---|---|
| Hilfe | 6.57 | 6.48 |
| Helfen | 6.23 | 5.99 |
| Bindung | 6.56 | 7.49 |
| Investment | 6.10 | 6.66 |

Anmerkung. m $F(4,221) = 3.31$; $p < .05$.

Von den drei Skalen der Nähe erweist sich keine als für die Trennung bedeutsam. Einzig für Einfluß besteht eine deutliche Tendenz zu einer höheren Ausprägung bei Paaren, die zum zweiten Meßzeitpunkt noch zusammen sind (Tabelle 9.5).

*Tabelle 9.5:* Merkmale der partnerschaftlichen Nähe

| | getrennt | zusammen |
|---|---|---|
| Zeit | 331.88 | 302.76 |
| Aktivitäten | 10.25 | 10.97 |
| Einfluß | 116.25 | 127.75 |

Anmerkung. m $F(3,223) = 1.36$, nicht signifikant.

Zärtlichkeit und Gemeinsamkeit/Kommunikation differenzieren nicht zwischen getrennten und nicht-getrennten Personen. Dagegen berichten getrennte Personen zum ersten Meßzeitpunkt häufiger über Streit. Verletzendes Streitverhalten erscheint als ein mögliches Indiz und als mögliche Ursache für eine baldige Trennung (Tabelle 9.6). Der Unterschied im Streitverhalten trägt im wesentlichen dazu bei, daß auch der multivariate Test zwischen den beiden Gruppen über die drei Skalen des PFB signifikant wird.

*Tabelle 9.6:* Streit, Zärtlichkeit, Kommunikation

| | getrennt | zusammen |
|---|---|---|
| Streit | 2.07 | 1.73 |
| Zärtlichkeit | 3.10 | 3.05 |
| Kommunikation | 2.91 | 3.01 |

Anmerkung. m F(3,224) = 2.74; p < .05.

Zwischen getrennten und nicht-getrennten Personen findet sich ein deutlicher Unterschied in der partnerschaftlichen Zufriedenheit zum ersten Meßzeitpunkt auf einer Skala von 1 bis 6: M = 3.6 bei Getrennten und M = 4.8 bei Nicht-Getrennten (F (1,225) = 24.7, p < .001).

Zusammenfassend lassen sich Personen, die sich trennen (im Vergleich zu nicht-getrennten Personen), wie folgt beschreiben:

- Die Zufriedenheit ist eher niedrig,
- das Investment fällt relativ niedrig aus,
- die Bindung ist relativ gering,
- sie streiten häufiger
- und tendieren dazu, sich weniger zu beeinflussen.

Um die Korrelationen unter den Skalen zu berücksichtigen, besteht die Möglichkeit, auf der Basis einer Faktorenanalyse zugrundeliegende Dimensionen abzuleiten. Die Skalen wurden auf fünf Dimensionen reduziert, die wie folgt benannt wurden: Konflikt, Liebe-Intimität, Altruismus, Sicherheit-Vermeidung und Investment-Einfluß (vgl. Kapitel 4). Mit den Faktorwerten wurde eine multivariate Varianzanalyse zum Vergleich zwischen getrennten und nicht-getrennten Personen durchgeführt, um herauszufinden, welche Beziehungsdimensionen für die Stabilität der Partnerschaft von Bedeutung sind.

Tabelle 9.7 zeigt, daß signifikante Unterschiede zwischen den Gruppen auf den fünf Faktoren bestehen und daß bei Einzelbetrachtung zwei der Faktoren bei getrennten und nicht-getrennten Personen signifikant unterschiedlich ausgeprägt sind: Konflikt und Investment. Diese Ergebnisse sind auch stabil, wenn Alter und Beziehungsdauer in ihrem Einfluß kontrolliert werden.

*Tabelle 9.7:* Beziehungsdimensionen

| | getrennt | zusammen |
|---|---|---|
| Konflikt | .53 | -.10 |
| Liebe | -.03 | .00 |
| Altruismus | .05 | -.02 |
| Sicherheit | .40 | -.02 |
| Investment | -.54 | .05 |

Anmerkung. m F(5,219) = 2.85; p < .05.

Hoher Konflikt (im Sinne von Streitverhalten) und niedriges Investment verweisen auf eine Trennung. Die Beeinflußbarkeit durch den Partner (das Ausrichten von Gedanken, Gefühlen, Handlungen und Zukunftsplänen auf den Partner) und das Engagement für die Beziehung (Investment), die zusammen den Investment-Faktor bilden, sind geringer bei Paaren, die sich trennen.

Aus der Investmenttheorie von Rusbult (1983) läßt sich ableiten, daß Zufriedenheit, Investment und Bindung Partnerschaften, die auseinandergehen, von solchen, die Bestand haben, unterscheiden (s. oben). Die Ergebnisse stehen mit dieser Annahme in Übereinstimmung. Zufriedenheit ist ein guter Prädiktor für eine Fortsetzung der Beziehung, und zwar unabhängig von der Beziehungsdauer und dem Alter der Befragten.

Personen, die sich von ihrem Partner trennen, investieren vorher auch nicht so viel in die Beziehung wie andere, wobei dieser Effekt teilweise durch die Beziehungsdauer vermittelt ist. Die Skala Bindung schließlich spricht direkt an, ob eine Fortsetzung der Beziehung angestrebt und vom Partner erwartet wird. Partner, die eine Fortsetzung der Beziehung stärker anstreben, befinden sich nach einem Jahr eher in einer intakten Beziehung als Partner, die an der Fortsetzung der Beziehung Zweifel hegen.

Ein weiteres Ergebnis besagt, daß sich Paare, die oft in Streitsituationen verwikkelt sind, wahrscheinlicher trennen. Damit ist nicht gemeint, daß Auseinandersetzungen eine Beziehung gefährden. Konstruktive Diskussionen um Konfliktpunkte können zum Bestand der Beziehung beitragen. Sarkasmus, gegenseitige Schuldzuweisungen, Anschreien usw. sind jedoch Merkmale von verletzenden Streitereien, die eine Trennung wahrscheinlicher machen, wenn sie häufig auftreten.

Schließlich trennen sich Personen eher, die einen ängstlich-ambivalenten Bindungsstil haben. Die Kombination von Verlustangst und Bemühungen, die Beziehung zu intensivieren, die mit ambivalenten Gefühlen verbunden ist, trägt vermutlich zur Destabilisierung der Partnerschaft bei. Der ängstlich-ambivalente Bindungsstil hängt mit der besitzergreifenden Liebe zusammen, die jedoch bei getrennten Paaren nicht höher ausgeprägt ist als bei nicht-getrennten Paaren.

Die Ergebnisse sind insgesamt ermutigend, was die Gültigkeit des Investmentmodells von Rusbult (1983) angeht. Wie erwartet sind Zufriedenheit, Investment und Commitment wichtige Prädiktoren der Trennung. Weiterhin ergab sich, daß die Liebesstile zwischen den Gruppen der Getrennten und der Nicht-Getrennten nicht differenzierten. Dieses Ergebnis ist vor allem für romantische Liebe überraschend. Allerdings deutet sich in der Tendenz an, daß romantische Liebe mit der Stabilität der Beziehung zusammenhängt. Dieser Frage werden wir in der zweiten Studie (Box 9.2) weiter nachgehen.

*Box 9.2:* Sind die Liebesstile wirklich ohne Bedeutung für eine Trennung?

In einer Längsschnittuntersuchung von Ambrosy, Rohmann & Schmohr (1997) ging es um die Frage, ob ausgewählte Liebesstile - darunter romantische Liebe - einen Beitrag zur Vorhersage der Beziehungsstabilität leisten. Drei Liebesstile (Eros, Storge und Mania) wurden zu Beginn der Untersuchung gemessen. Die Stabilität der Beziehung wurde durch die Frage erfaßt, ob die Beziehung nach 14 Monaten intakt oder getrennt ist. In der Untersuchung wurden vier Erhebungen im Verlauf von 14 Monaten durchgeführt. Im folgenden werden Ergebnisse des ersten und des vierten Meßzeitpunkts dargestellt.

Zum ersten Meßzeitpunkt wurden 307 Frauen und 276 Männer befragt, von denen zum vierten Meßzeitpunkt noch 477 Personen (249 Frauen und 218 Männer) erreicht wurden. Die mittlere Beziehungsdauer betrug zum ersten Meßzeitpunkt 7.3 Jahre. Etwa 50% der Befragten waren verheiratet, und drei Viertel lebten in einer gemeinsamen Wohnung. Über den Untersuchungszeitraum hatten sich 47 Personen von ihrem Partner getrennt, während 430 ihre Beziehung fortsetzten. Damit liegt die Trennungsquote pro Jahr unter den zum vierten Meßzeitpunkt erfaßten Personen bei 9.4%.

Da die Stichprobengröße in den beiden Gruppen sehr unterschiedlich ist, wurde aus der Gruppe der Nicht-Getrennten eine Zufallsstichprobe gezogen, die die Hälfte der Befragten (n = 215) beinhaltet. Ein Vergleich der Mittelwerte dieser Zufallsstichprobe mit der Ausgangsstichprobe zeigt nur minimale Abweichungen.

Ein Vergleich der drei Liebesstile zwischen Getrennten und Nicht-Getrennten ist in Tabelle 9.8 enthalten. Eros und Storge differenzieren zwischen beiden Gruppen, sie sind bei Paaren, die noch zusammen sind, signifikant höher ausgeprägt. Der multivariate Test über die drei Liebesstile ist signifikant.

*Tabelle 9.8:* Ausgewählte Liebesstile

| | getrennt | zusammen |
|---|---|---|
| Eros | 6.44 | 7.12 |
| Storge | 5.30 | 5.94 |
| Mania | 5.20 | 5.41 |

Anmerkung. m $F(3,256) = 5.61$, $p < .001$.

Diese Effekte bleiben auch erhalten, wenn der Einfluß von Alter, Vorhandensein gemeinsamer Kinder, Heirat, gemeinsame Wohnung und Anzahl bisheriger Partner statistisch kontrolliert wird (multivariates $F(3,243) = 6.08$, $p < .001$ für 254 Personen mit vollständigen Daten). Erneut sind die Einflüsse von Eros und Storge im Einzeltest signifikant, wobei der F-Wert für Eros mit 14.66 deutlich höher ausfällt als der für Storge mit 3.96.

Um die Zusammenhänge zwischen Eros, Storge und Stabilität weiter zu prüfen, wurde eine Zweiteilung der Befragten im Hinblick auf hohe und niedrige romantische Liebe und hohe und niedrige freundschaftliche Liebe durchgeführt. Anschließend wurde ein loglineares Modell geprüft, das Zusammenhänge unter zweigestuften Merkmalen analog zu einer Varianzanalyse testet. Ein Modell ist dann passend, wenn es nicht signifikant von den Häufigkeitsdaten abweicht.

Das loglineare Modell ist dann mit den Daten vereinbar, wenn eine statistische Interaktion zwischen Eros und Trennung und eine zwischen Storge und Trennung angenommen wird, $Chi^2(2) = 2.53$, $p = .28$. Die Daten sind in Tabelle 9.9 dargestellt. Bei niedriger romantischer Liebe ist der Anteil der Getrennten relativ hoch, während er bei hohem Eros relativ niedrig ist. Außerdem ist bei niedriger freundschaftlicher Liebe der Anteil der Getrennten relativ hoch.

*Tabelle 9.9:* Häufigkeitsverteilung in Abhängigkeit von Eros und Trennung bzw. Storge und Trennung

| *Eros* | getrennt | zusammen |
|---|---|---|
| niedrig | 33 | 92 |
| hoch | 13 | 123 |

| *Storge* | getrennt | zusammen |
|---|---|---|
| niedrig | 30 | 106 |
| hoch | 16 | 109 |

Wie schon bei den Ergebnissen in Tabelle 9.8 deutet sich auch für die in Tabelle 9.9 an, daß der Effekt von Eros auf die Trennung robuster ist als der von Storge. Ein Beleg dafür ist, daß die Interaktion Eros x Trennung allein das Datenmuster erklären kann, wenn eine etwas andere Aufteilung der Versuchsteilnehmer in die Gruppen von hoher und niedriger romantischer bzw. freundschaftlicher Liebe gewählt wird. Die Bedeutsamkeit der Interaktion Storge x Trennung ist also von der gewählten Aufteilung der Personen abhängig, während der Einfluß von Eros über unterschiedliche Aufteilungen robust ist.

Wie lassen sich die Ergebnisse beider Studien im Vergleich bewerten? Wenn nur die Mittelwerte in den beiden Gruppen (getrennt, zusammen) verglichen werden, fallen die Ergebnisse in beiden Studien ähnlich aus:

- Romantische Liebe ist bei denjenigen zum ersten Meßzeitpunkt höher ausgeprägt, die beim zweiten Meßzeitpunkt noch zusammen sind,
- freundschaftliche Liebe ist ebenfalls bei denjenigen höher, die noch zusammen sind,
- der Unterschied in der romantischen Liebe fällt in der Tendenz größer aus als der in der freundschaftlichen Liebe.

Nur in der zweiten Studie werden die Unterschiede statistisch signifikant. Das ist möglicherweise darauf zurückzuführen, daß der Auswertung eine größere Stichprobe getrennter Personen zugrundeliegt. Insgesamt ist aber hervorzuheben, daß beide Längsschnittstudien im Hinblick auf den Zusammenhang zwischen Liebe und Trennung zu ähnlichen Ergebnissen führen: Vor allem ein niedriger Wert in romantischer Liebe ist ein Indikator für die Möglichkeit einer späteren Trennung.

*Zusammenfassung*

Auf Grundlage der berichteten Untersuchungen zur Vorhersage von Trennung können wichtige Faktoren genannt werden, die mit der Auflösung einer romantischen Beziehung zusammenhängen. Zunächst einmal ist auf den Einfluß von kulturellen Faktoren hinzuweisen. Die Statistiken zu Scheidungen haben gezeigt, daß sich säkulare Trends finden, die zu einer Steigerung der Scheidungsquoten in den letzten Jahrzehnten geführt haben. Außerdem zeigt der Vergleich zwischen verschiedenen europäischen Ländern, daß sich nationale Scheidungsraten unterscheiden lassen, die mit den kulturellen und religiösen Gegebenheiten zusammenhängen. So scheint die Scheidungsrate in Ländern, die durch die katholische Kirche geprägt sind, niedriger zu liegen, während sie in den angelsächsischen Ländern eher hoch liegt.

Von den soziodemographischen Merkmalen ist vor allem die Einkommenssituation als kritischer Faktor zu erwähnen: je niedriger das Einkommen, desto höher die Wahrscheinlichkeit einer Scheidung. Auch ein niedriges Bildungsniveau scheint mit einer höheren Scheidungsrate zusammenzuhängen. Die Einkommenssituation erweist sich auch als bedeutsam für die Verteilung des Auftretens von depressiven Symptomen in der Bevölkerung (s. Kapitel 8). Niedriges Einkommen hängt mit depressiven Symptomen, ehelicher Uneinigkeit und Trennungen zusammen.

Ein weiterer demographischer Faktor ist die Stabilität der Ehe in der Elterngeneration. Wenn die Eltern sich haben scheiden lassen, ist die Wahrscheinlichkeit höher, daß sich die Kinder auch scheiden lassen. Auch eine Biographie, in der schon eine Scheidung stattgefunden hat, scheint eine erneute Scheidung wahrscheinlicher zu machen. Um Mißverständnisse zu vermeiden, sei zur Interpretation hinzugefügt, daß man durch eine Scheidung (oder eine Scheidung der Eltern) nicht etwa einen Risikofaktor für eine weitere Scheidung herstellt, der vorher nicht bestanden hat. Plausibler ist die Annahme, daß beide Scheidungen von dritten Variablen abhängen, etwa eine unkonventionelle Einstellung zum Thema Ehe oder eine Erziehung, nach der der Abbruch einer nicht zufriedenstellenden Ehe nicht um jeden Preis vermieden werden muß.

Unter den dispositionalen Faktoren ist an erster Stelle das Ausmaß des Neurotizismus zu nennen. Durch die gesamte Trennungsforschung zieht sich der Befund, daß die engen Beziehungen ängstlicher Personen weniger stabil sind als die von weniger ängstlichen Personen. Generell weisen diese Merkmale - wie auch die interpersonellen Merkmale - einen relativ großen Erklärungswert für Trennungen auf. Bemerkenswert ist auch, daß die dispositionalen Faktoren - und dabei vor allem der Neurotizismus - den Beziehungserfolg über fünf Jahrzehnte vorhersagen können. Daneben sind bei Frauen auch solche Merkmale als Stabilitätsfaktoren zu nennen, die mit der traditionellen Geschlechtsrolle zusammenfallen. Inwieweit diese Ergebnisse auch heute noch Bestand haben, ist aber offen, da sich die Rollenerwartungen, die von beiden Partnern an Frauen gestellt werden, inzwischen ändern.

Unter den interpersonellen Merkmalen ist als wichtiger Indikator die partnerschaftliche Zufriedenheit zu nennen: je geringer das Glück in der Beziehung, desto wahrscheinlicher wird eine Trennung. Darüber hinaus sind auch das Ausmaß der Investitionen in die Beziehung und das Commitment für die Beständigkeit bedeutsam. Diese Zusammenhänge stehen in Übereinstimmung mit Voraussagen, die sich aus der Investmenttheorie von Rusbult (1983) ableiten lassen.

Von den Bindungsstilen steht die ängstlich-ambivalente Bindung (negativ) mit dem Beziehungserfolg im Sinne der Stabilität in Zusammenhang. Weitergehende Fragen zu den Bindungsstilen unter Berücksichtigung von häufigen Paarkonstellationen werden in Kapitel 2 behandelt.

Zu den Liebesstilen deutet sich an, daß Eros mit der Wahrscheinlichkeit einer Trennung zusammenhängt. In beiden Studien wurde eine statistische Kontrolle für demographische Merkmale durchgeführt, so daß ausgeschlossen werden kann, daß unterschiedliche Rahmenbedingungen - soweit sie erfaßt worden sind - den Zusammenhang zwischen romantischer Liebe und Trennung erklären können.

Vielfach wird angenommen, daß freundschaftliche Liebe über die Jahre an die Stelle von romantischer Liebe tritt und dann zur Stabilität der Beziehung beiträgt. Die vorliegenden Ergebnisse können das nur mit großen Einschränkungen bestätigen. Nur in der zweiten Studie zu den Liebesstilen findet sich ein entsprechender Effekt, der zudem relativ schwach ausfällt. Wenn der Verweis auf Freundschaft statt Leidenschaft in späteren Jahren der Ehe etwas mit der Wahrheit zu tun hat, dann ist der Zusammenhang mit Stabilität der Ehe zumindest relativ gering. Möglicherweise sind aber bestimmte Teilgruppen von Befragten stärker aufgrund von freundschaftlicher Liebe an den Partner oder die Partnerin gebunden als andere. So wäre vorstellbar, daß Verheiratete eher auf freundschaftliche Liebe setzen als Paare, die eine Beziehung ohne Trauschein führen.

# C. Diskussion

## 10. Praktische Anwendung der theoretischen Ansätze und Forschungsergebnisse am Beispiel der Bindungstheorie

In diesem Kapitel sollen Anwendungsmöglichkeiten der Resultate aus der Bindungsforschung aufgezeigt werden. Da sich die Bindungstheorie sowohl mit Kindern als auch Erwachsenen befaßt, ergeben sich Umsetzungsmöglichkeiten in der Beratungspraxis bei beiden Gruppen.

Die Bindungstheorie kann in der Paarberatung angewandt werden, wenn eine unsichere Bindung an den Partner oder die Partnerin Probleme verursacht. In Abhängigkeit vom Bindungsstil sind unterschiedliche Konfliktbereiche typisch, deren Entstehung und Aufrechterhaltung durch die Einbeziehung der Bindungstheorie verständlicher wird. Allerdings spielt auch im Erwachsenenalter die Bindung, die man als Kind zu den Eltern hatte, weiterhin eine Rolle.

Es wird angenommen, daß Erwachsene, die als Kind negative Bindungserfahrungen gemacht haben, überdurchschnittlich häufig an psychischen Störungen, wie z.B. Depressionen, erkranken. Die Bindungstheorie ist kompatibel mit anderen Theorien, die Depressionen erklären sollen, nämlich der Theorie der erlernten Hilflosigkeit von Seligman (1975) und dem kognitiven Ansatz von Beck (1967). Es wurde auch festgestellt, daß unsicher gebundene Menschen häufiger gefährdet sind, in Streßsituationen auf Alkohol auszuweichen. Sie sind auch eher gefährdet, Eßstörungen zu entwickeln. Ursache dafür kann sowohl eine unsichere Bindung zu den Eltern sein, die sich im Kindesalter entwickelt hat, als auch - damit einhergehend - eine unsichere Bindung zum aktuellen Lebenspartner.

Eine weitere Anwendungsmöglichkeit bezieht sich auf die Bindung zwischen Therapeut und Klient in einer Beratungs- oder Therapiesituation. Da Streß, Trauer und Ängste zu den Auslösern von Bindungsverhalten gehören und zugleich Anlaß einer Therapie sind, ist die Therapiesitzung eine typische Bindungssituation.

### *10.1 Bindungssituationen im Alltag*

Viele Alltagssituationen sind Bindungssituationen, in denen Bindungsverhalten ausgelöst werden kann. Wir müssen unterscheiden zwischen den beiden Begriffen Bindung und Bindungsverhalten. Die *Bindung* zu einer Person (z.B. zur Mutter) ist die Folge von wiederholtem Bindungsverhalten, das in relevanten Situationen (z.B. Gefahr, Abwesenheit der Mutter) ausgelöst wird. Bowlby beschreibt die Bindung als das „*Produkt einer Anzahl von Verhaltensweisen, deren voraussehbares Ergebnis die Nähe zur Mutter ist*" (1975, S. 172). In relevanten Situationen (Bindungssituationen) wird das *Verhaltenssystem* aktiviert. Wird es von der Bindungsperson mit adäquatem Fürsorgeverhalten beantwortet, wird das Verhaltenssystem deaktiviert. Im folgenden wird die Anwendbarkeit der Bindungstheorie anhand von drei alltäglichen Bindungssituationen skizziert, nämlich Trennung, Nähe und Kummer.

*Trennung*

Bei Kindern stellt die Wahrnehmung von Alleinsein einen typischen Auslöser für Bindungsverhalten dar. Das Kind sucht nach der Mutter, um sich ihrer Gegenwart zu versichern. Wenn es die Mutter entdeckt hat, kann es sich wieder anderen Beschäftigungen zuwenden. Die Folgen einer langfristigen Trennung von der Mutter wurden in Kapitel 2 schon beschrieben (Protest, Verzweiflung, Loslösung). Die Bindungstheorie kann Hinweise zum Umgang mit solchen Situationen geben, auf die im folgenden eingegangen wird.

Bei der von Ainsworth et al. (1978) verwendeten Testsituation (Fremde Situation) findet eine Trennung der Kleinkinder von ihrer Mutter statt. Erwachsene können im Unterschied zu Kindern länger allein sein, ihr Bindungssystem wird jedoch auch aktiviert, wenn sie sich längere Zeit von ihrem Partner trennen müssen (z.B. aus beruflichen Gründen), wenn der Partner sie verläßt oder wenn man den Partner durch Tod verliert. Sicher sowie ängstlich-ambivalent gebundene Personen empfinden starke Trauer in Trennungssituationen, wobei allerdings nur die sicheren langfristig konstruktive Formen der Bewältigung entwickeln. Vermeidende Personen spielen die Bedeutung von Trennungssituationen herunter.

*Nähe*

Nicht nur in Streßsituationen wird das Bindungssystem aktiviert, sondern auch bei fehlender Nähe. Kinder und Erwachsene gehen auf ihre Bindungsperson nicht nur zu, um Unterstützung zu erhalten, sondern auch um der Nähe selbst willen. Die Suche nach Körperkontakt, nach Verständnis und Zusammengehörigkeit kann ebenfalls als Bindungsverhalten aufgefaßt werden. Sichere Personen wünschen sich Nähe und sind auch in der Lage, Nähe in Beziehungen herzustellen. Ängstlich-ambivalente Personen sind stets der Meinung, daß sie weniger Nähe bekommen, als sie brauchen, und leben in einem ständigen Gefühl des Defizits, während vermeidende die Herstellung von Nähe nicht anstreben und demzufolge auch keine starke Intimität erleben. Die unterschiedlichen Umgangsweisen mit Nähe können zu Konflikten in der Partnerschaft führen, auf die noch eingegangen wird.

*Kummer, Streß, Angst*

In Streß- und Gefahrensituationen wenden sich Kinder und Erwachsene an vertraute Personen, um Trost und Hilfe zu erhalten. Beispiele für Studien zu diesem Verhalten bei Paaren wurden bereits in Kapitel 2 beschrieben: Der Partnerin wurde angekündigt, sie werde an einem angstauslösenden Experiment teilnehmen, anschließend wurde ihr Bindungsverhalten dem Partner gegenüber beobachtet. Dabei wurde gezeigt, daß

- sichere Frauen um so mehr Bindungsverhalten zeigten, je stärker sie durch die Situation geängstigt wurden,
- es bei vermeidenden umgekehrt war,
- die ängstlich-ambivalenten eine Zwischenstellung einnahmen.

In einer zweiten Studie profitierten unsicher gebundene Personen nicht von der Anwesenheit des Partners, im Gegenteil, ihre Erregung wurde dadurch noch gesteigert. Daraus können wir schließen, daß sichere Personen bei vertrauten Partnern Unterstützung in Streßsituationen suchen und auch erhalten. Vermeidende wollen ihre Probleme lieber selbst lösen. Ängstlich-ambivalente suchen manchmal Unterstützung, manchmal nicht, jedenfalls ist ihnen die Anwesenheit des Partners keine Hilfe.

Wenn unsicher gebundene Personen bei Problemen keine effektive soziale Unterstützung erhalten, stellt sich die Frage, was sie statt dessen tun, um mit Angst- und Streßsituationen umzugehen. Denkbar ist sowohl die Entwicklung von psychischen oder psychosomatischen Störungen als auch die Zuflucht zu Medikamenten und Alkohol. Darauf gehen wir später noch ein.

Eine Möglichkeit, bei Problemen Hilfe zu suchen, besteht in dem Aufsuchen eines Therapeuten oder einer Therapeutin. Unglücklicherweise sind die unsicher gebundenen Personen, die weniger leicht Hilfe suchen und bekommen können, gerade die, die häufig unter Symptomen leiden. Was der Therapeut in seiner Rolle als Bindungsperson beachten kann, darauf gehen wir am Schluß des Kapitels ein.

### *10.2 Unsichere Bindung und Trennungssituationen bei Kindern*

Verläuft die bindungsbezogene Interaktion zwischen Mutter und Kind problematisch, so kann ein Kind grundsätzlich zuviel oder zuwenig Bindungsverhalten zeigen, was wir als ängstlich-ambivalenten und vermeidenden Bindungsstil bezeichnen. Wenn die Mutter nicht feinfühlig ist, d.h. nicht prompt und angemessen auf die Signale des Kindes reagiert, desinteressiert, abweisend oder wechselhaft in ihrem Verhalten ist, kann das Kind keine sichere Bindung zu ihr aufbauen. Die Mutter steht dann nicht als Ausgangspunkt (sichere Basis) für das Explorationsverhalten des Kindes zur Verfügung, was zur Folge hat, daß das Kind weniger exploriert und damit weniger lernt. In Alarmsituationen erfährt das Kind keine ausreichende Angstreduzierung. Es wird sich auch nicht genügend geliebt fühlen und ein entsprechend negatives Selbstbild aufbauen.

Machen Kinder Erfahrungen mit Trennungssituationen, z.B. bei einem Klinikaufenthalt, können sie anschließend eine Zeitlang besonders anklammernd sein. Das Bindungsverhalten kann leichter ausgelöst werden und intensiver verlaufen. Bei manchen Kindern wird nach einem oder mehreren Trennungserlebnissen das Vertrauen in die Zugänglichkeit der Betreuungsperson nicht wiederhergestellt. Diese Kinder zeigen dauerhaft Trennungsangst und intensives Bindungsverhalten.

Diesen Zustand bezeichnet Bowlby (1976) als Angstbindung. Eine Angstbindung kann auch ohne ein Trennungserlebnis aufgebaut werden, z.B. wenn einem Kind gedroht wird, es zu verlassen, oder bei häufigen Streitereien in der Familie, die bei dem Kind die Angst hervorrufen, die Eltern könnten sich scheiden lassen. Andererseits können die Kinder mit Wut und Aggressivität reagieren. Beide Verhaltensmuster können auch abwechselnd auftreten, so daß man von starker Ambivalenz der Gefühle und der Handlungen der Mutter gegenüber sprechen kann. Ein und derselben Person können Wut, Liebe und Angst vor Verlust gelten.

Ein Kind, das nach schwerwiegenden negativen Erfahrungen die Hoffnung auf das Gefühl der Sicherheit aufgegeben hat, kann sich dauerhaft von der Bindungsperson abwenden, indem es gar kein Bindungsverhalten mehr zeigt (Vermeidung). Die weiterhin vorhandenen Bindungsbedürfnisse werden nicht mehr zum Ausdruck gebracht. Dies bezeichnet Bowlby (1976) als Zustand der Entfremdung. Das Zeigen von übermäßigem Bindungsverhalten und das Aufgeben von Bindungsverhalten sind zwar von Verhalten her entgegengesetzt, haben aber ähnliche Ursachen, nämlich die Erfahrung, daß das natürliche Bedürfnis nach einer dauerhaften Bindung nicht oder unzureichend erfüllt worden ist.

Vor allem ängstliches und aggressives Verhalten bei Kindern führt häufig dazu, daß Familien in Beratungsstellen vorstellig werden. Das Verhalten kann vor dem Hintergrund der Bindungstheorie richtig interpretiert werden. In der Therapie kann dann versucht werden, eine sichere Bindung herzustellen. Dazu gehören

- Aufarbeitung von Bindungserfahrungen der Eltern,
- Training der Feinfühligkeit der Eltern, insbesondere
- Vermeidung von Drohungen, das Kind zu verlassen,
- Vermeidung von Überbehütung,
- Vermittlung der richtigen Interpretation des kindlichen Verhaltens, insbesondere
- Vermeidung des Mißverständnisses, daß anklammerndes Verhalten Liebe bedeutet,
- daß aggressives Verhalten Bösartigkeit ausdrückt
- und daß vermeidendes Verhalten Selbständigkeit ausdrückt.

Neben problematischen Bindungserfahrungen *innerhalb der Familie* kommen auch *dauerhafte Trennungen* zwischen Kind und primärer Bezugsperson vor, beispielsweise wenn Kinder in einem Heim untergebracht werden. Bis in die 60er Jahre hinein sah die Betreuung von Kindern in Säuglingsheimen so aus, daß die Kinder wie am Fließband von unterschiedlichen Personen gefüttert, gewaschen und gewickelt wurden. Die Betreuungspersonen wechselten andauernd, zudem lebten die Kinder in einer reizarmen Umgebung, in der auf Ruhe und Dunkelheit geachtet wurde (Unzner, 1995). Dadurch wurden die Kinder weder geistig gefördert, noch konnten sie dauerhafte Bindungen eingehen. Es wurden retardierte, teilnahmslose Kinder beobachtet, die Kontakte vermieden und durch stereotype Bewegungen auffielen.

Diesen Zustand beschrieb Spitz (1945) als Hospitalismus. Die Kinder wurden im Heim hospitalisiert, nachdem sie in sehr jungem Alter wegen unehelicher Geburt, Scheidung der Eltern, notwendiger Erwerbstätigkeit oder Krankheit der Mutter aufgenommen worden waren. Heute haben sich die Aufnahmegründe geändert, die Heimunterbringung erfolgt häufiger aufgrund von Vernachlässigung und Gefährdung der Kinder durch Alkohol- und Drogenabhängigkeit der Eltern. Dadurch ergeben sich zwei Veränderungen: Zum einen hat sich das Durchschnittsalter bei der Aufnahme ins Heim erhöht, zum anderen sind die Kinder häufig bereits in der Familie hospitalisiert worden, so daß das Heim nicht nur die Aufgabe hat, Hospitalisierung zu vermeiden, sondern auch therapeutisch (z.B. durch Spieltherapie) bereits ungünstige Bindungserfahrungen zu bearbeiten (Unzner, 1995). Die Bedeutung der Bindungstheorie für die Heimbetreuung wird in Box 10.1 dargestellt.

*Box 10.1:* Heimbetreuung von Kleinkindern unter Berücksichtigung der Bindungstheorie

Die Umsetzung der Bindungstheorie in der Heimbetreuung am Beispiel des Salberghauses, einer Einrichtung der Katholischen Jugendfürsorge, beschreibt Unzner (1995) wie folgt: Die Kinder befinden sich bei der Aufnahme entweder in der Protest- bzw. Verzweiflungsphase, d.h. sie weinen und verlangen nach der Bindungsperson, oder bereits in der Loslösungsphase (Bowlby, 1973), d.h. sie sind bereits dauerhaft von ihrer Bezugsperson abgelöst und zeigen dieses Verhalten nicht. Im Heim benötigen sie zunächst intensive emotionale Zuwendung und Trost sowie einen geregelten Tagesablauf, bei dem auf ihre Bedürfnisse eingegangen wird. Sie leben in alters- und geschlechtsgemischten Gruppen bis zu sieben Kindern mit insgesamt sechs Mitarbeiterinnen, von denen stets eine auch im Gruppenbereich schläft.

Jedes Kind hat eine Hauptbetreuungsperson, die das Kind auch mitnimmt zu privaten Besorgungen und Einkäufen und z.B. gegebenenfalls zum Arzt begleitet. Es wird darauf geachtet, daß jedem Kind eine positive Wertschätzung entgegengebracht wird, daß Körperkontakt zugelassen wird und daß die Kinder zu Aktivitäten ermuntert und gefördert werden.

Soll das Kind anschließend in einer Pflege- oder Adoptivfamilie untergebracht werden, wird es zu ersten Besuchen dorthin von der Hauptbetreuungsperson begleitet. Es wird der Tatsache Rechnung getragen, daß der Aufbau einer neuen Bindung zu Ersatzeltern ein langsamer Prozeß ist, dessen Fortschreiten das Kind bestimmt.

Das primäre Ziel ist natürlich die Rückkehr in die Ursprungsfamilie. Es wird darauf hingewirkt, daß die Eltern die Kinder möglichst regelmäßig besuchen, um Zuverlässigkeit und Kontinuität zu vermitteln. Den Eltern wird Beratung und

Training angeboten mit dem Ziel, die Feinfühligkeit im Kontakt mit dem Kind zu verbessern. Beim Abschied des Kindes aus dem Heim wird ein Fest gefeiert, um das Ende eines Lebensabschnitts zu dokumentieren und um den anderen Kindern der Gruppe zu erklären, was mit dem Kind geschieht, damit sie keine Angst entwickeln, sie könnten einfach vom Heim abgeschoben werden.

Müssen Kinder langfristig außerhalb der Familie untergebracht werden, reicht das Betreuungssystem eines solchen Heimes nicht aus. Die Mitarbeiterinnen sind außerhalb ihrer Dienstzeiten nicht verfügbar oder können den Arbeitsplatz aufgeben oder wechseln. Ein zusätzlicher Beziehungsabbruch innerhalb des Heims stellt für die Kinder ein schwerwiegendes Trauma dar. Bei der Notwendigkeit langfristiger Unterbringung außerhalb der Familie müssen familienähnliche Lebensformen angeboten werden, wie es z.B. in SOS-Kinderdörfern geschieht.

Einen weiteren Aspekt der Trennung stellt die Scheidung oder Trennung der Eltern dar, wobei das Kind bei einem Elternteil verbleibt. Bei der Entscheidung darüber, welcher Elternteil das Sorgerecht erhalten soll, wird das „Wohl des Kindes" unter Berücksichtigung der „Bindungen des Kindes" in den Vordergrund gestellt (§1671 und §1672 BGB). Vor dem Hintergrund der Bindungstheorie wird zunehmend erkannt,

- daß klammerndes Verhalten des Kindes an einen Elternteil nicht für eine besonders starke Bindung, sondern eher für eine Angstbindung charakteristisch ist,
- und daß Verhaltensweisen wie Protest oder Kontaktvermeidung gegenüber einem Elternteil, den das Kind längere Zeit nicht gesehen hat, keinesfalls auf eine fehlende Bindung hindeuten müssen, sondern typische Reaktionen eines Kindes auf Trennungssituationen sind, wenn vorher eine intensive Bindung bestanden hat (Schwabe-Höllein & August-Frenzel, 1995).

### *10.3 Die Bindungstheorie als Erklärungsmodell von Paarkonflikten*

Es wurde bereits erwähnt, daß bei Kindern sowohl eine bedrohliche Situation als auch die Abwesenheit oder fehlende Reaktionsbereitschaft der Bezugsperson Angst auslösen können. Das ist bei Erwachsenen genauso. Allein die Überzeugung, daß der Partner einem in einer schwierigen Situation nicht helfen würde, ist genauso schmerzhaft wie das tatsächliche Erleben einer solchen Situation. Zudem spielt das Bindungssystem außerhalb von Streßsituationen eine Rolle, da Nähe um der Nähe willen gesucht wird.

Wir hatten zwischen zwei unabhängigen Dimensionen bei der Bindungsmessung unterschieden (Kapitel 2), nämlich Angst und Vermeidung. Ein sicherer Bindungsstil ergibt sich aus niedrigen Werten in beiden Dimensionen. Sind beide Dimensionen hoch ausgeprägt (ängstlich-vermeidender Bindungsstil), vermeidet man Nähe aus Angst vor Enttäuschung anstatt aus Desinteresse. Für die beiden anderen Bindungsstile verwenden wir im folgenden die Kurzform ängstlich und vermeidend anstelle von ängstlich-ambivalent und gleichgültig-vermeidend.

Zu den ängstlich-vermeidenden Personen sollen an dieser Stelle einige Stichpunkte genügen:

- Personen dieser Bindungsgruppe sind eher selten, vor allem unter denen, die in einer Beziehung leben.
- Diese Personen befinden sich in einem Annäherungs-Vermeidungs-Konflikt: Sie empfinden das Defizit fehlender Nähe, sind aber nicht in der Lage, mehr Nähe zuzulassen.
- Sie können ein Verhaltensmuster zeigen, den Partner abwechselnd anzulocken und von sich zu weisen.
- Sie sind vergleichbar mit der Gruppe der Desorganisierten oder Desorientierten, die bei Kindern gefunden wurde.
- Es ist möglich, daß sie je nach Partnerschaft entweder mehr die vermeidende oder die ängstliche Gefühlswelt erleben. Wenn der Partner zurückweisend ist, sind sie selbst vermutlich vorwiegend ängstlich, und wenn sich der Partner anklammernd verhält, betonen sie vermutlich vor allem ihre zurückweisende Seite.

Die drei anderen Bindungsstile kommen häufiger vor. Es wurde festgestellt, daß vielfach sichere mit sicheren und ängstliche mit vermeidenden Partnern zusammen sind (Kirkpatrick & Davis, 1994). Die Beziehung sicher-sicher ist relativ unproblematisch, was das Auftreten von Paarkonflikten angeht. Anders sieht es bei der Kombination ängstlich mit vermeidend aus. Mit dieser Konstellation wollen wir uns näher befassen (Box 10.2).

*Box 10.2:* Wenn gegensätzliche Vorstellungen von Intimität und Nähe aufeinandertreffen

Die ängstlichen und vermeidenden Bindungstypen sind in ähnlicher Ausprägung unsicher. Ihnen ist die Überzeugung gemeinsam, daß die Bezugsperson bei Bedarf nicht genügend aufmerksam und unterstützend sein wird.

Ob jemand einen ängstlich-unsicheren oder einen vermeidend-unsicheren Bindungsstil entwickelt, wird mit Erlebnissen in der Ursprungsfamilie erklärt (Bartholomew, 1990). Die Eltern ängstlicher Kinder werden als inkonsistent und wechselhaft beschrieben, wodurch die Kinder den Eindruck erhalten, daß sie nicht in jeder Situation Unterstützung verdient haben. Durch das zeitweise Erleben von Nähe lernen sie auch, wie wichtig diese sein kann. Sie sehnen sich nach Nähe, erleben die vorhandene Nähe jedoch als nicht ausreichend. Sie wünschen sich stets mehr Nähe, als sie bekommen. Weil sie die Bestätigung anderer benötigen, um sich wohlzufühlen, sind sie stets auf der Suche nach mehr Nähe.

Die vermeidenden Personen haben kühle und emotional unzugängliche Eltern erlebt, die mehr Wert auf sportliche und schulische Leistungen der Kinder legen als auf emotionale Nähe. Dadurch, daß die Kinder erfahren, daß der Ausdruck von negativen Gefühlen (Angst, Wut) unerwünscht ist, können sie später zum Leugnen von Gefühlen neigen (Bartholomew, 1990). Sie leugnen auch das Bedürfnis, in ihren Beziehungen Intimität und Nähe herzustellen. Statt dessen legen sie viel Wert darauf, mit Problemen selbst fertig zu werden und niemanden zu brauchen.

Beide unsicheren Gruppen sind demnach gegensätzlich, was die gezeigte Wertschätzung von Intimität und Nähe in Partnerschaften angeht. Während ängstliche stets mehr Nähe anstreben, als sie bekommen, streben vermeidende danach, Intimität aus dem Wege zu gehen. Auch in ihren Befürchtungen sind beide Gruppen komplementär. Ängstliche haben Angst, daß der Partner sie nicht genug lieben und verlassen könnte, vermeidende fürchten sich vor Vereinnahmung.

Unglücklicherweise suchen sich beide Gruppen genau die Partner, der ihre Erwartungen bestätigen. Vermutlich verstärkt sich die Polarität noch im Laufe der Beziehung. Ist ein ängstlicher Mensch mit einem vermeidenden zusammen, geraten beide in einen Teufelskreis: Je mehr der ängstliche Liebesbeweise fordert, desto mehr zieht sich der vermeidende zurück. Beide sind durch das Verhalten des anderen nicht überrascht, jedoch verärgert, und sie versuchen, das Verhalten des Partners zu verändern.

Besonders häufig tritt das Problem bei der *Kombination ängstlicher Frauen und vermeidender Männer* auf. Es gibt zwar nicht mehr ängstliche Frauen als ängstliche Männer und nicht mehr vermeidende Männer als vermeidende Frauen, aber die Paarung einer vermeidenden Frau und eines ängstlichen Mannes mit dem geschilderten Polarisierungsprozeß tritt dennoch seltener auf,

- weil erstens sich diese Paare häufiger trennen, möglicherweise, weil diese Kombination den traditionellen Geschlechtsrollen entgegenläuft und Unbehagen verursacht (Kirkpatrick & Davis, 1994),
- und zweitens vermeidende Frauen nicht so radikal zurückweisend sind wie vermeidende Männer (Grau, 1994). Wir haben festgestellt, daß die Skalenwerte in der Vermeidungsdimension zwar bei Männern und Frauen in fast gleicher Höhe liegen, daß die Skala aber bei Frauen nicht negativ mit der Bereitschaft zusammenhängt, die Beziehung enger zu gestalten. Frauen, die zur eher vermeidenden Hälfte der Stichprobe gehörten, waren genauso häufig bereit, ihren Partner zu heiraten, mit ihm in eine gemeinsame Wohnung zu ziehen oder mit ihm Kinder zu bekommen wie die Frauen der niedrig vermeidenden Hälfte der Stichprobe.

Vermutlich sind Frauen durch ihre Sozialisation eher in die Lage versetzt worden, trotz vermeidender Einstellung Wert auf Sozialbeziehungen zu legen. Das ist bei Männern anders: Sie setzen ihre vermeidende Einstellung in die Tat um.

Man kann auch spekulieren, daß ängstliche Frauen eher als Männer bereit sind, Nähe einzufordern, ihre Ängste und Bedürfnisse zuzugeben, und daß sie damit eher im Bereich des ängstlichen Bindungsstils ihre Einstellungen in die Tat umsetzen. Diese Frage wurde bisher nicht untersucht.

Die Bindungstheorie bietet ein Erklärungsmodell für die Entstehung und Aufrechterhaltung von Paarkonflikten. Insbesondere die Themen, die mit Nähe und Distanz zu tun haben, sind bei einem Paar, das aus einer ängstlichen und einer vermeidenden Person besteht, hoch brisant. Beide empfinden ein nur geringes Maß an Nähe, der Unterschied liegt darin, daß die ängstliche Person diesen Zustand ändern will, die vermeidende aber nicht. Bei einem solchen Paar ist die Balance in der Nähe-Distanz-Regulation dauerhaft gestört (Pistole, 1994).

Wenn es bei sicheren Paaren vorkommt, daß ein Partner zu einer Verabredung zu spät kommt (unerwartete Trennung) oder in einer Streßsituation nicht verfügbar ist, weil er selbst mit einer wichtigen Sache beschäftigt ist, sind solche Irritationen üblicherweise mit der erneuten Verfügbarkeit und Nähe des Partners wieder beendet. Ängstlich gebundene Personen jedoch empfinden ein dauerhaftes Defizit an Nähe und interpretieren den Wunsch des Partners danach, etwas allein zu unternehmen oder nicht ständig verfügbar zu sein, als persönliche Ablehnung.

Vermeidend gebundene Personen interpretieren den Wunsch des Partners nach Nähe als Vereinnahmung und Bedrohung ihrer Autonomie und lehnen die Nähe ab. Die Kombination dieses gegensätzlichen Verhaltens, verbunden mit Fehlern in der Interpretation des Verhaltens, das der Partner zeigt, kann zu einem Teufelskreis führen, in dem beide in ihren gegensätzlichen Positionen verharren (Pistole, 1994).

In einem laufenden Forschungsprojekt analysieren wir den Zusammenhang zwischen der ängstlichen und der vermeidenden Bindungsdimension und Paarkonflikten im Nähe-Distanz-Bereich. Ängstliche und vermeidende nennen die gleichen Themen, über die sie sich mit ihrem Partner streiten, beide sind in gleichem Maß unzufrieden und konfliktbelastet. Die Positionen, die beide in den Streitereien vertreten, sind aber gegensätzlich. Beide streiten sich z.B. über Eifersucht, ängstliche meinen aber, daß der Partner lieber mehr Eifersucht zeigen solle, vermeidende wollen nicht so oft der Untreue verdächtigt werden. Beide streiten sich über die Planung der gemeinsamen Zeit. Während die ängstlichen mehr mit dem Partner zusammen sein möchten, wollen die vermeidenden öfter in Ruhe gelassen werden. Unsere Ergebnisse zeigen auch, daß keine einzige Streitposition von ängstlichen *und* vermeidenden Personen vertreten wird, sondern daß die Positionen völlig komplementär erscheinen. Sind die Positionen derart gegensätzlich, ist zu erwarten, daß in einer Beziehung mit einem ängstlichen und einem vermeidenden Partner beide Beteiligten immer extremere Positionen einnehmen und der Konflikt aufrechterhalten wird. Einer spielt die Rolle des Nähesuchers und der andere die des Distanzsuchers.

*Was ist zu tun?*

Bezieht man die Bindungstheorie in die Paarberatung ein, erlangt man ein besseres Verständnis für die Entstehung von Nähe-Distanz-Problemen. Eine unsichere Bindung ist ein langfristiges Problem, das die Beteiligten schon in die Beziehung eingebracht haben. Eine Aufarbeitung der Bindungserfahrungen beider Partner ist für diese ebenso notwendig wie die Einsicht, daß auch der vermeidende Partner Nähebedürfnisse und auch der ängstliche Partner das Bedürfnis nach Freiheit und Autonomie hat. Weiterhin ist es hilfreich für den ängstlichen Partner, das Selbstwertgefühl von der Bestätigung durch andere zu entkoppeln, und für den vermeidenden, mit dem Risiko emotionaler Nähe zu experimentieren und die Möglichkeit wahrzunehmen, andersartige Erfahrungen mit Bezugspersonen zu machen.

Pistole (1994) beschreibt notwendige Lernaufgaben für ängstliche und vermeidende Personen. Die ängstliche muß lernen, daß sie auch mit Hilfe anderer Personen, im Hobby oder durch die Sorge für sich selbst Probleme lösen und Stimmungen verbessern kann. Sie sollte sich nicht ausschließlich auf den Partner konzentrieren und ein besseres Gefühl dafür entwickeln, wann die Suche nach Nähe zum Partner angebracht ist und wann sie durch andere Verhaltensweisen ersetzt werden kann.

Die vermeidende Person ist eine unabhängige Haltung gewohnt, ohne den Partner als sichere Basis zu betrachten. Pistole bezeichnet es als Aufgabe für eine solche Person zu überlegen, wann die Unterstützung durch den Partner hilfreich und angenehm sein könnte. Es ist wichtig, sich selbst die Inanspruchnahme einer solchen Hilfe erlauben zu können und dabei zu erkennen, daß das Vertrauen zu anderen und das Vertrauen zu sich selbst sich nicht ausschließen. In Kapitel 4 haben wir gezeigt, daß die Skala zur Fähigkeit, um Hilfe bitten zu können, auf dem Faktor Sicherheit ein positives, die Skala zur vermeidenden Bindung ein negatives Vorzeichen hat. Der Umgang mit dem Empfangen von Hilfe stellt für vermeidende Personen eine große Schwierigkeit dar.

Beide Bindungstypen können ihre mentalen „Arbeitsmodelle“ von sich selbst und anderen einer kognitiven Überprüfung unterziehen. Das, was man als Kind über sich selbst und über die Reaktionsbereitschaft anderer gelernt hat, wird im Erwachsenenalter in den wenigsten Fällen noch zutreffend sein. Erwachsene benötigen weniger Fürsorge als Kinder. Daher ist das Risiko einer Zurückweisung für Erwachsene weniger bedrohlich, und die Fähigkeit, sich selbst zu helfen, ist höher ausgeprägt als bei Kindern. Ersteres stellt eine Lernaufgabe für vermeidende, letzteres eine Lernaufgabe für ängstlich gebundene Menschen dar.

## *10.4 Bindungsstile und Konfliktlösestrategien*

Nicht nur die Art der Probleme unterscheidet sich bei Personen mit unterschiedlichen Bindungsstilen, sondern auch die Art, wie mit den Problemen umgegangen wird. Pistole (1989) stellt fest, daß das Auftreten von Paarproblemen das Bindungssystem aktiviert, da für den Fall, daß das Problem nicht gelöst wird, die Beziehung in

Frage gestellt werden kann. Daher können Problemlösestrategien als Aspekt von Bindungsverhalten aufgefaßt werden.

Pistole (1989) verwendete einen Fragebogen zur Erfassung bevorzugter Konfliktlösestrategien, in dem unterschieden wird zwischen Strategien, die auf Gegenseitigkeit beruhen (Integrative Strategien und Kompromißbereitschaft), und solchen, die auf die eigene Person fokussieren (z.B. Dominieren). Mit integrativen Strategien ist gemeint, die Wünsche beider Partner zu berücksichtigen und eine gemeinsame Lösung zu finden, wobei beide gewinnen. Kompromißbereitschaft beinhaltet, daß beide Partner auf etwas verzichten.

Sicher gebundene Personen zeigten in der Studie von Pistole die größte Wahrscheinlichkeit, auf Gegenseitigkeit beruhende Strategien anzuwenden, sie können eher die Argumente beider Partner integrieren sowie Kompromisse finden als unsichere Personen. Ängstliche und vermeidende Personen unterschieden sich lediglich darin, daß ängstliche eher bereit waren, dem Partner in einer Konfliktsituation einen Gefallen zu tun. Dieses Ergebnis ist mit der Bindungstheorie vereinbar, da ängstliche Personen ihre Aufmerksamkeit auf den Partner fokussieren.

Ein weiterer Fragebogen, der sich mit Problemlösestrategien befaßt, ist das Konfliktinventar (KI) von Margolin (1987). In diesem Fragebogen wird zwischen den Strategien Problemlösen, Aggression und Rückzug unterschieden, wobei die erste als konstruktiv, die zweite und dritte als destruktiv gelten.

In einer Untersuchung der Häufigkeit, mit der Personen mit unterschiedlichen Bindungsstilen diese Strategien einsetzen (Flassbeck, 1996), stellte sich allerdings heraus, daß die Aggressionsskala für die untersuchte Stichprobe (Personen mit überdurchschnittlicher Schulbildung) zu extrem formuliert war. Personen, die aggressives Verhalten bis hin zur körperlichen Gewalt zeigten bzw. das im Fragebogen zugaben, kamen kaum vor. Üblicherweise sind Paare, die in ihrer Beziehung derartige Verhaltensmuster zeigen, selten bereit, einen solchen Fragebogen auszufüllen. Die Skala Aggression wurde aus der Auswertung ausgeschlossen.

Die sicher gebundenen Personen schätzten die Häufigkeit, mit der sie konstruktive Problemlösung betreiben, höher ein als die vermeidenden. Dieser Unterschied wurde allerdings nur bei den Männern signifikant. Die ängstlichen gebundenen rangierten in der Mitte, jedoch mit ähnlichen Werten wie die vermeidenden. Bei der Häufigkeit des Rückzugs unterschieden sich die Personen mit verschiedenen Bindungsstilen nicht in ihrer Selbsteinschätzung.

Gaines et al. (1997) untersuchten die Reaktion von Personen darauf, daß der Partner sich destruktiv verhält, d.h. rüde, zurückweisend und feindselig agiert. Diese Situation führt zur Aktivierung des Bindungssystems, sie ist stark bedrohlich und schafft ein Dilemma: Das naheliegende Verhalten, selbst feindselig zu reagieren, führt zu einer Eskalation, konstruktives Verhalten wird jedoch durch die Situation erschwert, da das Gefühl der Sicherheit aktuell gestört ist. Rusbult & Zembrodt (1983) unterscheiden vier Reaktionen in diesen sogenannten akkommodativen Dilemmata, von denen die beiden ersten konstruktiv sind, weil sie die Nähe aufrechterhalten, die beiden letzten dagegen Nähe ausschließen:

- Mitsprache: das Problem diskutieren, Lösungswege aufzeigen,
- Loyalität: auf bessere Ausgangsbedingungen warten, bis das Problem angegangen werden kann, den Partner unterstützen,
- Verlassen: drohen, die Beziehung zu verlassen, schreien, toben,
- Vernachlässigung: Probleme unter den Teppich kehren.

In vier Fragebogenstudien testeten Gaines et al. (1997) folgende Hypothesen:

- Sichere Personen sollten mehr Mitsprache und Loyalität zeigen als unsichere, die dafür eher mit Verlassen und Vernachlässigung auf bedrohliches Verhalten des Partners reagieren sollten.
- Die unsicheren Gruppen sollten sich dahingehend unterscheiden, daß ängstliche Personen häufiger mit Verlassen, vermeidende eher mit Vernachlässigung reagieren.

In der Tat berichteten sichere Personen, daß sie wahrscheinlicher mit Mitsprache und unwahrscheinlicher mit Verlassen und Vernachlässigung reagieren würden als unsichere. Die Ergebnisse zu der Strategie Loyalität waren uneindeutig. Entgegen der Hypothese unterschieden sich ängstliche und vermeidende Personen nicht darin, welche destruktive Strategie sie mit höherer Wahrscheinlichkeit einsetzten. Als Zusammenfassung dieser Studien bleibt festzuhalten, daß sicher gebundene Personen mehr konstruktive und gleichzeitig weniger destruktive Strategien in Problemsituationen einsetzen und daß sich die unsicheren Gruppen kaum voneinander unterscheiden.

Die beiden destruktiven Strategien Verlassen und Vernachlässigung gelten eher als impulsiv, da sie im Affekt geschehen, während die konstruktiven Strategien überlegter gehandhabt werden. Zur Vermeidung einer Eskalation wird das bekannte „bis 10 zählen“ allerdings kaum ausreichen, statt dessen müssen grundlegende Kommunikationsmuster verändert werden.

Es gibt Studien, in denen die unterschiedlichen Kommunikationsmuster glücklicher und unglücklicher Paare verglichen wurden (Hahlweg, 1991). Beobachtet wurden die Fähigkeit, Gefühle und Wünsche zu äußern (Selbstöffnung), akzeptierende Reaktionen, Kritik, Abwertung, Rechtfertigungen, nonverbales Verhalten und Metakommunikation (Ansprechen der Gesprächssituation selbst) während der Diskussion zwischen Partnern über ihre Probleme.

Selbstöffnung, akzeptierende Reaktionen und positives nonverbales Verhalten trennten am besten zwischen glücklichen und unglücklichen Paaren. Besonders aufschlußreich sind Sequenzanalysen längerer Gesprächsausschnitte, die zeigen, ob auf Kritik mit Verständnis oder Gegenkritik geantwortet wird, ob Selbstöffnung mit Akzeptanz oder mit Abwertung beantwortet wird usw. Sequenzen, in denen auf negatives Verhalten der einen Person wiederum negatives Verhalten der anderen Person folgt, sind typisch für unglückliche Paare. Das deckt sich mit den Ergebnissen von

Gaines et al. (1997), bei denen diese Sequenzen typisch für unsicher gebundene Paare sind.

Hahlweg (1991) empfiehlt für Paare mit dieser Problematik Kommunikationstraining. Mit dessen Hilfe wird die Dynamik der Eskalation bewußt gemacht, und es werden alternative Reaktionsformen eingeübt. Ein Beispiel dafür ist, eine Kritik des Partners so zu wiederholen, wie man sie verstanden hat, und erst dann inhaltlich zu antworten. Die Position des Partners zu verstehen stellt einen wichtigen Schritt dar, vorschnelle Gegenkritik zu vermeiden. Diese Programme zeigen beachtliche Erfolge, insgesamt wurden die Kommunikationsmuster nach einer Meta-Analyse von 17 europäischen und amerikanischen Studien bei 72% der behandelten Paare (im Vergleich zu 28% der Kontrollgruppen) verbessert (Hahlweg, 1991).

Entscheidend für den Fortbestand der Beziehung ist nicht, ob Konflikte auftreten, sondern wie mit einem Konflikt umgegangen wird. Kommunikationsfähigkeit gilt als eine der entscheidenden Variablen bei der Frage, ob ein Konflikt zur Trennung führt oder gelöst werden kann (Brehm, 1992). Unsicher gebundene Personen neigen eher zu impulsiven destruktiven Reaktionen in Konfliktsituationen. Das Training von Kommunikationsfertigkeiten kann für diese Personengruppe einer von mehreren Wegen sein, konstruktivere Verhaltensformen zu entwickeln. Hinzukommen sollten allerdings die Aufarbeitung früherer Bindungserfahrungen und die kognitive Überprüfung der mentalen „Arbeitsmodelle“ (s. oben).

### *10.5 Die Bindungstheorie als Erklärungsmodell für psychische Störungen*

Eine Störung, für die Bowlby (1983) eine unsichere Beziehung zur Bindungsperson bzw. zu beiden Eltern mitverantwortlich macht, ist die Depressivität. Bowlby zieht hier das Konzept der erlernten Hilflosigkeit heran (Seligman, 1975): Die Erfahrung, daß trotz intensiver Bemühungen ein Gefühl der Sicherheit nicht erlangt werden konnte, führt zum Aufgeben der Bemühungen. Selbst wenn später andere Prämissen vorliegen und entsprechende Bemühungen Erfolg haben könnten, werden diese wahrscheinlich nicht mehr angestellt. Damit ist die Möglichkeit für eine Korrektur der Erfahrungen genommen.

*„Bei den meisten Formen depressiver Störung... ist der wesentliche Bereich, in dem ein Mensch sich hilflos fühlt, seine Fähigkeit, affektive Beziehungen herzustellen und aufrechtzuerhalten. Das Gefühl der Hilflosigkeit in dieser besonderen Hinsicht kann, wie ich glaube, Erfahrungen zugeschrieben werden, die er in der Familie gemacht hat, der er entstammt“ (Bowlby, 1983, S.319).*

Eine dieser Erfahrungen kann ein Verlust einer wichtigen Bezugsperson sein, den man nicht verhindern konnte. Dies kann zu der Überzeugung führen, daß Anstrengungen, einen weiteren Verlust zu verhindern, nicht zum Erfolg führen werden.

Als Ursache für Depressionen vermutet Bowlby „ein Modell seiner selbst als unliebenswert und unerwünscht... und ein Modell seiner Bindungsfiguren als wahrscheinlich nicht verfügbar oder zurückweisend oder strafend“ (Bowlby, 1983, S. 320). Besonders ein negatives Selbstbild, das als Merkmal ängstlich-gebundener

Personen gilt, könnte die Neigung zu depressiven Verstimmungen erklären. Bowlby betont die Rolle der negativen Selbsteinschätzung bei Depressiven, indem er klarstellt, daß der Begriff „geringes Selbstwertgefühl" zu schwach ist, um die sehr ungünstige Selbstbeurteilung zu beschreiben, die ein Depressiver hat, nämlich „das Selbst sei unfähig, die Situation zum besseren zu verändern, ...es sei für die betreffende Situation verantwortlich, ...es sei von Haus aus nicht liebenswert und daher auf Dauer unfähig, irgendwelche Gefühlsbindungen herzustellen oder aufrechtzuerhalten" (Bowlby, 1983, S. 323).

Eine weitere Theorie der Depression, die mit der Bindungstheorie kompatibel ist, ist die kognitive Theorie von Beck (1967). Danach ist die Niedergeschlagenheit des Depressiven eine Folge davon, daß er sich selbst, die Umwelt und seine Zukunft negativ beurteilt. Sowohl Beck als auch Bowlby postulieren, daß zur Depression neigende Menschen bestimmte nachteilige kognitive Schemata besitzen, die z.B. die eigene Inkompetenz oder das Fehlen eigener Liebenswürdigkeit zum Inhalt haben. Die Entstehung negativer kognitiver Schemata, die Beck beschreibt, wird von Bowlby (1983) mit ungünstigen Bindungserfahrungen in der Kindheit erklärt.

Bei Riemann (1986) findet sich eine ähnliche Beschreibung der depressiven Persönlichkeit (damit ist nicht die klinische Störung gemeint, sondern eine im normalen Bereich liegende Neigung zur Depressivität), die Übereinstimmungen vor allem mit dem ängstlich-ambivalenten Bindungsstil aufweist. Demnach wird dem Partner ein übermäßiger Wert zuerkannt, was in eine Abhängigkeit mündet. Der Depressive ist *„mehr als andere auf einen Partner angewiesen... (weil er) Bedürfnisse hat, die man aus sich selbst heraus nicht glaubt, erfüllen zu können... (Er erlebt) jede Distanz, jede Entfernung und Trennung von einem Partner mit Angst... Die einzige Hilfe wäre, so viel an Eigenständigkeit und Unabhängigkeit zu entwickeln, daß man nicht so restlos auf einen Partner angewiesen ist. Aber gerade das fällt dem Depressiven schwer, denn dafür müßte er ja die enge Bindung an den anderen lockern, und das würde sofort wieder die Verlustangst auslösen"* (Riemann, 1986, S. 59-60). *„(Es) führen oft gerade seine Bemühungen um den Partner zu Krisen, weil dieser sich aus der zu engen Umklammerung zu befreien versucht"* (ebd., S. 67).

Aus diesen Überlegungen läßt sich die Hypothese ableiten, daß ängstlich-ambivalent gebundene Personen besonders depressiv sein müßten. Bei Riemann werden direkte Parallelen angesprochen, Bowlby (1983) betont besonders den Einfluß des negativen Selbstbilds, der mit einem ängstlich-ambivalenten Bindungsstil in Zusammenhang gebracht wird (Bartholomew, 1990). Shaver und Brennan (1992) fanden in einer Depressivitätsskala keinen Unterschied zwischen ängstlich-ambivalenten und vermeidenden Personen. Beide waren aber depressiver als sichere.

In einer Studie von Grau (1994) wurde ebenfalls der Zusammenhang zwischen Bindungsskalen und einer Depressivitätsskala untersucht. Hier ergab sich eine erhöhte Depressivität stark ängstlich gebundener Personen, dieses Ergebnis galt jedoch nur für Frauen, während Männer eher dann hohe Werte auf der Depressionsskala erhielten, wenn sie stark vermeidend gebunden waren. Diese Ergebnisse besagen, daß beide Varianten unsicherer Bindung mit Depressionen einhergehen können, und widersprechen auch nicht Bowlbys Theorie. Denn zum einen wird sowohl ein negatives Selbstbild als auch ein negatives Fremdbild mit Depressionen in Zusammenhang gebracht, zum anderen korrelieren beide Skalen (Angst und Vermeidung) mit einem negativen Selbst- und Fremdbild, wenn auch die Angst stärker mit einem negativen Selbstbild und die Vermeidung stärker mit einem negativen Fremdbild assoziiert ist.

In einer weiteren Studie (Carnelly, Pietromonaco & Jaffe, 1994), die vier Bindungsstile einbezog, wurde eine erhöhte Depressivität ängstlich-ambivalenter und ängstlich-vermeidender Personen festgestellt. Die Depressivität hängt demnach vor allem mit der Angstdimension in der Bindung zusammen, wird aber durch eine zusätzliche hohe Ausprägung in der Vermeidungsdimension noch verstärkt.

Bowlby (1983) macht eine unsichere Bindung, die in der Kindheit entstanden ist, auch für eine Reihe von weiteren Persönlichkeitsstörungen verantwortlich. Ein Fortwirken eines ängstlich-ambivalenten Bindungsstils im Erwachsenenalter bringt er mit der hysterischen Persönlichkeit in Zusammenhang, den vermeidenden Bindungsstil mit einer gefühlsarmen psychopathischen Persönlichkeit.

Auch das Borderline-Syndrom wird mit Merkmalen beschrieben, die auch ängstlich-ambivalent gebundene Menschen haben: klammernd, abhängig, fordernd, ambivalent (Rohde-Dachser, 1989). Ein Vergleich zwischen Borderline-Patienten und einer gesunden Kontrollgruppe zeigt, daß die Patientengruppe besonders häufig einen Bindungsstil hat, der als resistent-ambivalent bezeichnet wird (entspricht dem ängstlich-ambivalenten), und in Freundschaften und Paarbeziehungen generell unsicherer gebunden ist als die Kontrollgruppe (Sperling, Sharp & Fishler, 1991). Bei der Suche nach den Ursachen psychischer Störungen kann die Einbeziehung von Bindungserfahrungen demnach hilfreich sein und Ansätze zur Therapie liefern, wie oben bereits skizziert worden ist.

### *10.6 Die Bindungstheorie als Erklärungsmodell für affektregulierende Strategien*

Situationen von Streß und Kummer stellen einen Auslöser für Bindungsverhalten dar. Sicher gebundene Personen können zum einen allgemein besser mit solchen Situationen umgehen und zum anderen bei Bindungspersonen Unterstützung suchen. Unsicher gebundene Personen haben häufig Schwierigkeiten, sich bei aktuellen Problemen an vertraute Personen zu wenden. Die Unfähigkeit, konstruktiv und offen mit negativen Gefühlen und Enttäuschungen umzugehen, wird als Merkmal unsicher gebundener Personen betrachtet.

Daraus ergibt sich die Vermutung, daß unsicher gebundene Personen in belastenden Situationen dysfunktionale Mechanismen zur Affektregulierung einsetzen. Der Zusammenhang zwischen Bindungsstilen und affektregulierenden Strategien wurde von Brennan & Shaver (1995) und von Gleissner (1992) untersucht. In beiden Studien wurden folgende Strategien berücksichtigt:

- vermehrtes Essen in Streßsituationen,

- vermehrtes Alkoholtrinken in Streßsituationen,
- wechselnde Sexualkontakte ohne emotionale Beziehung zum Partner.

In beiden Studien wurde festgestellt, daß unsicher gebundene Personen allgemein mehr affektregulierende Strategien einsetzen als sicher gebundene. Brennan & Shaver (1995) verwendeten zur Messung gestörten Eßverhaltens das Eating Disorders Inventory (EDI, Garner & Garfinkel, 1984), das sich mit dem Bestreben, dünn zu sein, Neigung zu Bulimie, Unzufriedenheit mit dem Körper u.a. beschäftigt. Gleissner (1992) verwendete eine modifizierte Form des Fragebogens zum Eßverhalten (FEV, Pudel & Westenhöfer, 1989) mit Subskalen zum gezügelten Eßverhalten und zum vermehrten Essen in Problemsituationen.

Unsichere Personen zeigten generell mehr gestörtes Eßverhalten als sichere, die unsicheren Gruppen unterschieden sich aber nicht voneinander. Gleissner stellte außerdem fest, daß das gezügelte Eßverhalten mit dem Ziel, nicht zuzunehmen, nicht mit den Bindungsstilen zusammenhing, sondern nur das vermehrte Essen in Problemsituationen. In dieser Studie war das affektregulierende Essen etwas stärker mit einer ängstlichen als mit einer vermeidenden Bindung assoziiert.

Von Brennan und Shaver wurden verschiedene Trinkmotive untersucht:

- soziales Trinken,
- affektregulierendes Trinken
- und Trinken, um positive Gefühle zu erleben.

Gleissner verwendete Items aus dem Trierer Alkoholismusinventar (Funke et al., 1987), aus denen zwei Skalen entnommen wurden:

- Trinken, um die Stimmung zu verbessern,
- und Trinken, um sich in Gesellschaft wohler zu fühlen.

Bei Brennan & Shaver hing das affektregulierende Trinken generell mit einer unsicheren Bindung zusammen. Bei Gleissner ergaben sich ähnliche Ergebnistendenzen, die jedoch nur teilweise signifikant wurden. Angst in der Bindung hing etwas stärker mit der Häufigkeit des affektregulierenden Trinkens zusammen als Vermeidung. In einer weiteren Studie (Brennan, Shaver & Tobey, 1991) wurde außerdem festgestellt, daß Personen, deren Eltern ein Alkoholproblem hatten, im Erwachsenenalter gehäuft einen unsicheren Bindungsstil hatten.

Die sexuelle Orientierung wurde von Brennan & Shaver (1995) mit dem Sexual Orientation Inventory (SII, Simpson & Gangestad, 1991) erfaßt. Die Items befassen sich mit der Anzahl der realen und gewünschten Sexualpartner und mit Einstellungen wie „Sex ohne Liebe ist ok". Simpson & Gangestad unterscheiden eine restringierte und nicht-restringierte sexuelle Orientierung, wobei eine restringierte Orientierung bedeutet, sexuelle Beziehungen nur im Kontext einer auch auf emotionaler Basis engen Beziehung aufzunehmen. Sie berichten von Ergebnissen, nach denen eine nicht-restringierte sexuelle Orientierung mit einem vermeidenden Bindungsstil zusammenhängt. Vermeidende bevorzugen demnach eher kurze Liebesbeziehungen, in denen kein hoher Grad von Nähe und Bindung erreicht wird (Simpson & Gangestad, 1991). Dieses Ergebnis wurde von Brennan & Shaver repliziert.

Gleissner verwendete die Skala zur Messung des spielerischen Liebesstils (vgl. Kapitel 3) von Bierhoff, Grau & Ludwig (1993c). Personen mit diesem Liebesstil haben oft mehrere Partner gleichzeitig, unternehmen Seitensprünge und lassen ihren Partner über ihre Absichten im unklaren. Personen mit einem vermeidenden Bindungsstil hatten die höchsten Werte auf dieser Skala, sichere die niedrigsten.

Zusammengefaßt gehen die Ergebnisse in die Richtung, daß Personen mit einem unsicheren Bindungsstil weniger offen und konstruktiv mit negativen Affekten umgehen können als sichere. Sie benötigen Mechanismen zur Affektregulierung. Ängstlich-ambivalente und vermeidende Personen setzen in belastenden Situationen vermehrtes Essen und Alkoholtrinken ein, wobei diese Mechanismen zumindest in der deutschen Studie etwas stärker mit der Angst in der Bindung zusammenzuhängen scheinen als mit der Vermeidung. Vermeidende Personen zeigen eine nicht-restringierte sexuelle Orientierung und pflegen einen spielerischen Umgang mit der Liebe, die dazu verhilft, Beziehungen ohne große emotionale Nähe zu führen. Im Zeitalter von AIDS kann ein solches Verhalten ebenso lebensgefährliche Auswirkungen haben.

Bindungserfahrungen und aktuelles Bindungsverhalten können bei der Beratung von Personen, die ungünstige affektregulierende Strategien verwenden, einbezogen werden, um die Ursachen dieses Verhaltens aufzuarbeiten.

### *10.7 Bindung zwischen Klient und Therapeut*

Die Familientherapie entwickelte sich fast gleichzeitig mit der Bindungstheorie (Scheurer-Englisch, 1995). Sie stellt anstelle eines „gestörten" Individuums dysfunktionale Beziehungsmuster in den Vordergrund. Die familiären Interaktionen, besonders die Kommunikation, sollen verbessert werden.

Die Bindungstheorie liefert eine Erklärung für die Entstehung der dysfunktionalen Beziehungsmuster. Wenn der Therapeut oder die Therapeutin die Bindungstheorie einbezieht, erkundet er/sie jeweils aktuelle Situationen im Hinblick auf bindungsrelevantes Verhalten, beispielsweise Vermeiden von Kontakt. Die Beobachtung eines Nähe vermeidenden Verhaltens führt den Therapeuten zum Beispiel zu der Hypothese, daß ein vermeidender Bindungsstil vorliegt, und er kann gezielter fragen. Im Verlauf der Therapie werden Äußerungen, Interaktionsmuster und Regeln in der Familie deutlich gemacht:

*„Wichtige Inhalte aus der Perspektive der Bindungstheorie sind dabei die Regulation der Bindungs-, Fürsorge- und Autonomiebedürfnisse in der Familie, weiter Themen wie Trennung und Verlust von Bindungspersonen in der Familiengeschichte, traumatische Beziehungserfahrungen und der Umgang mit kritischen Lebensereignissen und Veränderungen im Familienzyklus" (Scheurer-Englisch, 1995, S. 386).*

Nicht nur die aktuellen Beziehungsmuster, sondern auch die Erinnerungen der Eltern an ihre Bindungserfahrungen aus der Kindheit werden thematisiert. Das Äußern schmerzhafter Erfahrungen kann durch das Verständnis des Partners und des Therapeuten zum Erleben neuartiger Bindungserfahrungen beitragen, wodurch Muster durchbrochen werden können.

Der Therapeut dient in familien- und einzeltherapeutischen Settings als „sichere Basis" für das Wagnis der Bearbeitung schmerzlicher Erfahrungen, ebenso wie die Mutter für ein Kleinkind die sichere Basis für das Explorationsverhalten darstellt. Wie die Feinfühligkeit der Mutter für die Entwicklung einer sicheren Bindung beim Kind verantwortlich ist, muß auch der Therapeut einfühlsam und empathisch sein, zuverlässig und vorhersehbar reagieren. Im Unterschied zur Psychoanalyse wird der Therapeut, wenn er die Bindungstheorie in sein Behandlungskonzept einbezieht, nicht als leere Projektionsfläche betrachtet, sondern als Bezugsperson, mit der eine echte Bindung zustande kommt.

Neben der Funktion als sichere Basis hat der Therapeut im Sinne Bowlbys eine Reihe von weiteren Aufgaben (Wartner, 1995):

- Er hilft dem Klienten, seine Beziehungen zu anderen Personen zu untersuchen. Wichtig ist dabei, was der Klient in Situationen von Angst oder Streß tut, ob er Hilfe sucht oder lieber allein bleibt.
- Weiterhin wird die Beziehung zwischen Therapeut und Klient selbst beachtet. Das Verhalten gegenüber dem Therapeuten als Bindungsfigur liefert wichtige Anhaltspunkte dafür, wie sich der Klient anderen Bindungspersonen gegenüber verhält oder verhalten hat. Beobachtet wird z.B., wie der Klient den Therapeuten begrüßt, ob er Augenkontakt zuläßt und wie er auf Therapieunterbrechungen (durch Urlaub) reagiert. Eine ängstliche Bindung zum Therapeuten zeigt sich etwa in auffällig häufigen Telefonanrufen zwischen zwei Sitzungen.
- Der Therapeut soll den Klienten ermutigen, die aktuelle Sicht der Welt zu reflektieren („innere Arbeitsmodelle"), die als ein Ergebnis realer früherer Erfahrungen mit Bindungspersonen verstanden wird. (In der Psychoanalyse wird dagegen die Sicht der Welt häufig als Ergebnis von unbewußten Phantasien begriffen.) Die Arbeitsmodelle sollen auf ihre Angemessenheit hin untersucht werden. *„Dem Patienten soll geholfen werden, die Stimmigkeit seiner Beziehungsmodelle zu untersuchen und, falls notwendig, bessere Modelle für seine augenblickliche Situation zu finden. Dabei ist wiederum die Beziehung zum Therapeuten hilfreich, da sie die Gelegenheit zum „Üben" in der Gegenwart bietet"* (Wartner, 1995, S. 416).

Unsicher gebundene Personen haben Probleme, Vertrauen entgegenzubringen, Hilfe anzunehmen und Nähe zuzulassen. Höger (1995) beschreibt typische Erwartungen dem Therapeuten gegenüber in Abhängigkeit vom Bindungsstil und zeigt Möglichkeiten auf, in differenzierter Weise auf dieses Beziehungsangebot des Klienten einzugehen. Es wurde ein Fragebogen entwickelt (Bielefelder Fragebogen zu Klientenerwartungen, BFKE), der sich mit der Bindung des Klienten zum Therapeuten befaßt. Faktorenanalytisch wurden drei Dimensionen gefunden:

- Akzeptanzprobleme: Klienten mit hohen Werten auf der Skala erleben sich als kaum akzeptabel und nehmen an, daß der Therapeut sie nicht akzeptieren könnte, wenn er sie richtig kennen würde.
- Öffnungsbereitschaft: Klienten mit hohen Werten sind bereit und fähig, sich dem Therapeuten gegenüber zu öffnen und ihm zu vertrauen.
- Zuwendungsbedürfnis: Klienten mit hohen Werten wünschen sich, der Therapeut möge sich intensiv, ausdauernd und zuverlässig um sie kümmern.

Die Bindungsstile wurden mit diesen Skalen nicht gleichgesetzt, sondern ergeben sich aus spezifischen Konfigurationen der Skalenwerte. Clusteranalytische Verfahren zeigten drei Personengruppen auf:

- Sichere Personen haben geringe Akzeptanzprobleme, hohe Öffnungsbereitschaft und ein hohes Zuwendungsbedürfnis,
- unsicher-vermeidende Personen haben geringe Akzeptanzprobleme, geringe Öffnungsbereitschaft und ein geringes Zuwendungsbedürfnis,
- unsicher-ambivalente Personen haben hohe Akzeptanzprobleme, mittlere Öffnungsbereitschaft und ein hohes Zuwendungsbedürfnis.

Das Zuwendungsbedürfnis verbunden mit Öffnungsbereitschaft kann demnach aufgeschlossene Kontaktbereitschaft signalisieren, verbunden mit Akzeptanzproblemen aber eine andere Qualität erhalten, die dem Anklammern entspricht.

Diese Ergebnisstruktur entspricht der von Collins und Read (1990), die bei einer nicht-klinischen Stichprobe die drei Faktoren Nähe, Abhängigkeit und Angst fanden, wobei sichere Personen hohe Werte in Nähe und Abhängigkeit, ängstlich-ambivalente in der Angst und vermeidende niedrige Werte in allen drei Skalen hatten.

Durch diese Analyse läßt sich spezifisches Klientenverhalten verstehen und von seiten des Therapeuten adäquat beantworten (Höger, 1995):

- Sichere Klienten sind genau so, wie es der (wenig erfahrene) Therapeut erwartet: Sie gehen auf das Therapieangebot ein.
- Unsicher-vermeidende Klienten öffnen sich nicht und legen auf Zuwendung keinen Wert, stellen also das Selbstverständnis des Therapeuten in Frage. Das Ansprechen von Gefühlen stellt für sie eine Bedrohung dar. Der Therapeut sollte nicht versuchen, gegen die vermeidende Strategie anzugehen, sondern den Klienten die Distanz lassen, damit sie das Gefühl von Sicherheit entwickeln können.
- Unsicher-ambivalente Klienten haben das Bedürfnis nach Zuwendung, befürchten aber, vom Therapeuten nicht mehr akzeptiert zu werden, wenn sie sich öffnen. Die Nähe, die sie suchen, müssen sie gleichzeitig verhindern. Viele zeigen ein oft anklammerndes Bemühen um Zuwendung oder aggressive Beschuldigungen. Die

Aufgabe des Therapeuten bei dieser Klientengruppe besteht darin, den Klienten akzeptierende und stetige Rückmeldungen zu geben, damit sie die Möglichkeit haben, ihre negativen Überzeugungen in Frage zu stellen.

*Zusammenfassung*

Die Anwendung theoretischer und empirischer Aspekte der Bindungstheorie auf die Psychotherapie ist in mehrfacher Hinsicht erfolgversprechend. Zum einen kann die Bindungsunsicherheit selbst Gegenstand der Behandlung sein. Der Therapeut kann Erkenntnisse der Bindungstheorie nutzen, indem er die Bedeutsamkeit früherer oder gegenwärtiger Bindungserfahrungen des Klienten thematisiert und mit ihm aufarbeitet. Insbesondere Nähe-Distanz-Konflikte in Partnerschaften können durch die Bindungstheorie erklärt werden. Auch Störungen wie Depression und Sucht werden nicht als individuelle Probleme verstanden, sondern lassen sich aus Bindungserfahrungen ableiten.

Zum anderen kann die Bindung zwischen Klient und Therapeut analysiert werden. Der Therapeut kann sich als Bindungsperson verstehen und damit das Verhalten des Klienten ihm gegenüber einordnen. Die Bindungstheorie liefert ihm auch Hinweise darauf, wie er auf dieses Verhalten adäquat eingehen kann. In dieser Anwendung stellt die Bindungstheorie einen Ansatz dar, der der Verlaufsforschung in der Therapie dient und den therapeutischen Prozeß verständlich macht.

## *10.8 Schlußbemerkung*

Wir haben in diesem Kapitel eine spezielle Anwendung der Forschung zu engen Beziehungen hervorhoben, weil sie unmittelbar an das Kapitel über die Bindungstheorie anschließt und gleichzeitig besonders vielversprechend erscheint. Das hängt auch damit zusammen, daß die Bindungstheorie ursprünglich im klinischen Kontext entwickelt wurde und daher den Rückschluß auf klinische Fragestellungen der Paartherapie erleichtert.

Neben diesem Anwendungsschwerpunkt lassen sich weitere nennen, die mit der Psychologie enger Beziehungen angesprochen werden. Einige Bände aus der Sage Series on Close Relationships, die von Clyde und Susan S. Hendrick herausgegeben werden, sprechen solche Anwendungen an und bieten eine Fülle von Untersuchungsmaterial und konkreten Hinweisen für die Lösung von Beziehungsproblemen. Dazu zählt der Band über Wiederverheiratung (Ganong & Coleman, 1994) genauso wie die Bände über Kommunikation (Duck, 1994), Konflikte in Beziehungen (Canary, Cupach & Messman, 1995) und Sexualität (Sprecher & McKinney, 1993). Weitere Themen der Buchreihe, auf die hier nur verwiesen werden kann, beziehen sich auf die Auswirkungen von chronischen Krankheiten auf Beziehungen und die Auswirkungen der Berufstätigkeit auf die Beziehung unter besonderer Berücksichtigung von Partnerschaften, in denen beide Partner berufstätig sind. Diese Aufzählung verdeutlicht die große Bandbreite angewandter psychologischer Fragestellungen, die unmittelbar mit Beziehungsforschung in Zusammenhang stehen.

# Literaturverzeichnis

Adams, J.S. (1965). Inequity in social exchange. In L. Berkowitz & E. Walster (Eds.), *Advances in Experimental Social Psychology*, Vol. 2 (S. 267-299). NJ: Academic Press.

Ainsworth, M.D.S., Blehar, M.S., Waters, S. & Wall, S. (1978). *Patterns of attachment: A psychological study of the strange situation*. Hillsdale, NJ: Lawrence Erlbaum.

Allen, B.P. & Potkay, C.R. (1981). On the arbitrary distinction between states and traits. *Journal of Personality and Social Psychology, 41*, 916-928.

Alsop, C.K. (1996). *Dinge, Orte, Paare. Zur Bedeutung von Objekten, Orten und Zeremonien im Leben von Paaren*. Münster: Waxmann.

Ambrosy, B., Rohmann, E. & Schmohr, M. (1997). Liebesstile, Beziehungsstabilität und Trennung. Vortrag 6. Tagung der Fachgruppe Sozialpsychologie, Konstanz.

Amelang, M. (1992). Liebe: Zustand oder Eigenschaft? In L. Montada (Hrsg.), *Bericht über den 38. Kongress der Deutschen Gesellschaft für Psychologie* (Bd. 2, S. 475-483). Göttingen: Hogrefe.

Anderson, N.H. (1976). Equity judgment as information integration. *Journal of Personality and Social Psychology, 33*, 291-299.

Antill, J.K. (1983). Sex role complementarity versus similarity in married couples. *Journal of Personality and Social Psychology, 45*, 145-155.

Archer, J. (1997). Evolutionäre Sozialpsychologie. W. Stroebe, M. Hewstone & G.M. Stephenson (Hrsg.), *Sozialpsychologie* (pp. 25-47). Berlin: Springer.

Averill, J.R. (1985). The social construction of emotions: With special reference to love. In K. J. Gergen & K.E. Davis (Eds.), *The social construction of the person* (pp. 89-109). New York: Springer.

Bartholomew, K. (1990). Avoidance of intimacy: An attachment perspective. *Journal of Social and Personal Relationships, 7*, 147-178.

Baucom, D.H. & Weiss, B. (1986). Peers'granting of control in women with indifferent sex role identities: Implications for depression. *Journal of Personality and Social Psychology, 51*, 1075-1080.

Beach, S.R.H., Arias, I. & O'Leary, D. (1986). The relationship of marital satisfaction and social support to depressive symptomatology. *Journal of Psychopathology and Behavioral Assessment, 8*, 305-316.

Beach, S.R.H., Nelson, G.M. & O'Leary, K.D. (1988). Cognitive and marital factors in depression. *Journal of Psychopathology and Behavioral Assessment, 10*, 93-105.

Beach, S.R.H. & O'Leary, K.D. (1993). Marital discord and dysphoria: For whom does the marital relationship predict depressive symptomatology? *Journal of Social and Personal Relationships, 10*, 405-420.

Beach, S.R.H. Sandeen, E.E. & O'Leary, K.D. (1990). *Depression in marriage*. New York: Guilford.

Beck, A.T. (1967). Depression: Clinical, experimental and theoretical aspects. New York: Harper and Row.

Beck, A.T., Rush, A.J., Shaw, B.F. & Emery, G. (1986). *Kognitive Therapie der Depression* (2. Auflage). München: Psychologie Verlags Union.

Bentler, P.M. & Newcomb, M.D. (1978). Longitudinal study of marital success and failure. *Journal of Consulting and Clinical Psychology, 46*, 1053-1070.

Berscheid, E. (1983). Emotion. In H.H. Kelley, E. Berscheid, A. Christensen, J.H. Harvey, T.L. Huston, G. Levinger, E. McClintock, L.A. Peplau & D.R. Peterson (Eds.), *Close relationships* (pp. 110-168). New York: Freeman.

Berscheid, E., Snyder, M. & Omoto, A.M. (1989). The relationship closeness inventory: Assessing the closeness of interpersonal relationships. *Journal of Personality and Social Psychology, 57*, 792-807

Berscheid, E. & Walster, E. (1974). A little bit about love. In T.L. Hoston (Ed.), *Foundations of interpersonal attraction* (pp. 355-381). New York: Academic Press.

Berscheid, E., Walster, E. & Bohrnstedt, G. (1973). Body image. *Psychology today, 7*, 119-131.

Bierhoff, H.W. (1991a). Liebe. In Amelang, M., Ahrens, H.J. & Bierhoff, H.W. (Hrsg.), *Attraktion und Liebe* (S. 197-234). Göttingen: Hogrefe

Bierhoff, H.W. (1991b). Twenty years of research on love: Theory, results, and prospects for the future. *German Journal of Psychology, 15*, 95-117.

Bierhoff, H. W. (1995). Beziehungsqualität und Befindlichkeit. In R. Lutz & N. Mark (Hrsg.), *Wie gesund sind Kranke?* (S. 245-255). Göttingen: Verlag für Angewandte Psychologie.

Bierhoff, H.W. (1996). Heterosexual partnerships: Initiation, maintenance, and disengagement. In A.E. Auhagen & M.v. Salisch (Eds.), *The diversity of human relationships* (pp. 173-196). Cambridge: Cambridge University Press.

Bierhoff, H.W. & Grau, I. (1993). Die Bedeutung der physischen Attraktivität für interpersonelle Attraktion und Liebe. In M. Hassebrauck & R. Niketta (Hrsg.), *Physische Attraktivität* (S. 201-233). Göttingen: Hogrefe.

Bierhoff, H.W. & Grau, I. (1995). Dimensionen der Liebesbeziehungen. *Gruppendynamik, 26*, 413-428.

Bierhoff, H.W. & Grau, I. (1996). Zur Vorhersage der Trennung in romantischen Beziehungen. *Zeitschrift für Differentielle und Diagnostische Psychologie*, 17, 251-261.

Bierhoff, H.W. & Grau, I. (1997). Dimensionen enger Beziehungen: Entwicklung von globalen Skalen zur Einschätzung von Beziehungseinstellungen. *Diagnostica, 43*, 210-229.

Bierhoff, H.W., Grau, I. & Ludwig, A. (1993a). *Enge Beziehungen.* Unveröffentlichter DFG-Projektbericht.

Bierhoff, H.W., Grau, I. & Ludwig, A. (1993b). *Freundschafts- und Liebesbeziehungen in Abhängigkeit von der Personenwahrnehmung.* Abschlußbericht über die Projektarbeit an die DFG. Bochum.

Bierhoff, H.W., Grau, I. & Ludwig, A. (1993c). *Marburger Einstellungsinventar für Liebesstile.* Göttingen: Hogrefe.

Bierhoff, H.W. & Klein R. (1991). Dimensionen der Liebe: Entwicklung einer deutschsprachigen Skala zur Erfassung von Liebesstilen. *Zeitschrift für Differentielle und Diagnostische Psychologie*, 12, 53-71.

Bierhoff, H.W. & Ludwig, A. (1991). Depressivität und Geschlechtsrollenorientierung: Drei Untersuchungen bei Frauen. In J. Haisch & H.P. Zeitler (Hrsg.), *Gesundheitspsychologie* (S. 205-222). Heidelberg: Asanger.

Bierhoff, H.W., Plitzko, P. & Walter, E. (1997). Respekt, Faszination, Konflikt: Wie lassen sich die aktuellen Gefühle und Erfahrungen in engen Beziehungen beschreiben? In E.H. Witte (Hrsg.), *Sozialpsychologie der Paarbeziehungen* (S. 33-52). Lengerich: Pabst.

Block, J.H., Block, J. & Morrison, A. (1981). Parental agreement-disagreement on child-rearing and gender-related personality correlates in children. *Child Development, 52*, 965-974.

Bowlby, J. (1969/1975). *Bindung.* Frankfurt: Fischer.

Bowlby, J. (1973/1976). *Trennung.* Frankfurt: Fischer.

Bowlby, J. (1980/1983). *Verlust, Trauer und Depression.* Frankfurt: Fischer.

Bowlby, J. (1995). Bindung: Historische Wurzeln, theoretische Konzepte und klinische Relevanz. In G. Spangler & P. Zimmermann (Hrsg.), *Die Bindungstheorie. Grundlagen, Forschung und Anwendung* (S. 17-26). Stuttgart: Klett-Cotta.

Braiker, H.B. & Kelley, H.H. (1979). Conflict in the development of close relationships. In R.L. Burgess & T.L. Huston (Eds.), *Social exchange in developing relationships* (pp. 135-168). New York: Academic Press.

Braun, H. & Niehaus, M. (1991). Caring for disabled family members. In L. Montada & H.W. Bierhoff (Eds.), *Altruism and social systems* (pp. 159-176). Lewiston, NY: Hogrefe.

Brehm, S.S. (1992). *Intimate relationships* (2nd Ed.). New York: McGraw-Hill.

Brennan, K. A. & Shaver, P. R. (1995). Dimensions of adult attachment, affect regulation, and romantic relationship functioning. *Personality and Social Psychology Bulletin, 21*, 267-283.

Brennan, K.A., Shaver, P.R. & Tobey, A.E. (1991). Attachment styles, gender, and parental problem drinking. *Journal of Social and Personal Relationships, 8*, 451-466.

Bringle, R.G. & Buunk, B. (1985). Jealousy and social behavior. A review of person, relationship, and situational determinants. In P. Shaver (Ed.), *Self, situations, and social behavior* (pp. 241-264). Beverly Hills, CA: Sage.

Bringle, R.G., Renner, P., Terry, R. & Davis, S. (1983). An analysis of situational and person components of jealousy. *Journal of Research in Personality, 17*, 354-368.

Buchanan, G.M. & Seligman, M.E.P. (1995). *Explanatory style.* Hillsdale, NJ: Lawrence Erlbaum.

Bull, R. & Rumsey, N. (1988). *The social psychology of facial appearance.* New York: Springer.

Burleson, B.R. & Denton, W.H. (1992). A new look at similarity and attraction in marriage: Similarities in social-cognitive and communication skills as predictors of attraction and satisfaction. *Communication Monographs, 59*, 268-287.

Burman, B., Margolin, G. & John, R.S. (1993). America's angriest home videos: Behavioral contingencies observed in home reenactments of marital conflict. *Journal of Consulting and Clinical Psychology, 61*, 28-39.

Buss, D.M. et al.(1992). Sex differences in jealousy: Evolution, physiology, and psychology. *Psychological Science, 3*, 251-255.

Buunk, B. (1991). Jealousy in close relationships: An exchange-theoretical perspective. In P. Salovey (Ed.), *The psychology of jealousy and envy* (pp.148-177). New York: Guilford Press.

Buunk, B.P. & VanYperen, N.W. (1991). Referential comparisons, relational comparisons, and exchange orientation: Their relation to marital satisfaction. *Personality and Social Psychology Bulletin, 17*, 709-717.

Byrne, D. (1971). *The attraction paradigm*. New York: Academic Press.

Byrne, D. & Nelson, D. (1965). Attraction as a linear function of proportion of positive reinforcements. *Journal of Personality and Social Psychology, 1*, 659-663.

Canary, D.J., Cupach, W.R. & Messman, S.J. (1995). *Relationship conflict*. Thousand Oaks, CA: Sage.

Carnelly, K.B., Pietromonaco, P.R. & Jaffe, K. (1994). Depression, working models of others, and relationship functioning. *Journal of Personality and Social Psychology, 66*, 127-140.

Carpenter, E.M. & Kirkpatrick, L.A. (1996). Attachment style and presence of a romantic partner as moderators of psychophysiological responses to a stressful laboratory situation. *Personal Relationships, 3*, 351-367.

Cate, R.M., Lloyd, S.A. & Henton, J.M. (1985). The effect of equity, equality, and reward level on the stability of students' premarital relationships. *The Journal of Social Psychology, 125*, 715-721.

Cattell, R.B. & Scheier, I.H. (1961). *The meaning and measurement of neuroticism and anxiety*. New York: Ronald Press.

Clark, M.S. & Mills, J. (1979). Interpersonal attraction in exchange and communal relationships. *Journal of Personality and Social Psychology, 37*, 12-24.

Clark, M.S. & Mills, J. (1993). The difference between communal and exchange relationships: What it is and is not. *Personality and Social Psychology Bulletin, 19*, 684-691.

Clark, M.S., Ouellette, R., Powell, M.C. & Milberg, S. (1987). Recipient's mood, relationship type, and helping. *Journal of Personality and Social Psychology, 53*, 94-103.

Coates, D. & Wortman, C.B. (1980). Depression maintenance and interpersonal control. In A. Baum & J.E. Singer (Eds.), *Advances in environmental psychology* (Vol. 2, pp. 149-182). Hillsdale, NJ: Lawrence Erlbaum.

Collins, N.L. & Read, S.J. (1990). Adult attachment, working models, and relationship quality in dating couples. *Journal of Personality and Social Psychology, 58*, 644-663.

Condon, J.W. & Crano, W.D. (1988). Inferred evaluation and the relation between attitude similarity and interpersonal attraction. *Journal of Personality and Social Psychology, 54*, 789-797.

Conger, R.D., Elder, G.H., Lorenz, F.O., Conger, K.J., Simons, R.L. Whitbeck, L.B., Huck, S. & Melby, J.N. (1990). Linking economic hardship to marital quality and instability. *Journal of Marriage and the Family, 52*, 643-656.

Costa, P.T., Jr. & McCrae, R.R. (1985). *The NEO Personality Inventory*. Odessa, FL: Psychological Assessment Resources.

Curtis, J.M. (1983). Elements of pathological love relationships. *Psychological Reports, 53*, 83-92.

D'Agostino, J.V. & Day, S.K. (1991). Gender-role orientation and preference for an intimate partner. *Psychological Record, 41*, 321-328.

Davila, J.D., Burge, D. & Hammen, C. (1997). Why does attachment style change? *Journal of Personality and Social Psychology, 73*, 826-838.

Davis, K.E. & Latty-Mann, H. (1987). Love styles and relationship quality: A contribution to validation. *Journal of Social and Personal Relationships, 4*, 409-428.

Davison, G.C. & Neale, J.M. (1996). *Abnormal psychology* (rev. 6. Ed.). New York: Wiley.

Delis, D.C. & Phillips, C. (1992). Ich lieb' Dich nicht, wenn Du mich liebst. Nähe und Distanz in Liebesbeziehungen. 2. Auflage. Düsseldorf: ECON Verlag.

Doll, J., Menz, M. & Witte, E.H. (1995). Zur Theorie der vier Bindungsstile: Meßprobleme und Korrelate dreier integrierter Verhaltenssysteme. *Zeitschrift für Sozialpsychologie, 26*, 148-159.

Driscoll, R., Davis, K.E. & Lipetz, M.E. (1972). Parental interference and romantic love: The Romeo and Juliet effect. *Journal of Personality and Social Psychology, 24*, 1-10.

Druschel, W. (1983). Nutzung des Equity-Modells zur Vorhersage der Intention Jugendlicher, in Abhängigkeit von ihrer Zufriedenheit eine Partnerbeziehung aufrechtzuerhalten. Unveröffentlichte Diplomarbeit. Philipps-Universität Marburg.

Duck, S. (1994). *Meaningful relationships: Talking, sense, and relating.* Thousand Oaks, CA: Sage.

Duden (1985). *Das Bedeutungswörterbuch.* Mannheim: Bibliographisches Institut.

Dutton, D.G. & Golant, S.K. (1995). *The batterer. A psychological perspective.* New York: Basic Books.

Dutton, D.G., Saunders, K., Starzomski, A. & Bartholomew, K. (1994). Intimacy anger and insecure attachment as precursors of abuse in intimate relationships. *Journal of Applied Social Psychology, 24*, 1367-1386.

Feather, N.T. & Barber, J.G. (1983). Depressive reactions and unemployment. *Journal of Abnormal Psychology, 92*, 185-195.

Feeney, B.C. & Kirkpatrick, L.A. (1996). Effects of adult attachment and presence of romantic partners on physiological responses to stress. *Journal of Personality and Social Psychology, 70*, 255-270.

Feeney, J.A. & Noller, P. (1990). Attachment style as a predictor of adult romantic relationships. *Journal of Personality and Social Psychology, 58*, 281-291.

Feeney, J.A. & Noller, P. (1991). Attachment style and verbal descriptions of romantic partners. *Journal of Social and Personal Relationships, 8*, 187-215.

Fiedler, K. & Ströhm, W. (1991). Attributionsstrategien in unglücklichen Beziehungen. In M. Amelang, H.J. Ahrens & H.W. Bierhoff (Hrsg.), *Partnerschaft und Partnerwahl* (S. 93-116). Göttingen: Hogrefe.

Fincham, F.D. (1985). Attribution in close relationship. In J.H. Harvey & G. Weary (Eds.), *Attribution: bas-*
*ic issues and applications* (pp. 203-234). New York: Academic Press.

Fincham, F.D. & Bradbury, N (1987). The impact of attribution in marriage: a longitudinal analysis. *Journal of Personality and Social Psychology, 53*, 510-517.

Fincham, F.D. & Bradbury, N (1988). The impact of attribution in marriage: empirical and conceptual foundations. *British Journal of Clinical Psychology, 27*, 77-90.

Fitness, J. & Strongman, K. (1991). Affect in close relationships. In G.J.O. Fletcher & F.D. Fincham (Eds.), *Cognition in close relationships* (pp. 175-202). Hillsdale, NJ: Lawrence Erlbaum.

Flassbeck, J. (1996). Zur Konstellation von Bindungsrepräsentationen in heterosexuellen Partnerschaften. Unveröffentlichte Diplomarbeit, Universität Bielefeld.

Foa, E.B. & Foa, U.G. (1980). Resource theory: Interpersonal behavior as exchange. In K.J. Gergen, M.S. Greenberg & R.H. Willis (Eds.), *Social exchange. Advances in theory and research* (pp. 77-94). New York: Plenum.

Fraley, C. Davis, K.E. & Shaver, P. (in manuscript). Attachment behavior and romantic relationships dissolution.

Frazier, P.A. & Esterly, E. (1990). Correlates of relationship beliefs: Gender, relationship experience and relationship satisfaction. *Journal of Social and Personal Relationships, 7*, 331-352.

Fremmer-Bombik, E. (1987). Beobachtungen zur Beziehungsqualität im zweiten Lebensjahr und ihre Bedeutung im Lichte mütterlicher Kindheitserinnerungen. Unveröffentlichte Dissertation, Universität Regensburg.

Freud, S. (1917). Vorlesungen zur Einführung in die Psychoanalyse. Leipzig: Hugo Heller.

Fromm, E. (1982). *Die Kunst des Liebens.* Frankfurt/M.: Ullstein.

Funke, W., Funke, J, Klein, M. & Scheller, R. (1987). *Trierer Alkoholismusinventar (TAI).* Handanweisung. Göttingen: Hogrefe.

Gaelick, L., Bodenhausen, G.V. & Wyer, R.S. (1985). Emotional communication in close relationships. *Journal of Personality and Social Psychology, 49*, 1246-1265.

Gaines, S.O., Reis, H.T., Summers, S., Rusbult, C.E., Cox, C.L., Wexler, M.O., Marelich, W.D. & Kurland, G.J. (1997). Impact of attachment style on reactions to accomodative dilemmas in close relationships. *Personal Relationships, 4*, 93-113.

Ganong, L.H. & Coleman, M. (1994). *Remarried family relationships*. Thousand Oaks, CA: Sage.

Garner, D. & Garfinkel, P. (1984). *Manual for the Eating Disorders Inventory*. Tampa, FL: Psychological Assessment Resources.

Giddens, A. (1989). *Sociology*. Cambridge: Polity Press.

Giddens, A. (1992). *The transformation of intimacy*. Cambridge: Polity Press.

Gillis, J.S. (1980). *Child anxiety scale*. Champaign, IL: Institute for Personality and Ability Testing.

Gleissner, E. (1992). Zusammenhang zwischen Affektregulation und Bindungsstilen im Erwachsenenalter. Unveröffentlichte Diplomarbeit, Universität Marburg.

Glick, P. (1985). Orientations toward relationships. Choosing a situation in which to begin a relationship. *Journal of Experimental Social Psychology, 21*, 544-562.

Golding, J.W. (1988). Gender differences in depressive symptoms. *Psychology of Women Quarterly, 12*, 61-74.

Gottman, J.M. (1994). What predicts divorce: the relationship between marital processes and marital outcomes. Hillsdale, NJ: Lawrence Erlbaum.

Gottman, J.M. & Levenson, R.W. (1992). Marital processes of later dissolution: Behavior, physiology, and health. *Journal of Personality and Social Psychology, 63*, 221-233.

Gouldner, A.W. (1960). The norm of reciprocity. A preliminary statement. *American Sociological Review, 25*, 161-178.

Grammer, K. (1995). *Signale der Liebe*. München: dtv.

Grau, I. (1994). Entwicklung und Validierung eines Inventars zur Erfassung von Bindungsstilen in Paarbeziehungen. Unveröffentlichte Dissertation, Universität Marburg.

Grau, I. (1996). *Bindungsstile und Beziehungsqualität*. Poster auf dem 40. Kongreß der Deutschen Gesellschaft für Psychologie in München vom 22.-26. 9. 1996.

Grau, I. (1997a). Ähnlichkeit oder Komplementarität in der Partnerschaft. Wer mit wem? *Bielefelder Arbeiten zur Sozialpsychologie*, Nr. 182.

Grau, I. (1997b). Equity in der Partnerschaft. Meßprobleme und Ursachen für Ungerechtigkeit. In E. H. Witte (Hrsg.), *Sozialpsychologie der Paarbeziehungen* (S. 92-113). Lengerich: Pabst.

Grau, I. (in Vorbereitung). Entwicklung von Kurzskalen zur Erfassung von Bindungsrepräsentationen in Paarbeziehungen.

Grau, I. & Bierhoff, H.W. (1994). Eifersucht als besitzergreifende Liebe. In K. Pawlik (Hrsg.), *Bericht über den 39. Kongress der Deutschen Gesellschaft für Psychologie* (S. 204). Universität Hamburg.

Grau, I. & Bierhoff, H.W. (1998). Tatsächliche und wahrgenommene Einstellungsähnlichkeit als Prädiktoren für die Beziehungsqualität. *Zeitschrift für Sozialpsychologie, 29*, 38-50.

Grau, I. & Doll, J. (in Vorbereitung). The effect of attachment styles on the subjective experience of equity in intimate relationships.

Grossmann, K.E., August, P., Fremmer-Bombik, E., Friedl, A., Grossmann, K., Scheuerer-Englisch, H., Spangler, G., Stephan, C. & Suess, G. (1989). Die Bindungstheorie: Modell und entwicklungspsychologische Forschung. In H. Keller (Hrsg.), *Handbuch der Kleinkindforschung* (S. 31-55). Berlin: Springer.

Grossmann, K.E. & Grossmann, K. (1991). Attachment quality as an organizer of emotional and behavioral responses in a longitudinal perspective. In C.M. Parkes, J. Stevenson-Hinde & P. Marris (Eds.), *Attachment across the life cycle* (pp. 93-114). London: Tavistock.

Gruber-Baldini, A.L.; Schaie, K.W. & Willis, S.L. (1995). Similarity in married couples: a longitudinal study of mental abilities and rigidity-flexibility. *Journal of Personality and Social Personality, 69*, 191-203.

Güttler, J. & Karger, M. (1989). *Untersuchung zur kommunalen Orientierung*. Unveröffentlichte Semesterarbeit, Universität Marburg.

Hahlweg, K. (1979). Konstruktion und Validierung des Partnerschaftsfragebogens PFB. *Zeitschrift für Klinische Psychologie, 8*, 17-40.

Hahlweg, K. (1991). Störung und Auflösung von Beziehung: Determinanten der Ehequalität und -stabilität. In M.Amelang, H.J. Ahrens & H.W. Bierhoff (Hrsg.), *Partnerwahl und Partnerschaft* (S. 117-152). Göttingen: Hogrefe.

Hahlweg, K., Klann, N. & Hank, G. (1992). Zur Erfassung der Ehequalität: Ein Vergleich der „Dyadic Adjustment Scale" (DAS) und des „Partnerschaftsfragebogens" (PFB). *Diagnostica, 38*, 312-327.

Hank, G., Hahlweg, K. & Klann, N. (1990). *Diagnostische Verfahren für Berater*. Weinheim: Beltz.

Hassebrauck, M. (1990). Über den Zusammenhang der Ähnlichkeit von Attitüden, Interessen und Persönlichkeitsmerkmalen und der Qualität heterosexueller Paarbeziehungen. *Zeitschrift für Sozialpsychologie, 21*, 265-273.

Hatfield, E. (1988). Passionate and companionate love. In R.J. Sternberg & M.L. Barnes (Eds.), *The psychology of love* (pp. 191-217). New Haven, CT: Yale University Press.

Hatfield, E., Brinton, C. & Cornelius, J. (1989). Passionate love and anxiety in young adolescents. *Motivation and Emotion, 13*, 271-289.

Hatfield, E., Greenberger, D., Traupmann, J. & Lambert, P. (1982). Equity and sexual satisfaction in recently married couples. *The Journal of Sex Research, 16*, 18-32.

Hatfield, E. & Sprecher, S. (1986). Measuring passionate love in intimate relationships. *Journal of Adolescence, 9*, 383-410.

Hatfield, E., Traupmann, J., Sprecher, S., Utne, M. & Hay, J. (1985). Equity and intimate relationships. Recent research. In W. Ickes (Ed.), *Compatible and incompatible relations* (pp. 91-117). New York: Springer.

Hatfield, E., Traupman, J. & Walster, W. (1979). Equity and extramarital sex. In M. Cook & G. Wilson (Eds.), *Love and attraction* (pp. 303-321). Oxford: Pergamon Press.

Hatfield, E., Utne, M.K. & Traupmann, J. (1979). Equity theory and intimate relationships. In R.L. Burgess & T.L. Huston (Eds.), *Social exchange in developing relationships* (pp. 99-133). New York: Academic Press.

Hatfield, E., Walster, G.W. & Traupmann, J. (1979). Equity and premarital sex. In M. Cook & G. Wilson (Eds.), *Love and attraction* (pp. 323-334). Oxford. Pergamon Press.

Hatkoff, T.S. & Lasswell, T.E. (1979). Male-female similarities and differences in conceptualizing love. In M. Cook & G. Wilson (Eds.), *Love and attraction* (pp. 221-227). Oxford: Pergamon Press.

Hazan, C. & Shaver, P. (1987). Romantic love conceptualized as an attachment process. *Journal of Personality and Social Psychology, 52*, 511-524.

Hazan, C. & Shaver, P. (1990). Love and work: An attachment-theoretical perspective. *Journal of Personality and Social Psychology, 59*, 270-280.

Hendrick, C. & Hendrick, S. (1986). A theory and method of love. *Journal of Personality and Social Psychology, 50*, 392-402.

Hendrick, C. & Hendrick, S. (1989). Research on love: Does it measure up? *Journal of Personality and Social Psychology*, 56, 784-794.

Hendrick, C. & Hendrick, S.S. (1991). Dimensions of love: A sociobiological interpretation. *Journal of Social and Clinical Psychology, 10*, 206-230.

Hendrick, S.S. & Hendrick, C. (1992). *Romantic love*. Newbury Park, CA: Sage.

Hendrick, S., Hendrick, C. & Adler, N. (1988). Romantic relationships: Love, satisfaction and staying together. *Journal of Personality and Social Psychology, 54*, 980-988.

Hindy, C.G. & Schwarz, J.C. (1994). Anxious romantic attachment in adult relationships. In M.B. Sperling & W.H. Berman (Eds.), *Attachment in adults. Clinical and developmental perspectives* (pp. 179-203). New York: Guilford Press.

Höger, D. (1995). Unterschiede in den Beziehungserwartungen von Klienten. *GwG-Zeitschrift, 100.*

Hupka, R.B., Buunk, B., Falus, G., Fulgose, A., Ortega, E., Swain, R. & Tarabrina, N.V. (1985). Romantic jealousy and romantic envy: A seven-nation study. *Journal of Cross-Cultural Psychology, 16*, 423-446.

Hupka, R.B. & Zaleski, Z. (1990). Romantic jealousy and romantic envy in Germany, Poland, and the United States. *Behavior Science Research, 24*, 17-28.

Ijzendoorn, M.H. (1995). Adult attachment representations, parental responsiveness, and infant attachment: A meta-analysis on the predictive validity of the adult attachment interview. *Psychologycal Bulletin, 117*, 387-403.

Jacobson, N.S., Dobson, K., Fruzzetti, A.E., Schmaling, K.B. & Salusky, S. (1991). Marital therapy as a treatment for depression. *Journal of Consulting and Clinical Psychology, 59*, 547-557.

Jacobson, N.S., Fruzzetti, A.E., Dobson, K., Whisman, M. & Hops, H. (1993). Couple therapy as a treatment for depression: II. The effects of relationship quality and therapy on depressive relapse. *Journal of Consulting and Clinical Psychology, 61*, 516-519.

Jacobson, N.S. & Margolin, G. (1979). Marital therapy: Strategies based on social learning and behavior exchange principles. NewYork: Brunner/Mazel.

Jamieson, D.W., Lydon, J.E. & Zanna, M.P. (1987). Attitude and activity preference similarity: Differential bases of interpersonal attraction for low and high self-monitors. Special Issue: Integrating personality and social psychology. *Journal of Personality and Social Psychology, 53*, 1052-1060.

Janke, W. & Debus, G. (1978). *Eigenschaftswörterliste (EWL)*. Göttingen: Hogrefe.

Johnson, D.J. & Rusbult, C.E. (1989). Resisting temptation: Devaluation of alternative partners as a means of maintaining commitment in close relationships. *Journal of Personality and Social Psychology, 57*, 967-980.

Johnson, M.A. (1989). Variables associated with friendship in an adult population. *Journal of Social Psychology, 129*, 379-390.

Kammer, D. (1983). Eine Untersuchung der psychometrischen Eigenschaften des deutschen Beck-Depressionsinventars (BDI). *Diagnostica, 29*, 48-60.

Kandel, D.B. (1978). Similarity in real-life adolescent friendship pairs. *Journal of Personality and Social Psychology, 36*, 305-312.

Kelley, H.H. (1979). *Personal relationships: Their structures and processes*. Hillsdale, NJ: Lawrence Erlbaum.

Kelley, H.H. (1983). Love and commitment. In H.H. Kelley et al. (Eds.), *Close relationships* (pp. 265-314). New York: Freeman.

Kelly, L.E. & Conley, J.J. (1987). Personality and compatibility: A prospective analysis of marital stability and marital satisfaction. *Journal of Personality and Social Psychology, 52*, 27-40.

Kiesler, S.B. & Baral, R.L. (1970). The search for a romantic partner: The effects of self-esteem and physical attractiveness on romantic behavior. In K. Gergen & D. Marlove (Eds.), *Personality and social behavior* (pp. 155-165). Reading, Mass.: Adison-Wesley.

Kirkpatrick, L.A. & Davis, K.E. (1994). Attachment style, gender, and relationship stability: A longitudinal analysis. *Journal of Personality and Social Psychology, 66*, 502-512.

Kirkpatrick, L.A. & Hazan, C. (1994). Attachment styles and close relationships: A four-year prospective study. *Personal Relationships, 1*, 123-142.

Klein, R. (1991). Modelle der Parnerwahl. In M. Amelang, H.J. Ahrens & H.W. Bierhoff (Hrsg.), *Partnerschaft und Partnerwahl* (S. 31-69). Göttingen: Hogrefe.

Klein, R. & Bierhoff, H.W. (1991). Liebesstile nach Lee in ihrer Beziehung zu den konkreten Rahmenbedingungen der Partnerschaft. *Gruppendynamik, 22*, 189-206.

Kurdek, L.A. (1993). Predicting marital dissolution: A 5-year prospective longitudinal study of newlywed couples. *Journal of Personality and Social Psychology, 64*, 221-242.

LaPrelle, L., Hoyle, R.H., Insko, C.A. & Bernthal, P. (1990). Interpersonal attraction and descriptions of the traits of others: Ideal similarity, self similarity, and liking. *Journal of Research in Personality, 24*, 216-240.

Lasswell, T.E. & Lasswell, M.E. (1976). I love you but I'm not in love with you. *Journal of Marriage and Family Counseling, 2*, 211-224.

Lee, J.A. (1976). *The colors of love*. Englewood Cliffs, NJ: Prentice-Hall.

Lehman, D.R., Wortman, C.B. & Williams, A. F. (1987). Long-term effects of loosing spouse or child in a motor vehicle crash. *Journal of Personality and Social Psychology, 52*, 218-231.

Leitner, L.M. & Klion, R.E. (1986). Construct similarity, self-meaningfulness, and interpersonal attraction. *Journal of Personality, 54*, 506-512.

Lerner, M.J. (1977). The justice motive. Some hypotheses as to its origins and forms. *Journal of Personality, 45*, 1-52.

Leventhal, G.S. (1980). What should be done with equity theory? New approaches to the study of fairness in social relationships. In R. Gergen, M. Greenberg & R. Willis (Eds.), *Social exchange* (pp. 27-55). New York: Plenum Press.

Levinger, G. (1980). Toward the analysis of close relationships. *Journal of Experimental Social Psychology, 16*, 510-544.

Levy, M.B. & Davis, K.E. (1988). Lovestyles and attachment styles compared: Their relations to each other and to various relationship characteristics. *Journal of Social and Personal Relationships, 5*, 439-471.

Locke, H. & Wallace, K. (1959). Short marital adjustment and prediction tests: Their reliability ind validity. *Marriage and Family Living, 21*, 251-255.

Lück, H.E. & Timaeus, E. (1969). Skalen zur Messung manifester Angst (MAS) und sozialer Wünschbarkeit (SDS-E und SDS-CM). *Diagnostica, 15*, 134-141.

Luhmann, N. (1982). *Liebe als Passion*. Frankfurt: Suhrkamp.

Lujanski, H. & Mikula, G. (1983). Can equity theory explain the quality and the stability of romantic relationships? *British Journal of Social Psychology, 22*, 101-112.

Lund, M. (1985). The development of investment and commitment scales for predicting continuity of personal relationships. *Journal of Social and Personal Relationships, 2*, 3-23.

Lydon, J.E., Jamieson, D.W. & Zanna, M.P. (1988). Interpersonal similarity and the social and intellectual dimensions of first impressions. *Social Cognition, 6*, 269-286.

Main, M., Kaplan, N. & Cassidy, J. (1985). Security in infancy, childhood, and adulthood: A move to the level of representation. In I. Bretherston & E. Waters (Eds.), Growing points of attachment theory and research. *Monographs of the Society for Research in Child Development, 50*, 66-104.

Margolin, G. (1987). Ehekonflikt ist nicht gleich Ehekonflikt. In K. Hahlweg & J.C. Brengelmann, *Neuere Entwicklungen in der Verhaltenstherapie bei Kindern, Ehepartnern und Familien*. IFT-Texte 19. München: Röttger Verlag.

Mathes, E.W. & Moore, C.L. (1985). Reik's complementarity theory of romantic love. *Journal of Social Psychology, 125*, 321-327.

McCutcheon, L.E. (1988). Sex roles and interpersonal attraction for opposite-sex persons. *Psychological Records, 38*, 527-532.

Mikula, G. & Stroebe, W. (1991). Theorien und Determinanten zwischenmenschlicher Anziehung. In M. Amelang, H.J. Ahrens & H.W. Bierhoff (Hrsg.), *Attraktion und Liebe. Formen und Grundlagen partnerschaftlicher Beziehungen* (S. 61-104). Göttingen: Hogrefe.

Mills, J. and Clark, M.S. (1982). Communal and exchange relationships. In L. Wheeler (Ed.), *Review of Personality and Social Psychology* (Vol. 3, pp. 121-144). Beverly Hills, CA: Sage.

Money, J. (1980). *Love and lovesickness*. Baltimore, MD: Johns Hopkins University Press.

Montada, L., Schmitt, M. & Dalbert, C. (1991). Prosocial commitments in the family: Situational, personality, and systemic factors. In L. Montada & H.W. Bierhoff (Eds.), *Altruism and social systems* (pp. 177-203). Lewiston, NY: Hogrefe.

Müller, G.F. & Hassebrauck, M. (1993). Gerechtigkeitstheorien. In D. Frey & M. Irle (Hrsg.), *Theorien der Sozialpsychologie*. Bd. 1: Kognitive Theorien (S. 217-240). Bern: Hans Huber.

Neimeyer, R.A. & Mitchell, K.A. (1988). Similarity and attraction: A longitudinal study. *Journal of Social and Personal Relationships, 5*, 131-148.

Neimeyer, R.A. & Neimeyer, G.J. (1983). Structural similarity in the acquaintance process. *Journal of Social and Clinical Psychology, 1*, 146-154.

Nolen-Hoeksema, S. (1987). Sex differences in unipolar depression: Evidence and theory. *Psychological Bulletin, 101*, 259-282.

O'Hearn, R.E. (in manuscript). Classification of adult romantic attachment: A test of Bartholomew's dimensional model. University of South Carolina.

O'Leary, K.D. & Beach, S.R.H. (1990). Marital therapy: A viable treatment for depression and marital discord. *American Journal of Psychiatry, 147*, 183-186.

O'Leary, K.D. & Smith, D.A. (1991). Marital interactions. *Annual Review of Psychology, 42*, 191-212.

Parrott, W.G. (1991). The emotional experience of envy and jealousy. In P. Salovey (Ed.), *The psychology of jealousy and envy* (pp. 3-30). New York: Guilford Press.

Patterson, G.R. (1982). *Coercive family processes*. Eugene, OR: Castilia.

Pervin, L.A. (1993). *Personality. Theory and research* (6th edition). New York: Wiley.

Pistole, M.C. (1989). Attachment in adult romantic relationships: Style of conflict resolution and relationship satisfaction. *Journal of Personal and Social Relationships. 6*, 505-512.

Pistole, M.C. (1994). Adult attachment styles: Some thoughts on closeness-distance-struggles. *Family Process, 33*, 147-159.

Price, R.A. & Vandenberg, S.G. (1979). Matching for physical attractiveness in married couples. *Personality and Social Psychology Bulletin, 5*, 398-399.

Pudel, V. & Westenhöfer, J. (1989). *Fragebogen zum Eßverhalten (FEV)*. Handanweisung. Göttingen: Hogrefe.

Rabin, C. (1993). Fairneß in der Ehe: Auf dem Weg zur Gleichheit. *Zeitschrift für Systemische Therapie*, 11, 148-170.

Radloff, L. (1975). Sex differences in depression: the effects of occupation and marital status. *Sex Roles*, 1, 249-265.

Reichle, B. (1994). Die Zuschreibung von Verantwortlichkeit für negative Ereignisse in der Partnerschaft: ein Modell und erste empirische Befunde. *Zeitschrift für Sozialpsychologie, 25*, 227-237.

Riemann, F. (1986). *Grundformen der Angst*. München: Ernst Reinhardt Verlag.

Rohde-Dachser, C. (1989). *Das Borderline-Syndrom*. 4. Auflage. Bern: Hans Huber Verlag.

Rosenbaum, M.E. (1986). The repulsion hypothesis: On the nondevelopment of relationships. *Journal of Personality and Social Psychology, 51*, 1156-1166.

Rothbard, J.C. & Shaver, P.R. (1994). Continuity of attachment across the life span. In M.B. Sperling & W.H. Berman (Eds.), *Attachment in adults. Clinical and developmental perspectives* (pp. 31-71). New York: Guilford Press.

Rothblum, E. (1983). Sex role stereotypes and depression in women. In V. Franks & E.D. Rothblum (Eds.), *The stereotyping of women: Its effects on mental health*. New York: Springer.

Rusbult, C.E. (1983). A longitudinal test of the investment model: The development (and deterioration) of satisfaction and commitment in heterosexual involvements. *Journal of Personality and Social Psychology, 45*, 101-117.

Rusbult, C.E. & Buunk, A.P. (1993). Commitment processes in close relationships: An interdependence analysis. *Journal of Social and Personal Relationships, 10*, 175-204.

Rusbult, C.E. & Zembrodt, I.M. (1983). Responses to dissatisfaction in romantic involvements: A multidimensional scaling analysis. *Journal of Experimental Social Psychology, 19*, 274-293.

Scarf, M. (1989). Autonomie und Nähe. Grundkonflikte in der Partnerschaft. 5. Aufl. München: Heyne.

Scharfe, E. & Bartholomew, K. (1994). Reliability and stability of adult attachment patterns. *Personal Relationships, 1*, 23-43.

Scheurer-Englisch, H. (1995). Die Bindungsdynamik im Familiensystem: Impulse der Bindungstheorie für die familientherapeutische Praxis. In G. Spangler & P. Zimmermann (Hrsg.), *Die Bindungstheorie. Grundlagen, Forschung und Anwendung* (S. 375-395). Stuttgart: Klett-Cotta.

Schwabe-Höllein, M. & August-Frenzel, P. (1995). Die Bedeutung der Bindung bei der Begutachtung in familienrechtlichen Angelegenheiten. In G. Spangler & P. Zimmermann (Hrsg.), *Die Bindungstheorie. Grundlagen, Forschung und Anwendung* (S. 351-360). Stuttgart: Klett-Cotta.

Sedikides, C., Oliver, M.B. & Campbell, W.K. (1994). Perceived benefits and costs of romantic relationships for women and men: Implications for exchange theory. *Personal Relationships, 1*, 5-21.

Seligman, M.E.P. (1975). Helplessness: On depression, development, and death. San Francisco: Freeman.

Seyfried, B.A. & Hendrick, C. (1973). When do opposites attract? When they are opposite sex and sex role attitudes. *Journal of Personality and Social Psychology, 25*, 15-20.

Sharpsteen, D.J. (1991). The organization of jealousy knowledge: Romantic jealousy as a blended emotion. In P. Salovey (Ed.), *The psychology of jealousy and envy* (pp. 31-51). New York: Guilford Press.

Shaver, P.R. & Brennan, K.A. (1992). Attachment styles and the „big five" personality traits: Their connections with each other and with romantic relationship outcomes. *Personality and Social Psychology Bulletin, 18*, 536-545.

Shaver, P.R. & Hazan, C. (1988). A biased overview of the study of love. *Journal of Social and Personal Relationships, 5*, 473-501.

Shaver, P.R., Hazan, C. & Bradshaw, D. (1988). Love as attachment: The integration of three behavioral systems. In R. Sternberg & M. Barnes (Eds.), *The psychology of love* (pp. 68-99). New Haven, CT: Yale University Press.

Shaw, R. (1989). *Eifersucht und Selbstwertgefühl.* Unveröffentlichte Semesterarbeit, Universität Marburg.

Sher,T.G. & Baucom, D.H. (1993). Marital communication: Differences among maritally distressed, depressed and nondistressed-nondepressed couples. *Journal of Family Psychology, 7*, 148-153.

Simpson, J.A. (1987). The dissoluation of romantic relationships: Factors involved in relationship stability and emotional distress. *Journal of Personality and Social Psychology, 53*, 683-692.

Simpson, J.A. (1990). Influence of attachment styles on romantic relationships. *Journal of Personality und Social Psychology, 59*, 971-980.

Simpson, J.A. & Gangestad, S.W. (1991). Individual differences in sociosexuality: Evidence for convergent and discriminant validity. *Journal of Personality and Social Psychology, 60*, 870-883.

Simpson, J.A., Rholes, W.S. & Nelligan, J.S. (1992). Support seeking and support giving within couples in an anxiety-provoking situation: The role of attachment styles. *Journal of Personality and Social Psychology, 62*, 434-446.

Singh, D. (1995). Female judgment of male attractiveness and desirability for relationships: Role of waist-to-hip ratio and financial status. *Journal of Personality and Social Psychology, 69*, 1089-1101.

Snyder, M. (1974). Self-monitoring of expressive behavior. *Journal of Personality and Social Psychology, 30*, 526-537.

Snyder, D.K, Mangrum, L.F. & Wills, R.M. (1993). Predicting couples' response to marital therapy: A comparison of short-and long-term predictors. *Journal of Consulting and Clinical Psychology, 61*, 61-69.

Spangler, G. & Grossmann, K. (1995). Zwanzig Jahre Bindungsforschung in Bielefeld und Regensburg. In G. Spangler & P. Zimmermann (Hrsg.), *Die Bindungstheorie. Grundlagen, Forschung und Anwendung* (S. 335-350). Stuttgart: Klett-Cotta.

Spanier, G.B. (1976). Measuring dyadic adjustment. *Journal of Marriage and the Family, 38*, 15-28.

Sperling, M.B. (1985). Discriminant measures for desperate love. *Journal of Personality Assessment, 49*, 324-328.

Sperling, M.B., Sharp, J.L. & Fishler, P.H. (1991). On the nature of attachment in a borderline population: A preliminary investigation. *Psychological Reports, 68*, 543-546.

Spielberger, C.D., Gorsuch, R.L. & Lushene, R.E. (1970). *STAI: Manual for the State-Trait Anxiety Inventory.* Palo Alto, CA: Consulting Psychologists Press.

Spitz, R.A. (1945). Hospitalism: An inquiry into the genesis of psychiatric conditions in early childhood. *The Psychoanalytic Study of the Child, 1*, 53-74.

Sprecher, S. & McKinney, K. (1993). *Sexuality.* Newbury Park, CA: Sage.

Sroufe, L.A. & Waters, E. (1977). Heart rate as a convergent measure in clinical and development research. *Merrill-Palmer Quarterly, 23*, 3-25.

Statistisches Jahrbuch 1996 für die Bundesrepublik Deutschland (Statistisches Bundesamt, Hrsg.). Wiesbaden: Statistisches Bundesamt.

Statistisches Jahrbuch 1996 für das Ausland (Statistisches Bundesamt, Hrsg.). Wiesbaden: Statistisches Bundesamt.

Sternberg, R.J. (1986). A triangular theory of love. Psychological Review, 93, 119-135.

Sternberg, R.J. (1997). Construct validation of a triangular love scale. *European Journal of Social Psychology, 27*, 313-335.

Strahan, B.J. (1991). Attachment theory and family functioning: Expectations and congruencies. *Australian Journal of Marriage and Family, 12*, 12-26.

Sussman, S. & Reardon, K.K. (1987). Asset equality or similarity as determinants of perceived marital effectiveness: A rules perspective formulation. *Representative Research in Social Psychology, 17,* 37-52.

Tedeschi, J.T. & Felson, R.B. (1995). *Violence, aggression, and coercive actions.* Washington, DC: American Psychological Association.

Tennov, D. (1979). *Love and limerence.* New York: Stein & Day.

Thibaut, J.W. & Kelley, H.H. (1959). *The social psychology of groups.* New York: Wiley.

Unzner, L. (1995). Der Beitrag von Bindungstheorie und Bindungsforschung zur Heimerziehung kleiner Kinder. In G. Spangler & P. Zimmermann (Hrsg.), *Die Bindungstheorie. Grundlagen, Forschung und Anwendung* (S. 335-350). Stuttgart: Klett-Cotta.

Utne, M.K. & Kidd, R.F. (1980). Equity und Attribution. In G. Mikula (Hrsg.), *Gerechtigkeit und soziale Interaktion* (S. 69-106). Bern: Hans Huber.

Vandenberg, S.G. (1972). Assortative mating, or who marries whom? *Behavior Genetics, 2,* 127-157.

VanYperen, N.W. & Buunk, B.P. (1990). A longitudinal study of equity and satisfaction in intimate relationships. *European Journal of Social Psychology, 20,* 287-309.

VanYperen, N.W. & Buunk, B.P. (1994). Social comparison and social exchange in marital relationships. In M.J. Lerner & G. Mikula (Eds.), *Entitlement and the affectional bond* (pp. 89-115). New York: Plenum.

Vaughan, D. (1986). *Uncoupling.* Oxford: Oxford University Press.

Vinokur, A.D., Price, R.H. & Caplan, R.D. (1996). Hard times and hurtful partners: How financial strain affects depression and relationship satisfaction of unemployed persons and their spouses. *Journal of Personality and Social Psychology, 71,* 166-179.

Voland, E. (1993). *Grundriß der Soziobiologie.* Stuttgart: Fischer.

Walster, E., Aronson, V., Abrahams, D. & Rottman, L. (1966). Importance of physical attractiveness in dating behavior. *Journal of Personality and Social Psychology, 4,* 508-516.

Walster, E., Berscheid, E. & Walster, G.W. (1973). New directions in equity research. *Journal of Personality and Social Psychology, 25,* 151-176.

Walster, E., Walster, G.W. & Berscheid, E. (1978). *Equity: Theory and research.* Boston: Allyn & Bacon.

Walster, E., Walster, G.W. & Traupmann, J. (1978). Equity and premarital sex. *Journal of Personality and Social Psychology, 36,* 82-92.

Warr, P., Barter, J. & Brownbridge, G. (1983). On the independence of positive and negative affect. *Journal of Personality and Social Psychology, 44,* 644-651.

Wartner, U.G. (1995). Die klinische Anwendung bindungstheoretischer Konzepte - Beispiele aus der Sicht einer klinischen Psychologin. In G. Spangler & P. Zimmermann (Hrsg.), *Die Bindungstheorie. Grundlagen, Forschung und Anwendung* (S. 409-418). Stuttgart: Klett-Cotta.

Watson, D., Clark, L.A. & Tellegen, A. (1988). Development and validation of brief measures of positive and negative affect: The PANAS Scale. *Journal of Personality and Social Psychology, 54,* 1063-1070.

White, G.L. & Mullen, P.E. (1989). *Jealousy. Theory, research and clinical strategies.* New York: Guilford Press.

Willi, J. (1975). *Die Zweierbeziehung. Spannungsursachen. Störungsmuster. Klärungsprozesse. Lösungsmodelle. Reinbek: Rowohlt.*

Winch, R.F. (1958). *Mate selection.* New York: Harper & Brothers.

Woll, S.B. (1989). Personality and relationship correlates of loving styles. *Journal of Personality, 23,* 480-505.

# Anzeigen